Mirjam Müntefering

Tochter und viel mehr

Eine autobiographische Reise

Mit 8 Seiten farbigem Bildteil

Piper München Zürich

Mehr über unsere Autoren und Bücher:
www.piper.de

Von Mirjam Müntefering liegen bei Piper im Taschenbuch vor:
Flug ins Apricot
Wenn es dunkel ist, gibt es uns nicht
Apricot im Herzen
Luna und Martje
Unversehrt
Tochter und viel mehr

Für meine kleine Familie

Mix
Produktgruppe aus vorbildlich bewirtschafteten
Wäldern und anderen kontrollierten Herkünften
FSC
www.fsc.org Zert.-Nr. GFA-COC-1223
© 1996 Forest Stewardship Council

Originalausgabe
Juni 2008

Umschlag: Büro Hamburg. Anja Grimm, Stefanie Levers
Bildredaktion: Büro Hamburg. Alke Bücking, Charlotte Wippermann
Umschlagfoto: Claudia Kempf
Fotos im Innenteil: S. 7 unten: Hubertus Busch; S. 8: Astrid Lennartz;
alle anderen: privat
Papier: Munken Print von Arctic Paper Munkedals AB, Schweden
Satz: Filmsatz Schröter, München
Druck und Bindung: CPI – Clausen & Bosse, Leck
Printed in Germany ISBN 978-3-492-25128-0

INHALT

Ich, MIRJAM MÜNTEFERING, bin Autorin von mittlerweile siebzehn Büchern, Betreiberin einer eigenen Hundeschule, »Mutti und Chefin« von ein paar wilden, wunderbaren English Cockerspaniels, Partnerin der Besten Lebensgefährtin von allen.

Und Tochter.

Aber ich möchte Sie ausdrücklich warnen: Wenn Sie auf der Suche nach »der Tochter« sind, werden Sie beim Lesen auch auf die Liebende, die Hundetrainerin, die Schriftstellerin, die Träumerin, die Freundin und etliche andere treffen. So ist das nun mal. Denn allein bekommt man keine von uns.

Am Anfang ist immer das Chaos

Ich kann es nicht ausstehen, zu verreisen.

»Ich hab bestimmt was vergessen!«, stöhne ich, im Türrahmen lehnend und stumpf vor mich hin starrend. »Ich weiß, dass ich was vergessen hab.«

»Hast du deine Leseexemplare?«, fragt die Beste Reiseorganisatorin von allen. »Dein Tagebuch? Pyjama? Zahnbürste?«

»Ja. Ja. Ja. Trotzdem …«

Es ist immer das Gleiche. Ich hasse es, allein wegzufahren. Eine Reise ist für mich nur dann zu genießen, wenn meine Liebsten mit mir fahren: die Beste Lebensgefährtin von allen und unsere beiden Hunde.

Bleiben diese drei Herzstücke meines Lebens zurück, rechtfertigt eine Reise, die mich mehrere Tage von daheim wegführt, eigentlich nur eines: das Lesen.

Wohlgemerkt: Das Lesen *rechtfertigt* ein solches Fortgehen aus meinem mir vertrauten Leben – es macht das Wegfahren aber nicht angenehmer!

Obwohl das Vorlesen aus meinen eigenen Büchern, im Gegensatz zum Verreisen, etwas ist, das ich wirklich gern tue.

Dafür fahre ich sogar nach Bayern, wenn ich – wie jetzt – eingeladen werde.

Nicht, dass ich was gegen Bayern habe.

Schließlich lebt eine meiner langjährigen Freundinnen dort, und unsere »Jüngste«, die orangeschimmel Maggie (es handelt sich nicht etwa um eine entartete Hautkrankheit, sondern um die Bezeichnung für eine bestimmte Fellfarbe beim English Cockerspaniel), stammt »von der Forstwiese« aus der Nähe von Nürnberg, und – last but not least – mein Lieblingsverlag ist in München ansässig.

Aber Bayern ist weit weg. Und ich hasse es, zu reisen.

Ja, ich kann mich outen als eine, die schon nervös wird, wenn ich zu Hause den Koffer raushole.

Das unterscheidet mich grundsätzlich von etwa 98 Prozent der deutschen Bevölkerung. Denn im Allgemeinen sind alle ganz wild darauf, Klamotten einzupacken und sich auf den Weg nach Acapulco, Louisiana oder Norddeich zu machen. Ich nicht. Ich bleib lieber zu Hause.

Das habe ich gemein mit unserer Ältesten, der blauschimmel Lotte (hierbei handelt es sich nicht etwa um einen reiseunfreudigen Käse – auch dies ist die Bezeichnung für eine bestimmte Fellfarbe beim English Cockerspaniel).

Die Reiserei ist für mich nicht nur deswegen anstrengend, weil ich es hasse, in fremden Betten übernachten zu müssen und nicht zu wissen, ob ich irgendwo einem richtigen Wald zum Spazierengehen und Aufatmen begegnen werde. Nein, es gibt gleich mehrere Gründe, warum mir meine Koffer nicht sonderlich sympathisch sind.

Der eine ist: Ich denke auf Reisen einfach zu viel nach.

Dabei tue ich wirklich schon alles, um es bloß nicht wieder so weit kommen zu lassen.

Zugfahren kommt für mich deswegen so gut wie gar nicht infrage. Noch schlimmer als das Wegfahren von daheim ist es doch, über Stunden eingepfercht mit fremden Menschen auf engstem Raum zu hocken.

Reserviere ich keinen Sitzplatz, gelingt es mir garantiert – unter Jacke und schwerem Gepäck schwitzend –, so lange nach einem geeigneten Platz zu suchen, bis alle vergeben sind. Auf dem Gang stehend kann ich weder lesen noch über Ohrstöpsel entspannt ein Hörbuch genießen. Was bleibt also? Nachdenken!

Reserviere ich einen Sitzplatz, lande ich immer neben einem mitteilungsbedürftigen, auf olfaktorischer Ebene wenig ansprechenden Zeitgenossen, dessen Lebensgeschichte ich in der mehrstündigen Fahrt und mit zunehmendem Bierkonsum in sich steigernder Dramatik ungefragt geschildert bekomme. Währenddessen bliebe mir doch gar nichts anderes übrig, als mit leerem Blick vor mich hin zu starren und aus lauter Hilflosigkeit einen Haufen wirrer eigener Gedanken zu wälzen.

Also fahre ich mit dem Auto.

Beim Fahren gebe ich mich hemmungslosen Mitbrüllexzessen bei viel zu lauter Musik, endlosen Hörspielen und Fressorgien mit tausend Allerlei-zum-Mitnehmen hin. Man sollte meinen, dass ich bei solcher Beschäftigung gar nicht zum Nachdenken käme – aber weit gefehlt!

Oft beginnt es schleichend. Kaum wahrnehmbar tauchen erste sonderbare Ideen auf, während ich über einen Raststättenparkplatz trabe. Ich trabe immer, weil ich immer eilig bin, weil ich immer zu spät bin, versteht sich, denn schließlich fahre ich so ungern los. Während meines Eiltrabs frage ich mich, welchen Grund es für einen Ofenbauer geben könnte, auf deutschen Autobahnraststättenklos – und zwar offenbar nur dort – seine Kataloge für die neuesten Modelle von Kachelöfen zu vertreiben.

Mit solchen oft nebensächlich erscheinenden Gedanken geht es los. Und schon hundert Kilometer weiter bin ich bereits bei wesentlich komplizierteren, meist recht philosophischen Betrachtungen gelandet.

Zum Beispiel: Ist mit der Tatsache, dass wir bisher keinem Zeitreisenden aus der Zukunft begegnet sind, tatsächlich bewiesen, dass es niemals Zeitreisen geben wird? Immerhin gibt es eine Menge merkwürdiger Typen, die uns so über den Weg laufen. Könnten das nicht gut instruierte, aber eben doch nicht perfekt getarnte Zeitreisende aus beispielsweise dem Jahr 2213 sein?

Oder: Wenn es den Wissenschaftlern nun gelungen ist, ein Atom zu beamen, werden sie dann irgendwann auch ein ganzes Lebewesen, einen ganzen Menschen von einem Ort zum anderen bewegen können, ohne dass er den Weg selbst auf herkömmliche Art zurücklegt? Eine Idee, die mich für mindestens fünfzig Autobahnkilometer in helle Aufregung versetzt. Denn schließlich würde die Möglichkeit des Beamens bedeuten, dass ich meine verhassten Reisen zu meinen heiß geliebten Lesungen erst gar nicht mehr antreten müsste! Etwa eine halbe Stunde vor Veranstaltungsbeginn träte ich in unseren haushaltseigenen Beamring und erschiene wenige Sekunden später achthundert Kilometer entfernt, wo sich mein geneigtes Publikum auf eine überaus entspannte Autorin freuen dürfte.

Wenn ich mich nach solch fesselnden Vorstellungen mühsam

wieder beruhigt habe, kommen mir sogleich andere Fragen in den Sinn: Wieso gibt es eigentlich keine einheitliche Regelung in der Benennung unserer deutschen Obstbäume? Wieso wird bei manchen die Frucht in der Einzahl genannt (Apfelbaum) und bei anderen im Plural (Pflaumenbaum). Und was hat in dieser ganzen Unordnung die arme Kirsche ohne »e« vom Kirschbaum zu suchen?

Ich grüble und sinne. Allein, eine Antwort finde ich meistens nicht.

Einer dieser Gedanken würde eigentlich schon völlig ausreichen, um das allgemeine Vorurteil zu bestätigen: Schriftsteller sind ein bisschen schrullig.

Leider kommen mir solche Gedanken auf langen Fahrten in Scharen.

Wahrscheinlich denke ich auf meinen Reisen so viel und so quer nach, weil mein Hirn quasi schon warmgelaufen ist. Das muss es auf jeden Fall, denn ein weiterer Grund, weshalb ich diese Gurkerei nicht leiden kann, ist die Tatsache, dass jede längere Fahrt eines logistischen Jonglierspiels bedarf. Schließlich arbeite ich nicht nur täglich an einem Roman, sondern betreibe auch noch eine florierende Hundeschule, in der meine gut ausgelasteten Mitarbeiterinnen und ich als Trainerinnen tätig sind.

Bin ich länger als einen Tag fort, muss sich jemand um die eingehenden Anrufe kümmern. Meine eigenen Kurse müssen verlegt oder abgesagt, Vertretungen durch meine Kolleginnen abgesprochen werden.

Da es mich als Vierzehnjährige schon in Stress versetzte, wenn sich einmal im Jahr mein Stundenplan in der Schule änderte, kann sich wohl jeder bildlich ausmalen, was so eine Aktion für mich bedeutet. Damals in der Schule war ich heilfroh, dass ich ein Drittel einer Drillingsgang war, die aus meinen beiden besten Teenagerfreundinnen Alexandra und Gisela und mir bestand. Die beiden waren nicht nur die umwerfendsten Freundinnen, die ich mir denken kann, sie waren loyal zu mir allen anderen Menschen gegenüber, empathisch bei jeglicher Schwärmerei, mitfühlend bei kleinen Blessuren und ebenso spinnert wie ich selbst, wenn es um große Ziele und bunte Träume für unsere Zukunft ging. Außerdem sorgten wir gegenseitig dafür, dass wir immer zu den jeweiligen Stunden in den richtigen Unterrichtsräumen landeten.

Heute bin ich jedoch allein. Natürlich nur auf Reisen. Denn zu Hause gibt es schließlich die Beste Lebensgefährtin von allen und ein paar entzückende Vierbeiner, die nicht nur die niedlichsten, sondern ganz zufällig auch die schlauesten und verständigsten Hunde des kompletten Universums sind. (Und zwar mit und ohne Zeitreisende!)

Was mir im Alltag eine Freude und Stütze ist, wird im Reisenotfall zu einer zusätzlichen Erschwernis. Denn selbstverständlich fällt es mir nicht leicht, von meinen Liebsten Abschied zu nehmen.

Verabschieden kann ich mich ganz schlecht.

Wegfahren von daheim fällt mir schwer. Ich glaube, dass meine jahrelange berufliche Selbstständigkeit daran schuld sein könnte. Notwendigerweise habe ich den Alltag stets so eisern im Griff, dass ich davon überzeugt bin, er bräche auseinander, falls ich ein paar Tage darin nicht vorkomme. Mein zurückgelassenes Leben an den vertrauten Orten erscheint mir wie eine Puzzlelandschaft, in der ein maßgebliches Teil mitten aus dem Zentrum fehlt: ich.

Natürlich müsste ich mir keine Sorgen machen. Die Beste Cocker-Co-Mutti von allen hat selbstverständlich alles im Griff. Meine Ratschläge und Hinweise braucht sie gar nicht. Sie weiß aber auch, dass ich es brauche, ebenjene loszuwerden.

»Denk dran, immer wenn du sie gefüttert hast, gleich das Fleisch für den nächsten Tag aus der Kühltruhe zu nehmen. Falls du es mal vergessen solltest, kannst du ihnen dann ja Thunfisch geben. Aber nur den im eigenen Saft, nicht den in Öl. Und achte beim Kämmen auf diese eine Stelle hinter Lottes linkem Ohr. Die verfilzt immer noch so leicht, fällt gar nicht auf, wenn du nicht genau darauf achtest …«

Die Beste Lebensgefährtin von allen hört sich alles geduldig an, nickt und lächelt dazu.

Wenn ich alle guten Tipps zu Pflege und Handling der Fellmonster von mir gegeben habe, müssen dieselbigen von mir selbstredend und notfalls auch gegen ihren Willen verabschiedungstechnisch durchgeknuddelt werden. Ordnung muss sein.

Erst dann kann es endlich losgehen.

Meistens bin ich, wenn ich endlich im Auto sitze und von daheim aufbreche, mit den Nerven schon am Ende. Ich winke noch ein letztes Mal zum Seitenfenster hinaus und fahre vom Hof.

Direkt auf der Straße vor unserem alten Bauernhäuschen beginnt die lange, lange Reise nach Süddeutschland. Dabei fahre ich hier so gut wie jeden Tag lang – auf meinem Weg zur Hundeschule oder in die City unserer kleinen Stadt Hattingen. Heute aber wirkt die Straße ganz verändert. Schließlich ist sie die erste Etappe auf meinem Weg nach Bayern.

Mit zerwühlter Frisur, Tonnen von Snacks-für-die-Fahrt im Beifahrerfußraum und der nagenden Gewissheit, irgendetwas Wichtiges vergessen zu haben, biege ich an den wohlbekannten Kreuzungen ab. Als ich Richtung Autobahn 43 düse, Auffahrt Sprockhövel, fällt mir wieder ein: Diese Fahrerei war ja auch ein Grund dafür. Ein Grund, warum ich die Arbeit beim Fernsehen aufgegeben habe und heute viel lieber Menschen beibringe, wie sie ihre Hunde richtig erziehen.

Dabei ist es doch ’ne coole Sache, beim Fernsehen zu arbeiten.

Jedenfalls dachte ich das früher, als ich studierte. Da wusste ich noch nicht, dass die Arbeit fürs Fernsehen nicht nur nervenaufreibende Akquisition, Umgang mit dem immer schlecht gelaunten Chef vom Dienst, schmerzhafte Ellbogenstöße der lieben KollegInnen in die eigenen Rippen bedeutete, sondern auch mindestens stunden-, oft tagelanges Reisen quer durch die Republik, mit rauchenden Kameramännern und einem wegen permanenter Verspätung sich langsam entwickelndem Magengeschwür.

Nein, zur Zeit meines Studiums dachte ich, die Fernseharbeit sei kreativ, menschlich korrekt und gewinnbringend.

Zu der Zeit hatte ich sowieso die eine oder andere verquere Idee …

Wenn ich reise, dann gehen meine Gedanken auf Wanderschaft.

Manche langsam, andere rasend schnell, die nächsten fliegen sogar. Das verstört mich. Das bringt mich außer Atem. Denn im Grunde bin ich ein konservativer Mensch. Wenn auch sicher nicht im politischen Sinne.

Ich liebe Rituale. Ich halte gern an Althergebrachtem fest (sofern es von mir persönlich hergebracht wurde). Im Grunde meines Herzens bin ich eine echt langweilige My-home-is-my-castle-Schnecke.

Aber jetzt bin ich nun mal auf der Reise.

Und ich habe das Gefühl, dieses Mal wird es eine besondere Reise werden.

Jetzt kommt die Auffahrt auf die A1. Da muss ich aufpassen, denn die LKWs brettern von oben ganz schön den Berg runter, und unten gibt es eine Geschwindigkeitsbegrenzung.

Deine Wurzeln kannst du nicht leugnen

Auf der A1 ist es voll. Nervig an meiner Route ist: Ich muss erst mal in die falsche Richtung nach Norden schleichen, bis ich die A45 erreiche. Und über die geht es jetzt Richtung Frankfurt.

Um nicht zu viel nachzudenken, drehe ich das Radio laut auf und singe alle Songs mit, die nicht rechtzeitig durch die Lüftungsschlitze fliehen können.

Ich fahre gern diese Strecke. Die sogenannte Sauerlandlinie.

Oh, das Sauerland. Als ich im Jahr 2000 bei Alfred Biolek in seiner Sendung *Boulevard Bio* zu Gast war, sagte er über diese nadelholzreiche Gegend NRWs zu mir: »Da möchte man doch nicht tot überm Zaun hängen!«

Und ich machte den Fehler, laut aufzulachen.

Was mir von vielen fernsehenden Sauerländern mächtig übel genommen wurde.

Das war nämlich eine Entgleisung zu viel. Schließlich war ich doch schon lesbisch. Da stand mir das Lachen über einen derart geschmacklosen Witz über meine wunderschöne Heimat nicht zu.

Die Hügel. Der Wald. Die Skigebiete und wassersportfähigen Stauseen.

Gut, dass wir uns alle aussuchen können, wo wir leben, denke ich heute.

Gisela in Vancouver.

Alexandra in Berlin.

Ich in Hattingen.

Die Sauerländer im Sauerland.

Ja, wunderschön ist es im Sauerland wirklich.

Du fährst auf der A45 über ein paar wirklich irre Brücken, von denen du bis tief hinunter ins Tal gucken könntest, was du aber als Fahrerin sowieso nicht tust und als Beifahrerin vorsichtshalber auch lieber nicht tun solltest. Es sei denn, du stehst auf Bungee-Jumping oder Fallschirmspringen und bekommst beim nervenzehrenden Anblick aus tausend Meter freiem Fall richtig gute Laune.

Das Sauerland besteht ja aus einer Menge kleiner Berge. Na ja, die Leute, die in den wirklichen Bergen leben, würden das Ganze wohl eher Hügelkette nennen. Allerdings weiß ich von den kleinen Hügeln ein Liedchen zu singen. Denn als Teenager von Ort A nach Ort B zu kommen sah mit dem Fahrrad oft doch recht schweißtreibend aus. Und außerdem behauptet die Beste Lebensgefährtin von allen, die von der Wesermündung stammt, dass es sich beim Sauerland auf jeden Fall um ein richtiges Gebirge handelt.

Wie vieles im Leben scheint also auch dies einen gewissen Anteil subjektiven Empfindens zu beinhalten. Es gibt ja Menschen, die sind der Meinung, dass die Landschaft, in der wir aufwachsen, Einfluss auf unseren Charakter, unser Wesen nimmt.

Deswegen ist der Norddeutsche so kühl, der Gebirgsmensch so rau, der Rheinländer so penetrant aufgeschlossen.

Während ich so durchs Sauerland fahre und bedauernswerte Lieder mitsinge, deren Texte ich nicht hundertprozentig kenne, betrachte ich die Landschaft genauer und versuche herauszufinden, wie wohl Menschen sind, die hier aufwuchsen.

Die Landschaft längs der Autobahn ist recht abwechslungsreich.

Mal sind kleine Dörfer zu sehen, Siedlungen oder auch nur einzelne Höfe im original Fachwerkdesign, mit Wiesen drumherum, auf denen schwarz-weiße Kühe stehen und grasen. Dann wieder gibt es nur Wald, Tannen, Fichten, hin und wieder auch Buchen, Eichen. Landwirtschaftlich genutzte Flächen, jetzt nur der braune Acker oder das eine oder andere Rapsfeld. Raps, stelle ich gerade fest, blüht auch im November.

Von daher gilt dieser Pflanze meine Sympathie. Nicht nur dass sie so kräftig und fröhlich sonnengelb strahlt. Nein, sie trotzt auch der üblichen Pflanzentradition, im beginnenden Winterhalbjahr das Wachsen einzustellen und womöglich gar zu sterben.

Im Grunde könnte Raps meine Tierkreiszeichenpflanze sein.

Schließlich habe ich als übliches Sternzeichen Wasserfrau (das erklärt meinen Freiheitsdrang), als Aszendent Krebs (das erklärt meine Häuslichkeit), was beides gut zu mir passt. Im indianischen

Tierkreis bin ich Otter, was noch viel besser zu mir passt. Denn Fischotter sind gesellige Tiere, die gern aktiv sind und bis ins hohe Alter hinein neugierig und verspielt bleiben. Welche andere Tierart bastelt sich im Winter Rutschbahnen im Schnee?

Eventuell gibt es ja auch den sauerländischen Pflanzenkreis, in dem ich dann Raps wäre.

Ich lächle den vorbeifliegenden leuchtend gelben Feldern zu und muss mir selbst eingestehen, dass ich die Landschaft außerhalb meiner Windschutzscheibe wirklich schön finde.

Deine Wurzeln kannst du also doch nicht verleugnen.

Und wie Wurzeln es nun mal so an sich haben, bestehen sie nicht nur aus einem Strang. Es ist ein Geflecht aus vielen Teilen, die alle dazugehören, die alle gebraucht werden.

Ich komme aus einer Arbeiterfamilie.

Mein Urgroßvater väterlicherseits war Schäfer. Mein Großvater war einfacher Fabrikarbeiter. Er machte nie Urlaub und reiste nur ein einziges Mal zur Kur in den Schwarzwald. Von dort brachte er mir ein kleines Schwarzwälder Puppentanzpaar mit, unter dessen Füßen Magnete befestigt waren, die sich gegenseitig abstießen. Führte ich den Puppenmann vorsichtig an die Puppenfrau heran, begann die sofort, sich zu drehen und vom Schwarzwaldtypen weg zu tanzen. Umgekehrt funktionierte das auch – aber der Tänzer fiel zu oft auf die Nase, er war ein bisschen instabil. Meine Großmutter war Hausfrau, genau wie meine Mutter und deren Mutter.

Ich komme aus einer tiefschwarzen Gegend. Politisch gesprochen.

In der mein Vater auf Schützenfesten hin und wieder bierselig umarmt wurde, mit der Beteuerung, er sei schon ein wirklich guter Mann – nur leider in der falschen Partei.

Ich komme aus einer Familie, in der die ältere Generation selbstverständlich jeden Sonntag in die Kirche ging, möglichst früh, damit das Opfer auch besonders wehtat.

Ich wuchs in einer Familie auf, in der meine vier Jahre ältere Schwester, andächtig meine Taufkerze haltend, den Mittelgang unserer katholischen Kirche hinunterschritt und laut »Völker, hört die Signale, auf zum letzten Gefecht!« schmetterte.

Leider kann ich mich daran nicht erinnern. Aber diese Anekdote wurde von meinen Eltern so oft erzählt, dass ich mir bildlich vorstellen kann, wie alle Erwachsenen ringsum in »Schscht!« und »Psssst!« und verlegenes Grinsen verfielen, derweil der Dekan mit säuerlichem Gesichtsausdruck die Erklärung hinnahm, dass das Kind »das« wohl aufgeschnappt haben musste, weil es den Vater morgens unter der Dusche hatte singen hören. Was an sich schon eine kleine Schande war. Denn welcher Vater (außer unserem) in dieser katholischen Gegend sang unter der Dusche die Internationale?

Meine Großmutter, die sehr fromm war, versank vor Scham fast im Boden.

Ihre Ergebenheit der Kirche und deren Stellvertretern gegenüber war in meinen Kinderaugen ein selbstverständlicher Teil ihrer Person. Je älter ich wurde, desto bizarrer erschien mir dies jedoch.

Meine Großmutter war eine starke Frau. Sie hatte ihren Sohn und sich ganz allein durch die Kriegsjahre und darüberhinaus durch die Zeit der Gefangenschaft meines Großvaters gebracht.

Sie war eine echte Powerfrau. Sie strickte, nähte, backte, bearbeitete den Garten, kochte Stachelbeeren, Johannisbeeren, Pflaumen, Birnen ein, stellte Marmelade, Sülze, Wurst und eingelegten Hering her, wusch, putzte und pflegte alle verwandtschaftlichen Kontakte.

Aber leider hatte sie noch nie von Emanzipation gehört.

Ich bin im Nachhinein froh, dass sie starb, bevor ich mein Coming-out als Lesbe feierte. Das hätte sie sicher umgehauen. Schließlich erbebte sie schon vor Angst, wenn Klein-Mirjam kundtat, sie wolle später mal Raubtierdompteurin im Zirkus werden. Da fürchtete diese starke Frau sich. In ihren Augen standen solche risikoreichen Pläne einem Mädchen nicht zu.

Wie schade. Denn wenn sie nachgedacht hätte, wäre ihr eingefallen, dass sie doch viel Schlimmeres – den Krieg mit all seinen Schrecken, Fliegerangriffen und Hunger – bewältigt hatte.

Wenn ich also von meiner Großmutter kein Fitzelchen Feminismus lernte, dann lernte ich von ihr zumindest ein paar Regeln des Aberglaubens (»Geh nicht unter einer Leiter durch!«, »Gib dem Schornsteinfeger die Hand!«, »Lass zwischen Weihnachten und

Neujahr keine Wäsche hängen!«), die ich nie befolgte, und ein paar Brocken Plattdütsch, in dem sie und mein Großvater oft kuierten (= sich unterhielten).

Da wir alle unter einem Dach wohnten und wir Kinder öfter mal bei den Großeltern weilten, bekam ich so manches mit. So kann ich zum Beispiel heute noch das Gedicht »Dicka, fetta Pannekauken, warum bisse weggelaupen ...?« (= Übergewichtiger Pfannkuchen, warum hast du die Flatter gemacht?).

Was mich jedoch durch die Bekanntschaft meiner Großmutter nachhaltiger beeinflusste als Reimsprüchlein über fliehende Teiggerichte, war etwas anderes: ihr Gottvertrauen.

Als ich zwölf war und sie von einer schweren Krankheit und täglichen Schmerzen bereits sehr gezeichnet, wagte ich es einmal, ein großes Thema anzuschneiden.

»Oma, hast du eigentlich Angst vor dem Tod?«, fragte ich sie.

Ich weiß noch, dass ich nach Anzeichen von Zweifel oder Furcht Ausschau hielt. Aber die fand ich nicht in ihrem Gesicht.

Sie nahm meine Hand und sagte: »Ich hab keine Angst vor dem Sterben, Mädchen. Wenn ich sterbe, dann komme ich zum Herrn. Und da geht es mir endlich wieder gut.«

Als sie es aussprach, war mir sofort klar, dass ich von ihr nichts anderes als diese Worte erwartet hatte.

Und vielleicht war es ihr unerschütterlicher Glaube, dieses Festhalten am Glauben, obwohl sie doch so schwer erkrankt war, der mich ansteckte.

Natürlich glaubte sie an einen anderen Gott als ich.

Sie betete zum Vaterunser, zu seinem Sohn und zur Mutter-trotz-Jungfrau Maria.

Das liegt mir fern. Auch wenn ich es respektiere.

Das Vertrauen aber, die Hoffnung und der Glaube haben in mir ein Samenkorn gepflanzt, das aufging.

Das selbstverständliche Wissen um das Gute im Menschen, um die Macht der Liebe und des Verzeihens wohnt schon seit meiner Kindheit in mir. Ich glaube, dass meine Großmutter mit ihrem gelassenen Blick auf ihr eigenes Sterben dieses Wissen noch bestätigte.

Ich bin schon oft im Leben froh darum gewesen, zu glauben und zu wissen.

Auch wenn es keine Kirche gibt, der ich folge, auch wenn meine eigene kleine Religion keine Heiligen kennt, hilft mir das Wissen um die Macht, die wir alle göttlich nennen, schwere Phasen in meinem Leben zu überstehen und zu meistern.

Dies war das Erbe meiner Großmutter. Die ich aus meiner heutigen Sicht gern mehr gefragt hätte.

So wie meine andere Großmutter auch. Die im Krieg, allein mit zwei von ihren insgesamt vier Kindern, aus Schlesien floh. Meine Mutter war ein so kleines, zartes, dünnes Ding, dass die Bauern der Nachbarschaft darin wetteiferten, sie aufzupäppeln und 'ne ordentliche Sauerländer Maid aus ihr zu machen. Das gelang allen zusammen so wunderbar, dass man Renate heute, kaum sechzig Jahre später, gar nicht mehr von den geborenen Sauerländern unterscheiden kann.

Mir wurde aus dieser Zeit eine Geschichte erzählt, die mich besonders faszinierte: Als meine Großmutter mit ihren beiden jüngsten Kindern (von den beiden älteren wusste sie nicht, wohin sie im Chaos der Vertreibung geraten waren) in einem Auffanglager im Sauerland strandete, sollte die Familie einem Ort namens Neheim zugeteilt werden.

Eine Frau, die mit ihren beiden Kindern nach Sundern geschickt werden sollte, bat meine Großmutter um einen Tausch. Sie habe Verwandte in Neheim und wäre gern in deren Nähe. Gertrud Latusek, meine Oma, fand nichts dabei. Schließlich war sie überall gleich fremd. So tauschte sie mit der Frau ihr zukünftiges Zuhause. Meine Mama Renate zog also als Sechsjährige in Sundern ein, wo sie kaum zehn Jahre später meinen Vater Franz kennenlernte und wo wiederum dreizehn Jahre später dann ich geboren wurde.

Als Kind beeindruckte mich diese Geschichte ungeheuer.

Ich stellte mir vor, was wohl geschehen wäre, wenn im Auffanglager nicht eine fremde Frau darum gebeten hätte, das zukünftige Zuhause mit meiner Großmutter zu tauschen.

Neheim war zwar mit den öffentlichen Verkehrsmitteln zu erreichen. (Mit dem Auto ist es heute eine schlappe Viertelstunde.) Aber als meine Eltern Teenager waren, unternahmen sie nur höchst selten derartige Ausflüge. Warum auch? In Sundern gab es doch auch alles, was das Herz begehrte: eine Eisdiele, ein kleines Kino, Waldwege für heimliche Stelldicheins und ein entsprechendes Angebot an attraktiven jungen Menschen, die, durch ihr Appetenzverhalten (Partnersuche) gesteuert, Schützenfeste und Kirchweihen besuchten.

Was wäre wohl geschehen, wenn meine Mutter in Neheim, mein Vater aber nach wie vor in Sundern zu Hause gewesen wären?

Hätten sie sich unweigerlich getroffen? Hätte ein gewaltiger Zufall bewirkt, dass ihrer beider Wege sich kreuzten?

Ich brachte Nachmittage damit zu, darüber nachzudenken. Denn falls die beiden sich nicht getroffen hätten – das war mir als Kind schon klar –, wäre ich nie geboren worden. Denn damit am Ende ICH, so wie ich war, herauskommen konnte, brauchte es nun mal unbedingt diese beiden. Mit einem anderen Vater, einer anderen Mutter hätte es nicht das gleiche Ergebnis gegeben.

Da ich aber davon überzeugt war, dass die Welt unmöglich ohne mich hätte auskommen können, beschäftigte mich dieser kleine Winkelzug des Schicksals, der meine Mutter schon als Sechsjährige in die richtige Richtung geschickt hatte.

Offenbar neigte ich schon als Grundschulkind dazu, zu viel zu denken.

Von meinen Großvätern kann ich nur wenig berichten. Den Vater meiner Mutter lernte ich nie kennen. Er starb noch im Krieg an einem Kunstfehler der Ärzte. Meine Oma Latusek war das, was man heute alleinerziehend nennt. Und blieb es auch.

Mein Opa väterlicherseits war in meinen Kinderaugen ein seltsamer Kauz. Einzelgängerisch lief er viel durch die Sauerländer Wälder oder verbrachte seine Tage im großen Garten unseres gemeinsamen Hauses, wo er Kartoffeln, Bohnen, Erbsen, Erdbeeren und vieles mehr zog. Der Garten war ein Musterbeispiel an Ordnung. Ich durfte meinem Großvater niemals helfen und bekam Schelte, wenn ich in den Obstbäumen herumkletterte. Natürlich tat ich es trotzdem. Ein- oder zweimal fragte ich meine Mutter, warum Opa so komisch sei. Sie meinte, es liege am Krieg und an der langen Gefangenschaft.

Als Achtjährige, im Jahr 1977, schien mir der Krieg so wahnsinnig lange her, dass ich mir einfach nicht vorstellen konnte, dass die dort gemachten Erfahrungen tatsächlich noch Einfluss auf das Verhalten eines Menschen haben sollten.

Erst als ich Teenager wurde, begriff ich.

Mit dreizehn Jahren musste ich am eigenen Leib erfahren, dass es Erlebnisse gibt, die sich tief in uns einbrennen und die wir ein Leben lang mit uns herumtragen. Die uns prägen. Die wahrscheinlich sogar noch im Alter unser Handeln bestimmen. Doch diese Geschichte gehört jetzt nicht hierher.

Alle, die meine Mutter als Kind kannten, behaupteten in meiner eigenen Kindheit, dass ich meine Wildheit und meinen Forscherdrang von ihr geerbt hätte.

Von meiner kleinen Mama sollte ich es also haben, dass ich auf tendenziell immer zu hohe Bäume kletterte, großen Hunden die Hand in den Fang legte und grundsätzlich die Anführerin meiner ansonsten nur aus Jungs bestehenden Nachbarschaftsbande war?

Das kann ich heute kaum glauben.

Zum einen ist meiner Mutter nicht im Mindesten mehr anzumerken, dass sie als Kind ihre eigene Mamutschka zur Weißglut getrieben hat. Zum anderen besteht das Bild, das ich selbst von mir als Kind habe, aus einem eher sanften, schüchternen Wesen, das sich niemals gegen Regeln auflehnte und stets gehorsam, brav und folgsam war. Meine Eltern behaupten jedoch übereinstimmend penetrant, dass ich mich in dieser Hinsicht komplett irre.

Meiner älteren Schwester Beatrix wird im Gegenzug attestiert, stets brav, folgsam und unkompliziert gewesen zu sein.

Ein Hinweis darauf, dass meine Eltern womöglich doch recht haben mit ihrer Meinung über mein kratzbürstiges Wesen in Kindertagen, ist das von mir praktizierte Heldentum. In meiner Kindheit wimmelte es von Heldinnen und Helden. Wobei ich keine geschlechtsspezifischen Unterschiede zu machen gewillt war. Schließlich waren Frauen in Führungspositionen in den Siebzigern noch nicht derart etabliert, dass es auch nur annähernd ausreichende weibliche Heldinnenfiguren im Angebot gegeben hätte. Ich musste mich anderswo bedienen. So bin ich auch heute immer noch tief in meinem Innern ein Stückchen Robin Hood und ein Stückchen Zorro – je nachdem, ob mir eher nach mildtätigen Raubüberfällen oder nach blutrünstiger Rache zumute ist. Genauso wie ich mühelos auch artüberschreitend Grenzen überwand und in die Rolle von Kimba, dem weißen Löwen, oder Lassie zu schlüpfen vermochte.

Solcherart unverletzbar phantasiert, sprang ich durch die nahen Wälder, rettete entführte reiche Kinder oder wunderschöne Prinzessinnen (an dieser Stelle ein Dankeschön an die damaligen bezaubernden Darstellerinnen dieser wichtigen Rollen!) und hatte an sich nicht viel im Leben zu fürchten.

Vielleicht fiel ich aufgrund dieser Fehleinschätzung meiner übernatürlichen Fähigkeiten ständig von Bäumen oder Garagendächern, klemmte mir Finger in verbotenerweise geöffneten Fenstern oder schlug mich bei einer imaginierten Amazonasüberquerung am Wasserhahn der Badewanne selbst k.o.

Sämtliche Notfallärzte unserer kleinen Stadt kannten mich.

Und zwar schon bevor die Sache mit dem großen Hund passierte.

Auch wenn dies bestimmt die Krönung all meiner kleinen Unfälle war und meiner Familie sicher den größten Schrecken eingejagt hat.

Aber das ist eine ganz andere Geschichte. Und Göttin sei Dank habe ich sie ja überlebt.

Apropos Göttin.

Wie gesagt war das Sauerland eine tiefschwarze Gegend. Offenbar müssen Katholiken politische Parteien wählen, in denen das Wort »christlich« vorkommt.

Bevor mein Vater in die Politik ging, haben meine Großeltern das nicht anders gemacht. An irgendwas mussten sie sich schließlich festhalten. Und das war die heilige römisch-katholische Kirche.

Der die Familie natürlich mit der Taufe auch ihre Kinder übergab. Welche großartigerweise beide Mädchen waren. Genauso hatten meine Eltern sich das gewünscht.

Meine Mutter wollte Mädchen, weil sie sie für verständiger, klüger und sensibler hielt als Jungs. Sie wollte keine Prügeleien im

Kinderzimmer, kein Gerenne zum Fußballplatz und später keine PS-starken Motorräder in der Garage.

Mein Vater wollte Mädchen, weil er sich als Kind stets eine Schwester gewünscht hatte und weil er wusste, dass Mädchen auch Fußball spielen können, so wie sie alles können, was Jungs auch können. (Außer handwerkern, dachte mein Vater. Und zwar dachte er das, weil er das selbst nicht beherrscht. Ich glaube, es war ihm unheimlich, uns Kinder an etwas ranzulassen, wovor er selbst zurückschreckte. Deshalb hätte sein Sohn daheim das Handwerkern genauso wenig gelernt wie wir Töchter.)

Mädchen haben in der katholischen Kirche nicht viel zu sagen. Natürlich war mir das als Kind nicht klar. Ich wurde getauft, woran ich mich ja leider nicht erinnern kann, ging zur Ersten Heiligen Kommunion und zur Ersten Heiligen Beichte.

Zur Kommunion ging ich dann öfter. Immer wenn ich im Gottesdienst war. Ich mochte den Geschmack des Esspapiers, der auch durch die Segnung nicht litt. Und ich konnte allen Umstehenden demonstrieren, dass ich alt genug war, um mit ihnen nach vorn zu gehen und aus der Hand des Vikars diese Abwechslung im Gottesdiensteinerlei entgegenzunehmen.

Zur Beichte ging ich jedoch nur ein einziges, erstes, heiliges Mal. Und kam mir dabei so sagenhaft blöde vor, dass ich beschloss, dieses Sakrament fortan zu überspringen.

Was kannst du schon Schlimmes anstellen, wenn du gerade mal ins vierte Schuljahr gehst? Wenn du höchstens deine Mutter angelogen hast, was den blauen Fleck an Rainer Hochmeiers Schienbein angeht, oder die alte Frau Scherbel absichtlich nicht gegrüßt hast, weil sie sonst stehen bleibt und dich mit fistelnder Stimme an ihren moosigen Zähnen vorbei zu einem endlosen und traumatisch langweiligen Gespräch zwingt?

Ich hegte nie den Wunsch, Messdienerin zu sein, da mir vom Weihrauchgeruch übel wurde. Ich wollte auch auf keinen Fall Priesterin werden, da ich schon als Kind ein gutes Gespür für meine persönliche Freiheit hatte und stets auswich, wenn ich sie bedroht wähnte. Sonderbare Einschränkungen wie das unnatürliche Zölibat waren mir suspekt.

Da also durch diese Einschränkungen meine persönliche, freie Entfaltung nicht beeinträchtigt war, war mir lange Zeit nicht klar, was die Katholiken mit den Frauen anstellen.

Und mir kam erst viel später in den Sinn, dass in der katholischen Kirche – wie natürlich in etlichen anderen Religionen auch – nicht alle Menschen gleich sind.

Dass sie Unterschiede macht zwischen den Geschlechtern. Und dass sie noch viel gravierendere Unterschiede macht zwischen Heterosexuellen und Homosexuellen. Eine solche Erkenntnis musste früher oder später einfach dazu führen, dass ich mich von einer Tradition abwandte, mit der ich großgeworden war.

Gut, dass ich meinen eigenen Glauben gefunden hatte.

Und gut, dass meine fromme Großmutter väterlicherseits nicht mehr erlebte, wie ich mit zwanzig Jahren aus der römisch-katholischen Kirche austrat.

Was meine Eltern dazu sagten, sollte eine kleine Überraschung für mich werden …

Deine Wurzeln kannst du nicht leugnen. Aber du kannst wachsen, bis hinauf in den Himmel. Wo die Wurzeln weit, weit entfernt sind. Auch wenn du sie immer wieder spürst.

Jetzt muss ich schnell mal rausfahren. Offenbar habe ich zum Abschiedsfrühstück zu viel Kaffee getrunken.

Mein nationales Coming-out

Ich bin nach gut zwei Stunden Fahrt bereits kurz vor Frankfurt. Da wird eine Pinkelpause wohl erlaubt sein.

Zu diesem Zweck fahre ich grundsätzlich nur auf Raststätten. Die urinverseuchten kleinen Parkplätze, deren gerade noch in den 1970er-Jahren renovierte Klos immerhin einmal pro Woche gereinigt werden, sind nichts für mich.

Also steure ich eine Parkbox auf einem großen Raststättenparkplatz an, schäle mich aus meinem Sitz und steige aus.

Wie ich mich so recke und strecke, fällt mein Blick auf die Heckklappe des Wagens, der meinem Ford Focus Kombi gegenübersteht. Darauf prangt ein fetter regenbogenfarbiger Aufkleber. Das Erkennungszeichen der lesbischen und schwulen Community.

Ich spähe hinüber. An der Motorhaube des verwaschen wirkenden Kleinwagens lehnen drei sehr junge Frauen und schlecken Eis.

Eigentlich ein recht harmonisches Bild.

Ich wüsste nicht, was drei Menschen, die sich sowieso schon zugetan sind, noch inniger vereinen könnte als eine große, gemeinsam genossene Portion Langnese. Doch schon wie ich mich hier herumrekle, wird mir klar, dass da gegenüber irgendwas nicht stimmt.

Die sind zu ernst. Zu stumm. Zu wenig, viel zu wenig interessiert an der Frau, die gerade in ihrer Nähe ein paar Leibesübungen vollzieht. So alt bin ich ja schließlich auch noch nicht!

Und tatsächlich. Als ich noch einmal ins Auto tauche, um in den Tiefen meiner vielen Taschen nach dem Portemonnaie zu fahnden, dringen ganz eindeutig verstimmte Laute an meine gespitzten Ohren.

Nicht dass ich neugierig wäre.

Ich hasse zum Beispiel nichts mehr als Leute, die bei Unfällen oder Schlägereien mit offenen Mündern gaffen. Das tue ich schon allein deswegen nicht, weil ich selbst als Fünfzehnjährige einmal einen wortwörtlich kopflosen Motorradfahrer im Straßengraben erblicken musste, als ich eine Unfallstelle passierte. Um mich selbst vor weiteren solcher Albträume zu bewahren und um meinen Mitmenschen den notwendigen Respekt zu zollen, mache ich so was also nicht.

Aber Dramen der anderen Art, so rein zwischenmenschliche, interessieren mich einfach schon berufshalber.

Nichts ist spannender, als in einem Café zu sitzen und den lustig plappernden Stimmen einer Freundinnenclique am Nachbartisch zu lauschen. Vom Klatsch über weitere (gerade jedoch abwesende) Freundinnen bis hin zum Geständnis von Seitensprüngen ist da alles zu hören. Das ist der lebendige Stoff, aus dem Geschichten entstehen!

Hier, auf dem Parkplatz der Autobahnraststätte, geht es jedoch gerade nicht besonders witzig zu.

Sätze, die mit »Ihr hättet mir sagen müssen, dass …« oder »Es interessiert dich ja auch nie, wenn …« oder »Andere Voraussetzungen hätten bedeutet …« beginnen, klingen nicht nach einem harmonischen gemeinsamen Ausflug.

Als ich endlich mein Kleingeld hervorgekramt habe und aus dem Wageninnern auftauche, hat sich gerade eine der jungen Frauen auf den Weg zum Raststättengebäude gemacht.

Sogar von hinten sieht sie wütend aus. Auf ihrem Weg kommt sie an einem Abfalleimer vorbei und pfeffert den Rest ihres Eishörnchens mit so viel Elan in den Behälter, dass dessen Deckel sich mehrmals überschlägt.

Ihre Freundinnen werfen sich einen kurzen Blick zu, bei dem mir nicht wohl in der Haut ist. Ich wette, es dauert nicht lange, bis … Und tatsächlich, da kommt es schon. »Die spinnt doch, oder?«, sagt die eine. Die andere schüttelt bekümmert den Kopf und sieht dabei sehr scheinheilig aus.

»Ich hätte nie gedacht, dass sie sich so anstellen kann. Ich meine, die Sache ist doch glasklar, oder?«, wettert die Erste weiter.

Natürlich brennt es mir unter den Nägeln, zu erfahren, um welche Sache es sich handelt, die offenbar so auf der Hand liegt, die die Dritte im Bunde aber deutlich sichtbar nicht anerkennen will. Doch es würde wohl etwas sonderbar wirken, wenn ich hier neben meinem Auto stehen bliebe, um mit anzuhören, was sie weiter besprechen.

Außerdem brennt noch etwas anderes: meine Blase. Ich muss jetzt wirklich dringend mal für »kleine Autorinnen«.

Bevor ich mich also noch von meiner sozialen Ader verleiten lasse und ein gruppentherapeutisches Gespräch anbiete, mache ich mich rasch in Richtung Toiletten davon.

Für meinen Toilettenobolus in Höhe von fünfzig Cent erhalte ich am Drehkreuz ein Ticket, mit dem ich gleich an der Kasse einen Energiedrink um fünfzig Cent billiger kaufen kann, der hier zwei Euro teurer ist als im Supermarkt.

Als ich kurze Zeit später im wahrsten Sinn des Wortes erleichtert am Waschbecken stehe und meine Hände in warmem Wasser und Unschuld wasche, begegnet mir im Spiegel ein Blick.

Sie trägt ihre schulterlangen Haare als Zopf, ist ungeschminkt und sportlich gekleidet. So sportlich, dass sie in ihrer dünnen Jeansjacke fröstelt, während sie sich unter dem auf Raststättentoiletten irgendwie immer zu kalten Wasser die Hände wäscht. Es ist die gerade noch wutentbrannte junge Frau vom Parkplatz. Ich schätze sie auf höchstens achtzehn. Trotz ihrer längeren Haare wirkt sie recht burschikos und kernig. KVs* sind eben auch nicht mehr das, was sie früher mal waren.

Da werde ich bei meiner unauffälligen Musterung ertappt.

Wir lächeln uns kurz und so flüchtig zu, wie es sich auf einer Autobahnraststättentoilette geziemt.

Dann strafft die junge Heldin die Schultern und schreitet breitbeinig hinaus.

Ich schmunzle.

Irgendwie können wir doch alle nicht aus unserer Haut.

Im sensationellen Shop der Autobahnraststätte kann ich mich längere Zeit nicht zwischen einem beinahe schon künstlich wirkenden, zumindest optisch perfekt belegten Brötchen mit zwei Sorten Käse und einer Megakrachersalami im Toast entscheiden.

Schließlich siegt mein Gewissen, das sich mit größter Zuverläs-

* Szeneabkürzung für »Kesser Vater«.

sigkeit meldet, sobald ich Billigfleisch begehre. Denn diese Salami sieht zwar zum Anbeißen aus, stammt jedoch bestimmt von einem sehr armen Rind, das nie eine grüne Wiese gesehen hat und kurz vor Ende seines bedauernswerten Lebens noch mal vierundzwanzig Stunden lang in einem zugigen Transporter über kohlenmonoxidverseuchte Autobahnen gefoltert wurde.

Ich weiß genau, wenn ich dieses schmackhafte Stück Kreatur erstehe, muss ich gleich auf der Straße einen Viehtransporter überholen, aus dem mir fünf Dutzend rührend neugierige, dem Tod geweihte rosa Nasen entgegenschnüffeln.

Also siegt das Käsebrötchen.

Moralisch hochzufrieden mit meiner Wahl, verlasse ich samt Zwischenmahlzeit und überteuertem, aber fünfzig-cent-reduziertem Energiedrink den Shop und trabe zu meinem Auto hinüber.

Als ich näher komme, sehe ich bereits, dass der verwaschene Kleinwagen der drei Junglesben nicht mehr zu sehen ist.

Der Wagen nicht.

Aber auf dem Bordstein, dort, wo gerade noch das Auto stand, sitzt die Frau mit der Jeansjacke.

Ich stutze.

Von hier aus sieht es so aus, als habe sie das Gesicht in den Händen vergraben.

Langsamer, als ich normalerweise meinem Auto entgegenstrebe, wenn ich sowieso schon zu spät bin, gehe ich hinüber.

Auf ein paar Meter Entfernung betätige ich die Fernbedienung für die Zentralverriegelung.

Das laute Klacken lässt meine Toilettenbekanntschaft aufschauen.

Der Eindruck von fern bestätigt sich: Sie weint.

Nur kurz schaut sie mich an und versenkt dann wieder ihr Gesicht in den Händen. Neben ihr auf dem Bordstein liegt eine unförmige, fest gestopfte Reisetasche aus Stoff, die aussieht, als platze sie gleich aus allen Nähten.

Ich zögere.

Junglesbendramen sind mir durchaus noch vertraut. Zum einen ist es bei mir selbst noch gar nicht so lange her, wie man meinen könnte, dass ich sie selbst erlebt habe. Zum anderen gibt es in meinem Freundinnen- und Bekanntenkreis ein paar von diesen ganz Jungen, die eigentlich wöchentlich kleine Weltuntergangsdramen zu überstehen haben. Doch ich bin mir nicht sicher, ob ich mich hier einmischen soll. Eigentlich habe ich keine Zeit für solcherlei Komplikationen.

Also öffne ich die Wagentür, setze mich hinters Steuer und verspeise mein politisch korrektes Käsebrötchen.

Das stellt sich jedoch als Blender heraus.

Was hinter der blank geputzten Theke wie ein wahrer Gaumenschmaus anmutete, entpuppt sich als eine Mischung aus Pappkarton mit gepressten Salatblättern und Schuhsohle samt Remoulade.

Vielleicht schmeckt es aber auch so wenig, weil ich ein weiches Herz habe.

Tatsache, das habe ich. Und das kann es einfach nicht ertragen, wenn während meiner Snackpause jemand vor meinem Auto hockt und weint.

Kurzentschlossen wickle ich den Witz von einem Hungerstiller wieder in die Zellophanfolie ein und steige aus.

Unten auf dem Boden schluchzt es mittlerweile herzzerreißend.

Ich gehe um den Wagen herum und setze mich in etwa zwei Meter Entfernung auf den Bordstein.

Sie bemerkt es, und sofort wird das Schluchzen leiser. Nach einer Minute etwa hebt sie vorsichtig den Kopf und linst zwischen den Ponyfransen, die ihr inzwischen aus dem Pferdeschwanz gerutscht sind, zu mir herüber.

Ich lächle sie an.

»Hallo«, sage ich versuchsweise.

Sie schluckt, wischt sich in dem vergeblichen Versuch, Ordnung in Gesicht und Haare zu bringen, mehrmals mit der Hand über Augen, Wangen und Stirn und antwortet zögernd: »Hallo.«

Ich wende den Blick wieder ab und schaue über den Parkplatz.

»Ganz schön trostlos hier, hm?«, versuche ich unser Gespräch in Gang zu bringen.

Sie scheint zwar angemessen verzweifelt, doch immer noch gesellschaftsfähig. Daher lächelt sie etwas bemüht und nickt.

»Wo sind deine Freundinnen? Ich hab vorhin gesehen, dass ihr zu dritt wart.«

In ihrem Gesicht zuckt es. Ich weiß nicht, ob es Schreck oder Erleichterung ist. Sie muss sich mir gar nicht erklären. Ich weiß ja schon, was hier passiert ist.

Verlegen blickt sie auf die Stelle, wo vor einer Viertelstunde noch der kleine Fiat stand.

Doch in dem Augenblick, als sie den Mund öffnet, um mir mitzuteilen, wohin ihre netten Freundinnen sich verflüchtigt haben, steht ihr wohl ihr einsames Los wieder so deutlich vor Augen, dass sie erneut losweint.

»Weg!«, bringt sie nur heraus, zusammen mit einer Geste der Hand in Richtung Autobahn.

So in etwa hatte ich mir das schon gedacht.

Sie hätte wohl kaum hier gesessen und geheult, wenn ihre Kolleginnen nur zum nächsten Schattenparkplatz gerollt wären.

Schatten gibt es sowieso genug. Es ist November. Und saukalt. Die kleine Schutzbedürftige vor mir zittert.

»Sie sind ohne mich weitergefahren. Haben nur meine Tasche hier stehen gelassen.«

»Wie bitte?«, sage ich verblüfft. »Deine Freundinnen lassen dich hier allein auf dem Parkplatz, und du kannst jetzt sehen, wie du nach Hause kommst?«

»Wir wollten gar nicht nach Hause«, schnieft sie und sieht mich mit rot geränderten Augen vom Bordstein aus an. »Wir wollten nach Würzburg. Da ist doch heut Abend das Konzert von Tits & Ass.«

»Ach so«, murmle ich. Obwohl mir die Worte Würzburg – Konzert – Tits & Ass alle etwas sagen, mutmaße ich, dass meine Assoziation zu Letzterem wahrscheinlich nicht richtig ist. Natürlich ist das irgendeine Band.

»Die kommen bestimmt gleich wieder«, sagt sie mit leiser Stimme.

Ich werfe einen vorsichtigen Blick über den Parkplatz in Richtung Auffahrt.

»Du weißt schon, dass eine Autobahn eine Einbahnstraße ist?«

Sie sieht mich an, und ich lese in ihren Augen, dass sie sich ihr vom Schicksal gesandtes Gegenüber in so einer vertrackten Situation eine Spur weniger gnadenlos gewünscht hätte.

Ich weiß nicht, was mich reitet. Vielleicht ist es ihr Blick, so von unten herauf, der etwas täuschend Cockerspanielähnliches hat. Jedenfalls bin ich innerhalb von Sekunden vollkommen eingenommen von diesem Tränen verspritzenden Etwas und schüttle ohne große Mühe Robin Hood aus dem Ärmel. Der war ja der Rächer der Witwen und Waisen und hätte bestimmt nicht gezögert, eine sitzen gelassene kleine KV vom Bordstein zu pflücken.

»Würzburg«, wiederhole ich deshalb. »Da will ich zufällig auch hin. Willst du mit mir fahren?«

Ihre Augen weiten sich ein wenig. Dann schaut sie, verlegen grinsend, zur Seite.

»Ach nee«, murmelt sie. »Die kommen bestimmt gleich zurück. Nehmen die nächste Ausfahrt und kommen zurück. Dauert halt nur ein bisschen. Die wollen mich doch nur erschrecken.«

»Und wenn nicht?« Ich wippe ein paarmal mit den Augenbrauen.

Sie wendet den Blick ab und schweigt.

Vielleicht findet sie mich aufdringlich.

Vielleicht denkt sie über mein Angebot nach.

Tatsache ist, dass ich bereits schon jetzt zu spät bin. Wenn mich gleich noch ein Stau erwartet, komme ich zur ersten Lesung auf meiner Süddeutschlandtour reichlich abgehetzt an.

»Na gut«, sage ich, als wir zwei Minuten lang kein Wort mehr gewechselt haben. »Ich bin leider spät dran. Sonst könnten wir ja noch zusammen warten, ob sie zurückkommen oder nicht. Aber so muss ich mich leider verabschieden. Toi, toi! Mach's gut!«

Ich stehe auf und klopfe mir den Staub von der Jeans.

Sie wendet den Kopf und mustert mich genauer.

»Kenn ich dich nicht irgendwoher?«, fragt sie und schaut kurz zu meinem Nummernschild. EN sagt ihr offenbar nichts.

Ich räuspere mich. »Ich kenn dich jedenfalls nicht«, antworte ich ausweichend und hebe noch mal die Hand zum Gruß.

Da springt sie auf und greift nach ihrer Tasche.

»Also gut!«, sagt sie und sieht plötzlich sehr entschlossen aus. »Also gut, ich komm mit!«

Oh, danke!, denke ich etwas ironisch, aber ich grinse sie nur an.

»Dann rein mit dir! Ich muss Gas geben.«

Sie schmeißt ihre Tasche auf den Rücksitz und sich selbst vorn neben mich. Als sie nach dem Anschnallgurt greift, setze ich bereits zurück.

Ade, liebe Lieder zum Mitsingen, jetzt habe ich eine Beifahrerin, die ich selbstverständlich nicht mit meinen choralähnlichen Gesängen zu beschallen gedenke.

Und ade, liebes Hörbuch, ich kann es einer Fremden unmöglich zumuten, mitten im Band fünf von *Harry Potter* auf CD elf einzusteigen. Obwohl Rufus Becks Vorlesekunst auch dann faszinierend wäre, wenn er das Hamburger Telefonverzeichnis vortrüge.

Da ich also jetzt eine Mitfahrerin habe, lege ich eine angenehme Hintergrundmusik ein, die ich entsprechend leise einstelle, und beginne unsere Unterhaltung mit: »Ich bin übrigens Mirjam.«

»Sammy«, sagt Sammy und grinst ein bisschen.

Wir beschleunigen auf der rechten Spur, und ich fädle mich wieder in den fließenden Verkehr ein.

Kurze Zeit ist es still, und wir lauschen der einschmeichelnden Stimme von Michael Bublé, dessen Swing sacht aus den Boxen tänzelt.

Dann sagt Sammy: »Danke, dass du mir das angeboten hast. Ich meine, dass ich mitfahren darf.«

Aha, das klingt ja schon anders als »Also gut, ich komm mit!«.

Sofort fühle ich mich herrlich wohltätig.

»Keine Ursache. In Gesellschaft fährt es sich doch auch schöner.«

Ich weiß, es steht mir nicht zu, das zu fragen, aber ich kann es mir einfach nicht verkneifen. »Wieso haben deine Freundinnen dich denn da stehen gelassen?«, rutscht es mir heraus.

Sammy versucht, durch die Nase zu schnauben, was ihr aufgrund akuter Verstopfung nicht gelingt. Ich biete ihr ein Taschentuch an. Sie nimmt es und schnäuzt kräftig hinein.

»Wir haben uns gestritten«, erklärt sie und verfällt dann wieder in Schweigen. Ich spüre deutlich ihren Konflikt. Einerseits sind die beiden wahrscheinlich richtig gute Freundinnen von ihr, die sie niemals einer Fremden gegenüber anschwärzen würde. Andererseits würde sie gewiss gern ihren Frust loswerden und mir versichern, dass sie selbst keine Schuld an ihrem jämmerlichen Schicksal trägt.

Sie kämpft lange mit sich, und mein Respekt für ihre Loyalität zwei Freundinnen gegenüber, die sie grad richtig eklig sitzen gelassen haben, wächst von Sekunde zu Sekunde.

Schließlich entscheidet sie offenbar, dass es nicht schaden kann, wenn sie eine objektive Person (mich) zur Sachlage der stattgefundenen Auseinandersetzung befragt.

»Stell dir mal vor, du hast dich mit zwei Freundinnen verabredet, zusammen zu einem Konzert eurer Lieblingsband nach Würzburg zu fahren«, beginnt sie.

Ich nicke. »Hab ich.«

»Deine eine Freundin, nennen wir sie mal Kirsten …« Als sie den Namen ausspricht, ist mir augenblicklich klar, dass Kirsten (hauch!) für sie mehr als nur eine Freundin ist – auch wenn Kirsten (seufz!) davon wahrscheinlich nichts ahnt.

»… also, Kirsten gehört der Wagen, und sie hat lange überlegt, ob die kleine Möhre die lange Strecke überhaupt verkraftet.« Sogar wie sie von Kirstens Auto spricht, klingt zärtlich. »Deine andere Freundin, Vera, wollte eigentlich gern mit Kirsten allein fahren, weil sie auf dem letzten Konzert der Band auch nur zu zweit waren und das angeblich der absolute Megahammer war. Schließlich lässt sie sich aber von Kirsten breitschlagen, und du wirst offiziell eingeladen mitzufahren …«

»Oh, vielen Dank!«, unterbreche ich sie kurz und grinse.

Sammy fährt fort: »Vera hat es geschafft, ihrem stinkereichen Daddy das super Navi für die Tour abzuluchsen. Das muss ein sauteures Ding sein, denn sie hütet es wie ihren Augapfel, und niemand außer ihr darf es bedienen, ach, was sag ich, nicht mal berühren! Jedenfalls brecht ihr drei gemeinsam auf und seid anfangs noch sehr lustig und gut drauf. Doch dann fahrt ihr auf eine Tanke, und plötzlich heißt es, du sollst die Tankfüllung bezahlen.«

»Ich?«

»Ja.«

»Ich allein?«

»Ja.«

»Wieso?«

»Weil doch Kirstens Auto, das sowieso schon altersschwach ist, eine große Abnutzung erlebt durch diese lange Fahrt. Das sei ihr Anteil. Vera hat das hilfreiche Navi ihres Vaters zur gemeinsamen Reise beigesteuert. Und deswegen meint Vera, dass du die Benzinkosten tragen sollst.«

Ich brauche einen Augenblick, um das zu verdauen. Dann sage ich: »Vera spinnt, oder?«

»Total«, pflichtet Sammy mir bei, hoch befriedigt über mein knappes, aber zutreffendes Fazit. »Du meinst also auch, dass das Abzocke ist?«

Ich wende ihr kurz den Kopf zu, um ihr ins Gesicht zu sehen.

»Das ist auf keinen Fall fair«, sage ich ernst.

»Abzocke!«, wiederholt Sammy und nickt langsam, wie um sich selbst noch einmal zu bestätigen, dass sie im Recht ist.

»Ich hab gesagt, ich mach das nicht.«

»Das finde ich völlig okay«, stimme ich ihr zu.

»Ja, ne?! Vera ist aber völlig ausgeflippt. Sie meinte, dass ich auch meinen Teil zu unserer Reise dazutun muss und mich nicht wie ein Schmarotzer aufführen darf. Ja, Schmarotzer hat sie gesagt.«

Ich grunze, um auszudrücken, was ich von Vera halte.

»Ich hab ihr gesagt, dass ich natürlich meinen Anteil an den Benzinkosten zahlen werde – aber doch nicht alles. Und dann hieß es, dass sie mich unter diesen Bedingungen … Also, Vera hat gesagt, wenn sie das vorher gewusst hätten, dass ich mich da jetzt so anstelle, dann hätten sie mich gar nicht mitgenommen. Das ist doch 'n Dingen, oder?«

Ich nicke.

»Ich meine, wie kommt Vera dazu, sich so was Beklopptes zusammenzudenken? Das ist doch totale Abzocke!« Sammy kramt eine Tüte Salzbrezeln aus ihrer Tasche, reißt sie auf und hält sie mir hin.

Ich nehme eine. Die hält wahrscheinlich eher, was sie verspricht, als das gestylte Käsebrötchen, das nach Pappe schmeckt.

Sammy stopft sich krachend ein paar Brezeln in den Mund und

kaut darauf herum, als handle es sich um lauter kleine gebackene Veras.

»Was hat Kirsten denn zu all dem gesagt?«, erkundige ich mich vorsichtig. Wenn ich mich nicht irre, vergisst Sammy gerade, dass die Fahrerin des flüchtigen Wagens auch etwas mit dem überstürzten Aufbruch zu tun haben könnte.

Sammy seufzt tief. Aufgrund des akuten Salzbrezelaufkommens in ihrem Sprechapparat kann sie eine Weile nicht antworten.

Schließlich schluckt sie ein paarmal und sagt dann: »Kirsten ist eine ganz Stille, weißt du. Sie spricht nicht so viel. Und sie hält sich bei Streitereien eher raus.«

Dachte ich mir's doch! Klein-Sammy ist derart verknallt, dass sie ihrer liebsten Kirsten nichts Schlechtes zutraut.

»Wer schweigt, stimmt zu«, gebe ich weise zu bedenken.

»Nein«, erwidert Sammy rasch. »Kirsten wäre nie von sich aus so fies. Vera hat sie voll eingewickelt. Boah, die versprüht ihr Gift wie eine Schlange! Kirsten ist nicht so. Sie würde mich von sich aus nicht so hängen lassen.«

Ich klopfe mit den Fingern aufs Lenkrad.

»Tatsache ist aber, dass sie den Wagen ohne dich auf die Autobahn gefahren hat.« Ist ja kaum auszuhalten! Sammy ist offenbar total verblendet und sieht nicht – oder will es nicht sehen –, dass ihre angebetete Kirsten bei der Frage »Fahren wir ohne Sammy weiter oder nicht?« mindestens fünfzig Prozent der Entscheidungsgewalt innehatte. Immerhin ist es ihr Auto gewesen. Ich habe jedenfalls noch nie gehört, dass jemand auf einem Navigationssystem nach Würzburg fährt.

Sammy glaubt jedoch an Kirsten. Sie will so sehr an die Freundin glauben, dass sie vehement den Kopf schüttelt.

»Sie hat erst gestern noch gesagt, wie wahnsinnig gern sie mich mag und dass es totalen Spaß macht, mit mir was zu unternehmen. Sie sagt immer, dass WIR uns sicher NIE aus den Augen verlieren werden – wie das ja manchmal in anderen Freundschaften der Fall ist. Und dass sie IMMER für mich da ist, wenn es mir mal schlecht geht oder so«, betet Sammy herunter, um sich selbst davon zu überzeugen, dass die Frau, die sie gerade herzlos auf einem Autobahnparkplatz ausgesetzt hat, im Grunde ein ganz tofter Typ ist.

Aufgrund meines fortgeschrittenen Alters wähne ich mich berechtigt, sie an meinem ausufernden Erfahrungsfundus in Sachen Immer-immer-immer-nie-nie-nie-Versprechen anderer Menschen teilhaben zu lassen. Doch beim Blick in ihr verheultes Gesicht und auf ihren Mund, in den sie gerade eine weitere Brezel schiebt, lasse ich es bleiben. Ihre Augen starren auffällig glasig vor uns auf die Straße. Und falls ihr gerade dämmert, dass Kirsten vielleicht nicht ganz hundertprozentig genauso ambitioniert darauf wartet, dass zwischen ihnen beiden endlich etwas passiert, braucht sie nicht auch noch schlaue Sprüche ihrer zwanzig Jahre älteren Chauffeurin.

Anstatt ihr zu erklären, was es mit Menschen auf sich hat, die sich stets dabei überschlagen, großartige Versprechen zu machen, frage ich sie nach der einzigartigen Band, deren Konzert dieses ganze Drama in Szene gesetzt hat.

Tits & Ass scheinen ähnliche Ikonen zu sein, wie es für uns damals die *Rainbirds* oder Annie Lennox oder Melissa Etheridge waren.

Als Sammy sich so weit erwärmt hat, dass sie auch nicht mehr davor zurückschreckt, ihren Lieblingssong dieser sexy Alleskönnerinnenband zu trällern, klingelt mein Handy.

Die Melodie von *Star Wars*.

Ich lächle Sammy entschuldigend an und raune mit asthmatischem Röcheln: »Darth Vader verlangt nach mir! Da muss ich rangehen.« Und sie guckt irritiert. Wahrscheinlich kennt sie *Krieg der Sterne* höchstens als Computerspiel.

»Na, wo bist du gerade?«, meldet sich die vertraute Stimme der Besten Lebensgefährtin von allen aus dem aufgeklappten Handy.

»Bei Frankfurt«, antworte ich. »War grad auf dem Rasthof.«

»O je ... dann bist du ja noch später dran, als ich dachte.«

»Ich wurde aufgehalten«, wage ich eine Andeutung und blinzle zu Sammy hinüber, die so tut, als höre sie überhaupt gar nicht zu.

Die Beste Cocker-Co-Mutti von allen berichtet, dass unsere

Hunde hinten im Garten ein totes Eichhörnchen gefunden und es pflichtbewusst bis auf die Terrasse apportiert haben. Schließlich kann man so was doch nicht einfach rumliegen lassen. Als der kleine Kadaver dann da lag, wo ihn keiner haben wollte, verlor man offenbar das Interesse daran.

»Meinst du, ich kann unseren Nachbarn fragen, ob er es begräbt?«, fragt die Schlechteste Totes-fremdes-Tier-Entsorgerin von allen.

»Du könntest es selbst mal versuchen«, wage ich einen kleinen therapeutischen Vorstoß in die Ecke ihrer düstersten Phobien. »Du nimmst die Arbeitshandschuhe und einen kleinen Pappkarton und …«

»Ich denke, ich werde gleich mal rübergehen, klingeln und fragen, ob er so nett wäre, das für mich zu tun«, unterbricht mich die Beste Lebensgefährtin von allen, als sei mein Vorschlag komplett indiskutabel.

»Du solltest endlich mal der Tatsache ins Auge sehen, dass wir auf dem Land wohnen«, versuche ich es noch mal. »Ich meine, immerhin könnte es ja auch sein, dass Lotte oder Maggie plötzlich beschließen, dass so ein totes Eichhörnchen nicht nur interessant, sondern vielleicht sogar ganz lecker sein könnte. Oder sie könnten beschließen, es ins Wohnzimmer zu schleppen und im Hundekörbchen zu vergraben.«

»So was würden sie nie tun!«, bringt die Beste Cocker-Verteidigerin von allen mit dem Brustton der Überzeugung hervor.

»Na ja, das könnten sie ja auch nur tun, wenn du jetzt zum Telefonieren nach oben gegangen wärst und die Terrassentür nicht geschlossen hättest. Du hast die Terrassentür doch geschlossen, oder? Hunde drinnen, Eichhörnchenleiche draußen? Hast du doch gemacht, oder?«

Es ist verdächtig lange still am anderen Ende der Leitung.

»Ich meld mich später noch mal«, sagt die Schnellste Lebensgefährtin von allen, während ich ihre raschen Schritte auf der Holztreppe ins Untergeschoss höre.

»Okay. Mach es gut, meine Süße«, sage ich und küsse in den Hörer.

Für eine adäquate Antwort bleibt offenbar daheim keine Zeit. Also lege ich das Handy wieder zur Seite.

»War das deine Schwester?«, fragt Sammy vorsichtig.

Ich lache. »Nein, meine Freundin. Sie muss immer berichten, was mit den Hunden ist, wenn ich unterwegs bin. Irgendwie ist immer was mit den Hunden, wenn ich unterwegs bin.«

»Deine Freundin?«

»Ja.«

»Freundin wie Freundin? Oder wie … Freundin?«

»Wie … Freundin.« Ich zwinkere ihr zu.

»Du bist lesbisch?«

»Ja.«

»Ist ja irre!« Sie strahlt.

»Schön, dass dich das so freut«, antworte ich amüsiert.

»Na ja, du siehst nicht so aus. Ich meine, ich hätte jetzt nicht gedacht …« Sie mustert mich noch einmal auf eine Weise, die sie wahrscheinlich für unauffällig hält.

Was Sammy meint, aber aus Höflichkeit nicht sagen will, ist klar: Sie hat sich wahrscheinlich noch nie Gedanken darüber gemacht, dass es auch Lesben jenseits der zweiundzwanzig gibt.

»Aber du willst nicht zufällig auch zum Konzert?« Sammy sieht aus, als würde sie sich darüber nicht mehr wundern.

Ich überlege kurz, ob ich ihr sagen soll, warum ich nach Würzburg fahre, aber dann entscheide ich mich dafür, lieber inkognito zu bleiben. »Nein«, antworte ich schlicht.

Sammy winkt ab. »Egal. Ist trotzdem ein Oberhammer, oder? Ich meine, dass ausgerechnet du mich fragst, ob ich mitfahren will, oder?«

»Oberhammer, jau«, stimme ich ihr zu.

Ach, ist das schön

Zu wissen, auf eine gewisse Art gleich zu sein, schafft eben doch eine Verbindung. Auch zwischen Fremden, die sich noch nie vorher gesehen haben.

Und wenn zwei Frauen, die sich eigentlich nicht kennen, zwischen denen zwanzig Jahre Altersunterschied liegen und die aus ganz unterschiedlichen Gründen miteinander gen Süden fahren, wenn diese zwei Frauen beide lesbisch sind, dann wird die gemeinsame Fahrt mit Sicherheit ein angenehmes Erlebnis. Denn es gibt eine ganze Menge zu erzählen …

Das erste Zitat, das mein Vater sich von mir notiert hat, lautet: »Ich bin ich! Ich hab's zu sagen mit mir!«

So gesagt im Jahre 1975, als ich sage und schreibe sechs Jahre alt war.

Dass mein Vater diese Aussage für aufschreibungswürdig erachtete, lässt vermuten, dass er schon eine Weile vorher den Verdacht hegte, dass sein jüngster Sprössling ganz eigene Vorstellungen vom Leben entwarf.

Das tat ich tatsächlich. Ich brauchte meinen eigenen Lebensentwurf ganz dringend. Denn alle meine frühen Erinnerungen sind dadurch gekennzeichnet, dass ich mich irgendwie nicht zugehörig fühlte.

Egal, ob im Kindergarten oder in unserer Fußballmannschaft, irgendwie fühlte ich mich *anders*.

Wenn eine sich *anders* fühlt, hat sie doch eigentlich nur zwei Möglichkeiten: Entweder sie zieht sich in ihr Schneckenhaus zurück und versucht, möglichst unauffällig, am besten gar nicht da zu sein. Oder sie hebt ihre empfundene Rolle des Andersartigen noch hervor.

Vielleicht wurde ich deswegen eine Leaderin?

So machen es auch die Musher, die HundeschlittenführerInnen. Sie nehmen den Hund, der sich aus der Menge raushebt, der weiß, wo er lang will, der stark genug ist, seinen Kopf durchzusetzen und das Hetzen seiner Kollegen hinter ihm psychisch zu verkraften. Diesen Hund machen sie zum Leader. Er führt das Gespann an.

Das tat ich auch. Ich bot mich für die Führung an. Sobald ich eine Gruppe leite, gehöre ich schließlich ganz offiziell nicht mehr richtig dazu. Mein Angebot wurde so gut wie immer angenommen. Ich wurde als Klassensprecherin gewählt. Ich spielte in der Theater-AG die exponierte Rolle. Ich war Erfinderin und Herausgeberin einer Schülerzeitung. Ich war Mannschaftskapitänin und Schlichterin bei sich anbahnenden Prügeleien.

Offenbar gibt es beim Säugetier Mensch – übrigens genau wie bei

Hunden – eine Menge Individuen, die froh sind, wenn von ihnen nichts weiter verlangt wird als einfach nur hinterherzulaufen. Ich will das nicht abwerten. Im Gegenteil. Beide Formen des (Über-) Lebens werden nach Jahrtausenden der Evolution in der menschlichen Gesellschaft nun mal benötigt. Das Anführen darf nur nicht mit Unterdrücken, das Folgen nicht mit Duckmäusertum verwechselt werden. Und ich war den anderen, die mich als Anführerin akzeptierten, immer dankbar. Denn so musste ich meine fehlende Dazugehörigkeit nicht mehr empfinden oder gar darunter leiden.

Ich versuchte stets, eine gute Anführerin zu sein.

Das bedeutet, dass ich das Wohl aller im Auge behielt. Dass ich mich besonders um diejenigen kümmerte, die sich offenbar auch *anders* fühlten, aber keine Ambitionen zum Leader hatten. Ich habe schon immer eine Abneigung gegen diktatorische Strukturen gehabt – auch wenn ich selbst durch meine Position die Diktatorin hätte sein können. Ich versuchte, Harmonie in meine Gruppen zu streuen. Mal gelang das gut, mal etwas weniger. Ich versuchte, Bedürfnisse derer, die mir folgten, zu erkennen und ihnen bei deren Erfüllung zu helfen.

Mein ganz persönlicher Glaube, das Wissen um das Gute im Menschen, meine eigene Suche nach dem Glück, das nicht auf Vergnügen, sondern auf einer tiefen Gelassenheit beruht, trugen ihren Teil dazu bei: Menschen fühlten sich in meiner Gegenwart wohl. Das war es, wonach ich strebte.

Wem dies ein bisschen zu sehr nach ganzheitlicher Harmonie klingt, dem kann ich erzählen, dass zu mir auch andere Facetten gehörten – und zwar schon von frühester Kindheit an:

Seit ich denken kann, hatte ich außer meinem Hang zum Leaderdasein auch ein Faible für große Auftritte in der Unterhaltungsbranche.

So erzählt mein Vater heute noch mit Schaudern, wie er einmal nach dem samstäglichen Einkauf heimfuhr und vom Auto aus überall in unserer Siedlung kleine bunte Zettel an Straßenlaternen und Zäunen festgepinnt sah. Wahrscheinlich beschlich ihn beim Anblick der ungelenken Kinderschrift bereits eine vage Ahnung. Und tatsächlich fand sich auch in unserer Garageneinfahrt ein solches

Miniaturplakat, das laut verkündete: HEUTE PUPPENTEATER! DREI UR! EINTRITT 30 FENNIG!

Natürlich war auf dem Plakat auch die Adresse vermerkt. *Unsere* Adresse!

Es gab mächtig Stunk, weil ich mit meiner kleinen Jungensgang, und ohne vorher die Erlaubnis meiner Eltern einzuholen, ein Unternehmen gegründet hatte, das auf Gewinn aus war.

Damit waren meine Eltern nicht einverstanden, und ich wurde gerügt, dass ich für so einen Spaß doch kein Geld nehmen dürfe.

Als sich herausstellte, dass ich mit meinen Freunden noch nicht mal ein Stück einstudiert hatte, verlangte man sogar von mir, durch die Siedlung zu laufen und alle Flugblätter wieder einzusammeln. Doch zu spät! Einige der anstößigen Zettel waren bereits heruntergerissen und offenbar nach Hause getragen worden.

So stellten sich um drei Uhr am Nachmittag tatsächlich ein paar puppentheaterversessene Kinder ein. Sie brachten ihre verlegenen Mütter mit, die sich merkwürdig vorkamen, bei fremden Leuten – und auch noch bei den Münteferings! – in den Garten einzufallen und dreißig Pfennig für ein hingerotztes Puppentheater zu berappen.

Doch wir Kinder hatten eine Menge Spaß. Heute bin ich der Meinung, dass ich die eigentliche Vorreiterin des Improvisationstheaters bin – darin lag meine Stärke. Ein Witz jagte den nächsten, die Kinder bogen sich vor Lachen, und nachdem meine feigen Freunde das Handtuch geworfen hatten, bestritt ich die Vorstellung schließlich ganz allein. Mit Bravour.

Meine Mutter investierte das eingenommene Eintrittsgeld in Bratwürstchen mit Ketchup, und alle Gäste gingen mit schmerzenden Bäuchen vom Lachen und Essen nach Hause.

Wer sich solche Geschichten aus meiner Historie anschaut, darf sich nicht wundern, dass mein nationales Coming-out für mich eine aufregende und interessante Angelegenheit war.

Doch ich greife vor. Vor dem nationalen kam doch zunächst das ganz private Coming-out.

Wenn ich heute von jungen Lesben gefragt werde, wie sie »es« ihrer Familie und ihren FreundInnen am besten sagen sollten, dann rate ich ihnen immer dazu, einen günstigen Zeitpunkt abzuwarten.

So ein günstiger Zeitpunkt trifft zum Beispiel ein, wenn du selbst gerade frisch und glücklich verliebt bist. Und wenn deine Eltern sich zum gleichen Zeitpunkt im lang ersehnten Sommerurlaub befinden.

Entspannung pur. Zeit ohne Ende. Genau richtig, um von der Tochter oder dem Sohn einen schonungslosen Brief zu erhalten.

Wann sonst sollen sie positiv reagieren, wenn nicht dann?

In meinem Fall hatte ich auch noch den Überraschungseffekt auf meiner Seite.

Schließlich hatte ich mich meine ganze Teenagerzeit lang bis hinein in die postpubertäre Konsolidierungsphase immer wieder in Jungs verknallt. Daran hatten meine Eltern Anteil nehmen dürfen. Oder vielmehr müssen. Denn mein Vater war der einzige Autofahrer in unserer Familie und musste also eingeweiht werden. Wie sonst sollte ich an den Samstagen auf Konzerte der ersten Boygroup *The Teens* gelangen? Wie sonst hätte ich die Distanzen zwischen den sauerländischen Dörfern überwinden können, um dort mit schweißnassen Händen und trockenem Mund am Spielfeldrand des Fußballfelds zu stehen und meinen Angebeteten anzufeuern? Also musste meine ganze Familie mit und war daher stets auf dem neuesten Stand meiner Jungsverknalltheiten.

Das waren in der Tat so viele, dass sich die Sammlung mit der Zeit ein wenig unübersichtlich gestaltete. Sobald ich nämlich einen Jungen davon überzeugt hatte, dass er mich ebenso lieben musste wie ich ihn, verlor ich innerhalb weniger Tage (manchmal auch Stunden) das Interesse an dieser sich zart anbahnenden Beziehung. Ich zog aus zu neuen Abenteuern.

Die meisten Jungs wollten mich sowieso nicht. Ich war nicht besonders hübsch, schämte mich für meine Pubertätspickel, meine knubbeligen Zehen und die Haare an den Beinen. Und – das hatte sich nicht geändert! – ich fühlte mich ständig und überall anders. Im Grunde war ich also ein typisches Teeniemädchen.

War ich?

Und was war das dann mit dem Mädchen aus der Klasse nebenan, die ich in den Pausen nie aus den Augen lassen konnte? Wieso bekam ich Herzklopfen, wenn sie mich anlächelte? Wieso stellte ich mir so oft vor, ihr mit den Fingern durch die hüftlangen braunen Locken zu fahren, die bestimmt (da war ich absolut sicher) wunderbar frisch dufteten?

Von dieser einen und ein paar anderen, die mich gedanklich außergewöhnlich oft beschäftigten, deren *My-Melody*-Parfüme ich auf den engen Schulkorridoren erschnupperte und deren helles Lachen mir Gänsehaut bereitete, erzählte ich meinen Eltern nichts.

Ich erzählte niemandem etwas davon.

Vertraute nur hin und wieder meinem Tagebuch an, wie sonderbar es war, dieses Gefühl, das ich für ein Mädchen hegte, »beinahe ein bisschen wie Verknalltsein«.

Als ich achtzehn wurde, begann ich mit Reitstunden, und schlagartig veränderte sich die Welt für mich. Nicht nur deshalb, weil ich Sport trieb und Pferde besser kennenlernte. Sondern vor allem deshalb, weil ich meine nur wenige Jahre ältere Reitlehrerin auf der Stelle hätte zu Boden küssen können. Was sie selbstverständlich nicht ahnte und – vorausgesetzt, sie liest nicht zufällig einmal diese Zeilen – wohl auch nie erfahren wird.

Alles dies geschah jedoch jenseits des familiären Austauschs über Liebesdinge. Die Mädchen verschwieg ich.

Bis.

Ja, bis ich tatsächlich mit knapp zwanzig Jahren meine erste ganz offizielle Freundin hatte.

Alex.

Meine Güte, waren wir ineinander verschossen! Und davon abgesehen, waren wir auf dem besten Weg, eine neue Ära von Feministinnen zu begründen. Wir begaben uns auf Erkundungstour in Sachen Körpererforschung. Und wenn wir gerade nicht damit beschäftigt waren, waren wir auf der Suche nach Diskriminierung unserer Liebe, um uns dagegen zur Wehr zu setzen. (Also, gegen die Diskriminierung.)

Siehe da, wir mussten gar nicht lange suchen.

Es gab massig Hinweise darauf, dass lesbische Liebe keinen Pfifferling wert war. Dem wollten wir uns mutig und durch unsere Gemeinsamkeit gestärkt entgegenstellen.

An allererster Stelle widmeten wir uns bei diesem privaten kleinen Feldzug der katholischen Kirche.

Was mir früher nicht aufgefallen war, weil ich ja sowieso an den zweifelhaften Jobs wie Messdiener oder Priester nicht interessiert war, stach uns jetzt massiv ins Auge. Vor allem deshalb, weil auch wirklich nicht zu übersehen war, dass die katholische Kirche mit Homosexualität an sich nichts am Hut hat.

Sollte jemand meinen, Liebe sei Liebe, und die sei auf jeden Fall christlich, so irrt sich jemand.

Liebe zwischen zwei Frauen oder zwischen zwei Männern ist auf keinen Fall christlich und deswegen verboten. Basta.

Ich fand, dass ich mich einer Vereinigung, die mich derartig diskriminiert und nicht so annimmt, wie ich bin, nicht mehr zugehörig fühlen muss. Alex ging es genauso, und gemeinsam traten wir aus der Kirche aus.

Das klingt für sauerländische Maßstäbe zwar heroisch, war jedoch ein eher nüchterner bürokratischer Akt, den wir vor einem unbeteiligt wirkenden Beamten mit unserer Unterschrift auf einem grauen Papierstück auf dem Amt besiegelten.

Das alles geschah im Sommerurlaub meiner Eltern im Jahr 1989.

Um sie über die jüngsten Ereignisse zu informieren, tat ich das, was ich schon seit meiner Grundschulzeit am besten konnte: Ich schrieb einen Brief.

Darin führte ich alle meine Lieben auf, die ihnen neben den vielen Jungs entgangen waren: die Mädchen.

Und natürlich erzählte ich auch von meiner frischen Liebe.

Ganz am Ende unter P.S. vermerkte ich, nur zu ihrer Information, dass ich aus der Kirche ausgetreten sei.

Ich schickte den Brief an ihre Urlaubsadresse und wartete mit leicht bangem Herzen und klammen Händen darauf, was geschehen würde.

Im Grunde wusste ich, dass ich nichts Schlimmes zu befürchten hatte. Ich komme aus einer Arbeiterfamilie. Ich komme aus einer katholischen Gegend. Und ich komme aus einer kleinen Familie, in der Menschen und ihre Gefühle viel galten, in der Vorurteile verpönt und respektvoller Umgang miteinander das erklärte Ziel waren.

Was sollte mir also geschehen?

Nicht Schlimmes.

Nur ein Anruf vom Herrn Papa, der mir mit beruhigend sonorer Stimme mitteilte, mein Brief sei angekommen, alles sei in Ordnung, und sobald sie wieder zu Hause seien, könnten wir in Ruhe über alles reden.

Als meine Eltern zehn Tage später aus dem Urlaub heimkehrten, stürzte ich aus dem Haus, um sie zu begrüßen. Wir trugen gemeinsam die Koffer hinein. Ich war so gespannt auf die ersten Worte zu meinem Brief. Und kurz hinter der Eingangstür flüsterte meine Mutter mir tatsächlich etwas zu, das offenbar nur für mich bestimmt war. Sie wisperte: »Wie konntest du das nur tun? Aus der Kirche austreten!«

Ich war erleichtert. Alex mit mir. Unserem Glück stand nichts mehr im Weg.

Wir wurden rasch zu den beiden lesbischsten Lesben diesseits und jenseits der Ruhr.

Unser Studium der Filmwissenschaften an der Universität in Bochum lief quasi nebenbei. In der Hauptsache waren wir von nun an Frauen, die Frauen liebten.

Wenn ich so zurückblicke, muss ich heute gestehen, dass ich damals gewiss ein wenig zu pink in die Welt schaute. So nahm ich zum Beispiel einiges verzerrt wahr. Siegfrid Lenz' Buch *Das serbische Mädchen*, das wochenlang als Lektüre meiner Eltern auf dem Wohnzimmertisch lag, erschien mir jedes Mal, wenn ich nur einen flüchtigen Blick darauf warf, als *Das lesbische Mädchen*. Ein Ehepaar, das an einer Bochumer Ampel neben mir stand, unterhielt sich offenbar darüber, dass »Lesben wirklich gefährlich sind« – wobei sich im weiteren argwöhnisch belauschten Gesprächsverlauf herausstellte, dass sie über Fluginsekten sprachen, also in Wirklichkeit »Wespen« meinten.

Diese niedlichen kleinen Verhörer und Verseher nennen wir subjektive Wahrnehmung. Die tritt immer auf, wenn die Metamorphose vom anscheinend heterosexuellen Teenager zum homosexuellen Tweenie noch nicht komplett abgeschlossen ist.

In meiner Dortmunder VHS-Schreibgruppe *Schreiben befreit!*

hieß es bei jedem meiner Texte hinter vorgehaltener Hand: »Die im Coming-out sind am schlimmsten!« Trotzdem waren meine Texte klasse!

Abgesehen von einer einzigen Ausnahme machte ich im privaten Coming-out nur positive Erfahrungen.

Meine Freundinnen und Freunde fanden nicht viel dabei, dass Alex und ich nun ein Paar waren. Wir änderten uns dadurch ja auch nicht maßgeblich ihnen gegenüber. Höchstens waren wir ein bisschen aufgekratzter, ein bisschen wilder, ein bisschen frecher denn je.

Da ich von Anfang an mit mir selbst im Reinen gewesen war, konnte ich mich an dieser Toleranz von Grund auf freuen.

Doch als ich dann die Szene entdeckte und immer mehr lesbische Frauen kennenlernte, war ich entsetzt, welche grässlichen Erfahrungen einige von ihnen hatten machen müssen.

Angefangen von blöder Pöbelei auf der Straße bis hin zum demonstrativen Rausschmiss aus dem elterlichen Haus war offenbar alles vertreten, was ich mir unter diskriminierendem Verhalten nur vorstellen konnte.

In dieser Zeit wurde mir klar, dass ich und meine Liebste unter keiner Glasglocke lebten. Wir waren Teil einer Gesellschaft, die damals noch den Paragrafen 175 kannte und die nicht nur nicht davor zurückschreckte, gravierende Unterschiede zwischen Liebe und Liebe zu machen, sondern die es auch als kalkulierbares Risiko der Schwulen und Lesben betrachtete, nachts auf der Straße verprügelt zu werden. Ganz ähnlich, wie es ja auch das persönlich zu verantwortende Risiko minirocktragender Frauen ist, womöglich vergewaltigt zu werden: Schließlich wissen sie ja vorher, was so ein Verhalten auslösen kann – wieso machen sie es dann?

Ich begann, die Szene anders wahrzunehmen.

Auf den Frauenpartys sah ich immer noch die einsamen Herzen, die sich an ihren Getränken und Zigaretten festhielten, um bloß nicht allzu suchend zu wirken. Ich sah immer noch die Paare, die sich zankten und wieder versöhnten. Junglesben, die Eifersuchtsdramen in der Menge hinlegten, um eine Woche später wieder wild knutschend in eine dunkle Ecke abzutauchen.

Aber ich sah in ihnen allen auch noch etwas anderes. Eine Gemeinschaft von Menschen, die wahrscheinlich massive Verletzungen erlitten hatten. Die Kummer hatten ertragen müssen. Die von Selbstzweifeln geplagt worden waren. Die Einschränkungen in ihrer Freiheit, ihrem Selbstwertgefühl, ihrem Auftreten in Kauf hatten nehmen müssen, um auf die einzige Art und Weise leben zu können, die sie glücklich machen konnte.

Die Frauen, die ich in der Szene traf, waren starke Frauen, die alle das Gleiche taten: Sie suchten ihren ganz eigenen Weg. Fern von allen Traditionen, die uns seit Generationen vorgelebt worden waren. Weit weg von der Gewissheit, irgendwann einen Ehemann zu ergattern und sich in seine schützenden Arme, in finanzielle Aufgehobenheit zu begeben.

Ich fand sie alle mutig. Fand sie einzigartig. Fand sie wunderbar.

Ich beschloss, über sie zu schreiben.

Ich war dreiundzwanzig Jahre alt, als ich meinen ersten vorzeigbaren Roman schrieb. Er erzählt eine Geschichte aus der Bochumer Lesbenszene. Eine Clique von Frauen, die sich verlieben oder entlieben, Freundschaften pflegen oder mit Füßen treten, Idealismus vor sich her tragen, politische Korrektheit versuchen, kurz: Es geht darin um Junglesben, wie ich sie in der Szene traf. Wie ich selbst eine war. Das Manuskript trug den Titel *Welche Farbe auch immer* – weil eine der Figuren alle anderen danach fragt, welche Farbe wohl in ihnen sei. Eine Frage, gerade spinnert genug, damit die Person selbst interessant erscheint. Aber auch eine Frage, die Menschen zur Nachdenklichkeit anregen kann und deren Beantwortung etwas aussagt über den Menschen, der sich »innendrin« etwa Rot fühlt oder Pink oder Gold mit grünen Sprenkeln.

Für das Buch fand ich einen kleinen Verlag, der ausschließlich lesbische Literatur verlegte.

Als die beiden Frauen, die den Verlag führten, mir den Vertrag zusandten, konnte ich mein Glück kaum fassen.

Mein Traum würde in Erfüllung gehen! Schon immer hatte ich ein Buch schreiben wollen. Schon immer hatte ich mir mehr als alles andere gewünscht, die Worte, die ich schrieb, die aus mir herausdrängten, zwischen zwei schön gestalteten Buchdeckeln zu wissen.

Doch dann … oh weh! … ging der winzig kleine Verlag pleite, ehe mein Buch auf den Markt kam. Zwar gab es schon Vorbestellungen (deshalb taucht der Buchtitel *Welche Farbe auch immer* heute noch dann und wann in verstaubten Ecken auf), aber es kam nicht mehr zum Druck.

Mein Jungautorinnenherz drohte zu brechen.

Verzweifelt und zu allem bereit schickte ich das nun wieder freie Manuskript anlässlich eines Wettbewerbs an den Lübbe Verlag.

Aus meiner Laufbahn als Schreibkursteilnehmerin wusste ich, dass die großen Verlage hin und wieder solche Ausschreibungen veranstalten, um mal wieder einen frischen Schwung Manuskriptangebote reinzubekommen. Das verlockende Preisgeld gewinnt natürlich immer eine andere – aber es gäbe da noch die Möglichkeit, dass der Verlag eine Veröffentlichung zu den normalen Konditionen anbieten würde.

Genau das geschah in diesem Fall!

Ich war ratz von den Socken. Von nun an würde mein Leben sich komplett ändern! Ich würde mich nur noch Schriftstellerin nennen! Ich würde auf der Straße erkannt werden! Ich würde reich reich reich werden!

Ehm …

Nichts davon geschah.

Aber es war trotzdem eines der tollsten Erlebnisse in meinem Leben, als im November 1998 mein erster Roman unter dem neuen Titel *Ada sucht Eva* endlich erschien. Seit ich ihn geschrieben hatte, waren sechs Jahre vergangen. Aber mein liebevoller Blick auf die Szene, inklusive hochgezogener Braue und amüsiertem Grinsen, war geblieben.

Ich liebte das Buch, wie eine Mutter nur ihr erstes Kind lieben kann.

Und als die Frauenzeitschrift *Marie Claire* für eine kleine Notiz ein Foto brauchte, stellte ich natürlich eines zur Verfügung.

Der Artikel, den sie brachten, war in der Tat winzig. Mein sorgfältig ausgesuchtes Foto briefmarkengroß. Doch ich war stolz.

Eine positive kleine Rezension meines ersten Buchs – natürlich war ich stolz!

Als die Ausgabe der *Marie Claire* an den Kiosken erschien, war ich den ganzen Tag über auf einem Dreh unterwegs. Ich arbeitete zu dieser Zeit noch fürs Fernsehen – von unserem eigenen kleinen Journalistinnenbüro *Die Kanalhaie* aus.

So ein Dreh konnte mitunter ganz schön schlauchen. Also kam ich abends müde heim und sah verwundert, dass mein Anrufbeantworter wild blinkte und mir rot leuchtend die Zahl 13 entgegenschrie.

Nanu?! Verwundert drückte ich auf den Wiedergabeknopf und lauschte den Stimmen, die Nachrichten für mich hinterlassen hatten.

Nach dem dritten Piep stand mir der Mund offen, nach dem fünften musste ich mich setzen, nach dem achten war meine Kehle trocken wie nach einer Saharadurchquerung, und als ich alle angehört hatte, saß ich noch ein paar Minuten lang bewegungsunfähig im Sessel und starrte auf die Maschine.

Alle dreizehn Anrufe stammten von Redakteurinnen oder Redakteuren. Sie riefen an von Zeitungen, Zeitschriften, Fernsehmagazinen oder Radiosendern. Sie hatte alle den winzigen Artikel in der *Marie Claire* gelesen. Und sie alle wollten mehr.

1999 war mein Vater Bundesverkehrsminister. Ich war seine Tochter. Und hatte soeben ein Buch mit eindeutig lesbischem Inhalt veröffentlicht.

Ich nahm das Telefon zur Hand und wählte die Nummer meines Vaters.

Obwohl er sonst schwerer zu erreichen ist als der Papst, ging er diesmal sofort ran.

»Hilfe!«, quietschte ich in den Hörer. »Die wollen alle was von mir! Was soll ich denn jetzt machen?«

Ich schilderte ihm die Lage. Ich weiß noch, dass ich völlig aufgelöst war. Entsetzt darüber, wie viele fremde Stimmen den Weg in meine persönlichsten Räume gefunden hatten. Ich fühlte mich überrannt und bedrängt, in die Ecke getrieben. Nicht im Geringsten fühlte ich mich in der Lage, dieser Neugierde und Sensationslust adäquat gegenüberzutreten.

Mein Vater hörte sich meinen Bericht in Ruhe an. Dann ließ er sich noch mal die Namen aller Zeitschriften und Talksendungen nennen, die sich gemeldet hatten.

»Lad die *Bild am Sonntag* ein«, sagte er schließlich. »Mach 'ne kleine Homestory und erzähl ihnen ein bisschen von dir. Du wirst das schon machen. Ach … und lass dir den Text des Artikels für eine autorisierte Fassung schicken.«

Gesagt, getan.

Und es funktionierte.

Zunächst war es ein mächtiger Schrecken, einen Sonntag später beim Bäcker auf der Ablage mein Gesicht neben der Schlagzeile »Lesbische Ministertochter« zu sehen. Doch mein Interview nahm allen den Wind aus den Segeln.

Was hätte es auch groß zu hetzen und zu klatschen gegeben? Der Artikel war wohlwollend – von mir noch zusätzlich autorisiert.

Ich war ganz eins mit mir und meinem Leben.

Meine Eltern waren stolz auf mich und standen zu mir.

Mein Vater hatte keinen Fingerbreit Angst, dass meine Lebensweise sich irgendwie negativ auf seinen Beruf auswirken könnte. Wieso auch?

Was also konnten meine KollegInnen von Funk, Fernsehen und Printmedien da anderes tun, als dem allen Respekt zu zollen?

Das taten sie.

Es gab eine Menge Artikel. Ich gab weitere Interviews. Ging in ein paar Talkshows. *B.trifft. Boulevard Bio. Menschen bei Maischberger. DAS! Sabine Christiansen. Talk im Turm. Beckmann.*

Ein paar lehnte ich ab. Ein paar luden mich nicht ein. Geredet wurde fast überall das Gleiche. Lesbisches Leben. Bücher. Homoehe. Das Leben als Tochter meines Vaters.

Plötzlich wurde ich zu einer prominenten Lesbe, die gern dazu befragt wurde, was sie vom Heiraten hielt, wie es in unserem Land eigentlich um die Diskriminierung von Homosexuellen stand, warum ich nur über Frauen schreibe, was denn der Herr Vater dazu meint.

Ich erklärte mich. Ich beantwortete Fragen. Ich tat allen den Gefallen, meist pflegeleicht und nett zu sein. Nur wenn mal wieder jemand schrieb, dass »Mirjam Müntefering sich zu ihrer Homosexualität bekennt« wurde ich pampig.

Ich meine, sich zu »bekennen« ist kein glücklicher Ausdruck

dafür, dass ich jemanden liebe – auch wenn diese Jemand ebenfalls eine Frau ist.

Ich bekenne mich schuldig? Denkste!

Wieso stand da nicht einfach so was wie »Lebt mit ihrer Lebensgefährtin im Ruhrgebiet« oder Ähnliches. Dann wüssten auch alle Bescheid, hätten aber nicht gleich das Gefühl, von einem brandheißen, dunklen Geheimnis erfahren zu haben.

Ich bekenne mich? Huuuaahhh!

Wer käme auf die Idee, kundzutun, dass ich mich zu meiner Liebe oder Ehe mit Tobias XY bekenne? Wer würde in die Schlagzeile setzen: »Heterosexuelle Ministertochter erzählt!«?

Niemand, der bei klarem Verstand ist.

Ich rückte also auch zurecht, wenn mal wieder Blödsinn geschrieben wurde – damit auch zumindest das »richtig lesbisch« bei den Menschen ankam. Und kein verhuschtes »bekennend homosexuell«, das klingt so nach Berührungsängsten, ähnlich wie bei der Fernsehwerbung für Frischhaltebeutel (»Iiih, das ist ja Gefrierbrand!«).

Ich tat das alles.

Stand zur Verfügung, um mein Buch zu bewerben, um meinem weiteren Schreiben den bestmöglichen Boden zu bereiten.

Doch mir war klar, dass dies nicht meine Welt war.

Ich bin einfach nicht geschaffen für grelles Scheinwerferlicht, Fototermine, elitäres Geplauder vor Kameras.

Mein Sinn für öffentliche Auftritte reichte offenbar nur bis in den eigenen Garten, wo ich vor Nachbarskindern improvisiertes Puppentheater gestalten konnte.

Das Publikum, das mir beim Vorlesen aus meinen Büchern lauscht, liebe ich. Doch ein Auftritt bei einer Lesung ist sehr viel anders als die Teilnahme an einer Live-TV-Show.

Meine eigene Welt ist nicht so weit, sie ist viel kleiner. Sie ist die meiner LeserInnen. Und sie ist die daheim.

Mein Zuhause versank in jenem Frühjahr 1999 gerade in dunkler Trauer. Meine kleine Jule, die erste Cockerhündin, mit der ich mein Leben geteilt hatte, wurde schwer krank und starb, obwohl sie erst acht Jahre alt war.

DAS war meine Realität in dieser Zeit meines nationalen

Coming-outs und des Presserummels um meine Lebensweise. Jules Krankheit und Tod waren es, die mir zeigten, dass nichts von Glamour, nichts von Popularität übrig bleibt, wenn wir verlieren, was wir lieben.

Dass diese beiden Ereignisse zusammenfielen, bestimmt wohl heute noch meinen Umgang mit den Medien. Natürlich freue ich mir ein Loch in den Bauch, wenn ich einen schönen Artikel über meine Bücher lese oder wenn es zu einem angenehmen Interview kommt. Aber bei all dem vergesse ich nie, was das Wichtigste im Leben ist: meine Lieben, die mich umgeben.

Von dieser privaten Katastrophe losgelöst betrachtet, kann ich so ein nationales Coming-out jeder Lesbe und jedem Schwulen nur empfehlen. Es hat nämlich einen sehr angenehmen Nebeneffekt: Ich muss mich den Menschen, die mir auf Partys oder an der Arbeitsstelle begegnen, nicht mehr erklären. Entweder sie kennen mich gar nicht aus diesem Zusammenhang – was hin und wieder auch sehr angenehm sein kann. Oder sie haben von mir gehört und wissen dann automatisch, dass ich lesbisch bin. Umständliche Fragerunden, ob daheim ein Ehemann wartet, bleiben mir dadurch erspart.

Die Reihenfolge, privates und nationales Coming-out zu vertauschen, rate ich jedoch niemandem.

Ich glaube, ich konnte mein bundesweites Lesbendasein nur deswegen mit viel Gelassenheit vertreten, weil ich mir der Loyalität meiner FreundInnen und Familie bewusst war.

Zudem hat so ein öffentliches Interesse ja durchaus auch Einfluss auf die nahen Verwandten.

Ich fände es nicht fair, sie ins kalte Wasser des nachbarschaftlichen Klatsches zu schubsen, ohne ihnen vorher reinen Wein eingeschenkt zu haben.

In meiner Familie war es relativ einfach.

Meine Großeltern waren bereits nicht mehr bei uns.

Mein Vater hielt Ansprachen auf dem Christopher-Street-Day in Köln und gab in lesbisch-schwulen Zeitschriften Interviews über sein Leben mit seiner lesbischen Tochter.

Meine Mutter, die sich früher durchaus Sorgen gemacht hatte, welchen Einfluss die eine oder andere Handlung auf »die Wähler« haben könnte, hatte sich bereits von dieser Haltung distanziert – lange bevor ich mit meiner frohen Botschaft an die Öffentlichkeit ging.

Ein paar Jahre zuvor waren meine Eltern geschieden worden. Und obwohl so etwas ja nie ohne Leid und Kummer abgeht, hatte die Trennung auch gute Folgen. Meine Mutter löste sich aus dem engen Korsett der Überlegungen, was Nachbarn und flüchtige Bekannte denken könnten. Sie hatte in dieser schmerzvollen Zeit etliche Male die Erfahrung von sensationslüsterner Anteilnahme gemacht. Ebenso wie das Abwenden derer, für die sie als »lediglich Exfrau des prominenten Politikers« nicht mehr interessant genug war.

Sie hatte erfahren, welche Freundinnen und Freunde zu ihr standen und welche einem rasanten Gesinnungswechsel unterworfen waren.

Und auch wenn ich mich jedes Mal sorgte, wenn sie wieder eine solche Enttäuschung zu verkraften hatte, kann ich heute sagen, dass sie diese Erfahrungen stärker gemacht haben.

Mit den Jahren nach der Trennung bekam ich eine echt toughe Mutter. Die ihren ganz eigenen Weg geht.

Als in ihrem Sportklub schwulenfeindliche Witze erzählt wurden, schämte sie sich nicht oder grämte sich heimlich. Sie stand in gerechtem Zorn entbrannt auf und verkündete ihren Austritt. Vergessen war die Sorge darum, was »andere denken könnten«.

Blieb von meiner Familie noch meine Schwester. Deren FreundInnen hatten schon immer den Verdacht gehegt, dass ich irgendwie ein bisschen *anders* war …

Ich muss sagen: Recht hatten sie.

Glücklich arbeiten

Als Sammy und ich nach Würzburg reinfahren, sind wir schon so gut wie verwandt.

Wir haben uns gegenseitig unsere (privaten) Coming-out-Storys erzählt, von unseren ersten Lieben (ihre liegt gerade mal vier Jahre zurück, wie niedlich!) und unseren größten Enttäuschungen berichtet. Ich lausche ihr andächtig, höre heraus, wie sie versucht, sich selbst als älter, auf jeden Fall aber als reif und weise darzustellen. Das wird dadurch erschwert, dass sie sich im Redefluss immer wieder vergisst und ich nur allzu deutlich erkenne, wie jung sie noch ist und wie schmal ihr Erfahrungshorizont sich erst wölbt.

Das Verrückte daran ist, dass ich selbst doch erst »gestern« noch mit dem ersten Liebeskummer zu kämpfen hatte und meine ersten zaghaften Schritte in die weite, beängstigend wilde Lesbenszene machte. Wie kann es sein, dass ich mich plötzlich auf einer anderen Lebensstufe wiederfinde? Habe ich sie ganz von allein erklettert, ohne es selbst zu bemerken?

Sammy hat beschlossen, in der gleichen kleinen Pension abzusteigen wie ich. Sie weiß nämlich nicht, wo ihre beiden flüchtigen Freundinnen unterzukommen gedenken. Und selbst wenn sie es wüsste, hätte ich ihr nicht geraten, die gleiche Unterkunft aufzusuchen.

Aufs Konzert will sie aber. Um jeden Preis. Das Ticket hat sie Göttin sei Dank in ihrer eigenen Tasche transportiert. Und inmitten einer tausendköpfigen Schar von Anhängerinnen der *Tits & Ass* will Sammy sich auf die Suche nach ihren Freundinnen machen. Ehrlich gesagt, gesteht sie mir in einer schwachen Minute, will sie eigentlich nur nach Kirsten suchen. Denn an der liegt ihr wirklich etwas. Vera, na ja, die kann ihr gestohlen bleiben. Einigermaßen realitätsnah ist meine junge Begleitung aber noch, und ihr ist klar, dass sie die beiden nur im Doppelpack finden wird.

Wir checken also in der Pension ein, stellen fest, dass wir beide unsere Lieblingszahlen als Zimmernummern erhalten haben, und streben auf diese Weise ermutigt unseren jeweiligen Abendgestaltungen entgegen.

Der Veranstaltungsort für meine Lesung liegt ganz in der Nähe.

Ich habe also noch etwas Zeit, um kurz daheim anzurufen und mich nach der hoffentlich inzwischen stattgefundenen Bestattung des namenlosen Eichhörnchens zu erkundigen.

»In der Mülltonne?«, frage ich entsetzt, als die Beste Lebensgefährtin von allen mir kleinlaut Bericht erstattet.

»Ja, er hat's auf die Schaufel gelegt und bei sich in die Mülltonne fallen lassen«, erzählt sie schaudernd. »Ich wollte mir nichts anmerken lassen. Immerhin war er mir netterweise behilflich.« Sie spricht von unserem Nachbarn, der tatsächlich stets sehr hilfsbereit ist, sich jetzt jedoch in Sachen Pietät ein wenig grobschlächtig zeigt.

Da wir beide wissen, dass Tierbestattungen in Mülltonnen nicht unserem Empfinden für respektvollen Umgang mit Mitgeschöpfen entsprechen, schweigen wir einen Augenblick lang ratlos.

Dann beschließe ich, zu akzeptieren, was ich sowieso nicht ändern kann, und erzähle lieber die Geschichte, die ich heute auf dem Autobahnparkplatz und auf der Weiterfahrt gen Würzburg erlebt habe.

Die Beste Zuhörerin von allen lauscht andächtig und mit perfekt platzierten Kommentaren – »Was?« oder »In Echt?« oder »Gibt's ja nicht!« –, während ich von Sammy berichte.

Als ich geendet habe, seufzt sie einmal tief.

»Die Arme!«, sagt sie dann mitfühlend. »Ich hoffe nur, sie bekommt noch rechtzeitig mit, was da gespielt wird – bevor die auf Freundschaft schwörende Kirsten ihr komplett das Junglesbenherz bricht.«

»Ich hoffe, ich sehe sie morgen noch beim Frühstück. Bin ja doch neugierig, was Vera sich einfallen lässt, um Sammy ein zweites Mal aus dem Weg zu räumen«, erwidere ich. Bei diesem Wunsch, muss ich zugeben, spielt nicht nur mein menschliches Mitgefühl eine Rolle, sondern auch meine berufliche Neugier. Menschliche Dramen, solange sie sich im erträglichen Rahmen abspielen, faszinieren mich einfach.

»Hast du dir schon Notizen in deinem Taschengarten gemacht?«, fragt die Beste Autorinnenkennerin von allen.

»Gute Idee«, schmunzle ich. »Aber jetzt ist erst mal Vorlesen dran. Ich muss los. Grüß die Hunde. Ich meld mich später.«

Mein Taschengarten ist etwas, das mir mein Filmprofessor mit auf den Weg gegeben hat.

Anlässlich diverser Seminare zum Thema Drehbuchschreiben legten meine KommilitonInnen und ich uns kleine Notizbücher an, in die wir alle Begebenheiten des Alltags hineinschrieben, die uns irgendwie erwähnenswert erschienen.

Gut, dass ich diese Übungsbüchlein hatte. Denn wenn wir zu schreiben beginnen, scheint uns zunächst einmal ALLES erwähnenswert. Wir müssen erst lernen, herauszufiltern, was von den vielen Dingen, die uns im Alltag auffallen, oberflächlich spannend, was vorübergehend befriedigend und was tatsächlich auf Dauer fesselnd ist.

In einem Taschengarten lässt sich hervorragend unzensiert niederschreiben, was uns ins Ohr und ins Auge sticht. Auf diese Weise legen wir nicht nur eine schier unerschöpfliche Sammlung herrlicher Ideen, Szenenausschmückungen, Dialogführungen und wahnwitziger Wortkreationen an. Wir finden auch nach und nach heraus, was von all diesen Schätzen sich dazu eignet, wahrhaftig eine Geschichte zu werden.

Genau so eine Geschichte, wie ich sie gleich meinem Publikum vorlesen werde.

Die VeranstalterInnen der heutigen Lesung sind ein paar junge Lesben und Schwule vom Jugendtreff der Stadt.

Als ich das kleine Café betrete, herrscht dort hektische Geschäftigkeit.

Ich werde mit herzlich rudernden Armen empfangen und mit rosa Konfetti beworfen. Schließlich liegt der 11.11. bereits knapp hinter uns, und Würzburg gehört offenbar zu den völlig unterschätzten Karnevalshochburgen. Es fliegen Luftballons herum. Bunte Lampions sorgen für entsprechend regenbogenfröhliche Stimmung.

Mein Stimmungsbarometer schnellt sofort steil nach oben. Das kann nur eine tolle Lesung werden. Gute Laune und erwartungsvolle Spannung tollen und knistern im kompletten Café. Aus allen Ecken erklingt lautes Gelächter.

An dieser Stelle muss ich mal erwähnen, dass ich nicht verstehen kann, wieso sich insbesondere ältere Lesben regelmäßig dazu äußern, wie grässlich unpolitisch und vergnügungssüchtig die junge pinkfarbene Generation doch sei.

Natürlich haben sie insofern recht, als dieses Jungvolk wenig mit Diskussionen zum Paragrafen 175 am Hut hat. Aber ehrlich gesagt müssen sie doch auch nicht über einen Paragrafen diskutieren, den es dank damaliger Demonstrationen und politischer Aktivitäten heute nicht mehr gibt. Sie müssen auch nicht bis in alle Ewigkeit dankbar dafür sein, dass die Lesben und Schwulen der Generation vor ihnen sich für die heute existierenden Rechte eingesetzt haben.

Ich empfinde es oft so, dass die jungen Lesben und Schwulen in unserem Land ihre politische Seite einfach anders leben. Eher nach außen. Sprich: Sie veranstalten gigantische Partys oder auch Karnevalsprunksitzungen, die nicht nur in der Szene, sondern auch in der heterosexuellen Bevölkerung ihrer Stadt derartig beliebt sind, dass im November bereits alle Februarveranstaltungen ausverkauft sind. Diese Amüsementveranstaltungen, die zugegebenermaßen tatsächlich in erster Linie auf gemeinsames Vergnügen angelegt sind, nutzen sie dann geschickt, um Aufklärung zu betreiben und neue Szenemitglieder zu »rekrutieren«.

Ich finde, das spricht durchaus von Engagement im politischen Sinne.

Eine Lesung zu veranstalten will ich durchaus auch als intellektuellen Beitrag werten. Insbesondere dann, wenn hierzu die örtliche Presse informiert und eingeladen wird. Diese bleibt in den meisten Fällen dem Abend fern. Schließlich muss den selbstverständlich ausschließlich heterosexuellen LeserInnen über Minderheitenveranstaltungen nicht unbedingt Bericht erstattet werden.

Doch diesmal hat sich tatsächlich eine junge Frau unter die ZuhörerInnen verirrt, die als Freie für die Lokalseiten schreibt und anscheinend heilfroh ist, endlich mal was Interessanteres als die

Jahresfeier des Karnickelzuchtverbands (welche selbstverständlich für ALLE LeserInnen rasend interessant ist) dokumentieren zu dürfen.

Sie stellt sich artig bei mir vor und bittet darum, nach der Lesung noch ein paar Fragen stellen zu dürfen.

Das sage ich gern zu. Insbesondere da ich meinem Publikum nach dem Leseteil sowieso immer noch die Gelegenheit biete, Meinungen zu äußern oder seine Neugierde zu befriedigen.

Dass die junge Freie hier tatsächlich aufgetaucht ist, löst bei meinen VeranstalterInnen Schnappatmung aus. Sie sind es nicht gewohnt, dass auf ihre Pressemeldungen reagiert wird.

Ich lächle ihnen beruhigend zu, um deutlich zu machen, dass eine Lesung zum einen nichts ist, wovor man Lampenfieber haben muss, und ich zum anderen ein Profi bin und das Kind schon schaukeln werde.

Es wird erleichtert ausgeatmet. Doch die scheelen Blicke zur Pressetante, die ich als Jungredakteurin enttarne, die meinen VeranstalterInnen jedoch einfach als beachtlich älter als sie selbst erscheinen muss, können einfach nicht eingestellt werden.

Ein bisschen kann ich das auch verstehen.

Ich selbst bin tatsächlich vor jeder Lesung aufgeregt. Aber auf eine angenehme Art und Weise. Vielleicht so wie damals, als ich ein nicht einstudiertes Puppentheater aufführen wollte.

Da fühle ich die Vorfreude auf die Neugier in den Blicken meiner Gäste, auf deren entspannte Mienen, wenn ich beim Lesen aufblicke, auf das verhaltene Kichern oder laute Auflachen, auf die Freizeitgesichter voller Zuhörgenuss.

Ganz besonders sauge ich die kurzen, kostbaren Momente in mich auf, wenn ich unmittelbar nach Beenden der Lesung in das eine oder andere Augenpaar schaue. Augen, die dann ganz offen und verletzlich meinen Blick erwidern. In denen sich meine Geschichte und alle darin enthaltenen Gefühle – die der Zuhörerin ebenso wie meine – widerspiegeln.

Wenn ich bedenke, dass ich schon, grob geschätzt, über zweihundert Lesungen gehalten habe, scheint es wie ein kleines Wunder, dass es mich immer wieder so packt und ich daran so viel Freude habe. Heftiges Lampenfieber, etwa wie vor einer Theateraufführung oder wichtigen Prüfung, kenne ich hierbei nicht.

Nur ein einziges Mal, ich glaube, es war im Jahr 2004, geschah etwas sehr Unheimliches.

Ich sollte im Reisecafé Terra Verde in Münster aus meinem neuen Buch *Wenn es dunkel ist, gibt es uns nicht* lesen. Eine liebe Freundin hatte mich begleitet, und wir saßen im hinteren Cafébereich derart ins Gespräch vertieft, dass ich nicht mitbekam, wie sich das Café nach und nach füllte. Schließlich war es proppenvoll.

Als es Zeit war, nach vorn zu gehen und meinen exponierten Platz am Tisch mit Leselampe und vorm Mikro einzunehmen, drehte ich mich um und starrte in achtzig mir zugewandte Gesichter.

Der Schock schoss mir in alle Glieder. Denn gerade noch, vor einer Sekunde, war ich durch und durch privat gewesen. Ich hatte geredet, gelacht, mich ausgetauscht und nicht an die Rolle gedacht, in die ich heute hier schlüpfen sollte: in die der Autorin.

Nun fiel es mir mit einem Schlag ein: Alle diese Frauen waren wegen MIR hier! Wegen der Mirjam, die sich bei Gewittern gruselt, in Fahrstühlen unter arger Beklemmung leidet und sich geniert, im Restaurant ein kalt serviertes Essen zu reklamieren. Auf den Punkt gebracht: eine Mirjam mit allzu menschlichen Schwächen. Schwache Seiten im Leben, an die sie besser nicht denken sollte, kurz bevor sie vor einem erwartungsvollen Publikum von achtzig Frauen aus ihrem neuen Buch lesen soll.

Alle diese Frauen waren hergekommen, um mich zu sehen, um mir zuzuhören! Sie hatten diesen Abend seit Wochen in ihren Terminkalendern eingetragen, hatten sich mit Freundinnen verabredet und vielleicht etwas besonders Nettes zum Anziehen rausgesucht. Und letztendlich – das schoss mir in diesem Bruchteil einer Sekunde auch noch durch den Kopf – hatten sie an der Kasse Eintritt gezahlt!

All dieser Wirbel nur wegen MIR!

Diese plötzliche Erkenntnis überwältigte mich derart heftig, dass ich butterweiche Knie bekam. Es war das erste und einzige Mal, dass ich mich vor einer Lesung so fühlte: unfähig, meinen Part zu leisten.

Ich war sicher, die Frauen hätten sich alle geirrt und seien mehr oder weniger durch einen wahnwitzigen Irrtum hierher geraten.

Ich würde sie alle maßlos enttäuschen.

Ich würde ihnen nichts geben können, was das Eintrittsgeld rechtfertigte.

Natürlich konnte ich es dann doch. Meine zahlreichen Lesungen hatten mich geschult. Ich sagte einfach, was ich schon so oft vor Lesungen gesagt hatte – und gewann damit die gewohnte Sicherheit zurück, um mich ganz in meinem Element zu fühlen.

Seitdem achte ich jedoch darauf, dass ich die Veranstaltungsorte bereits mit meinem professionellen ICH betrete: Ich bin Schriftstellerin, und ich lese euch rasend gern vor!

Mit der Mirjam, die zu Hause lesend auf dem Sofa sitzt, mit den Hunden spielt oder Brombeeren erntet, habe ich dann nicht mehr viel zu tun.

Es ist mein Offizielles Ich, das agiert und souverän den Abend schmeißt. Mein Offizielles Ich ist nicht etwa eine Lüge, noch nicht mal eine geschauspielerte Rolle. Es ist ein Teil von mir, auf den ich mich absolut verlassen kann. Und ich bin heilfroh, dass ich es habe.

Auf meine jetzige Bayerntour habe ich dieses Offizielle Ich selbstverständlich mitgenommen.

Im Auto und Hotel hat es in meiner Tasche gewartet, in der auch das Leseexemplar meines Buchs steckt.

So ein Leseexemplar ist ungefähr genauso wichtig wie das Offizielle Ich.

Wenn ich das nicht dabei habe, geht gar nichts.

Denn anders als die Leserinnen meinen könnten, lese ich als Autorin nicht einfach aus dem gedruckten Buch vor. Nein, solch eine Lesung bedarf einiger Vorbereitung.

Davon abgesehen, dass ich oft schon in dem Augenblick, da ich das erste gedruckte Exemplar meines neuen Buchs in der Hand halte, auf einen Schlag drei Satzfehler entdecke, scheint auch oft der Inhalt nicht mehr wirklich druckreif zu sein.

Wenn ich dann die erste Lesung zum neuen Buch vorbereite, wird schnell noch ein bisschen was geändert. Meistens wird der Text gekürzt.

Reduziert auf das Wichtige, Spannende, Lustige, das gleichzeitig aber auch die Geschichte erzählen muss, versteht sich. Und so stellt sich ein Vorlese-Buchexemplar meist dar als eine Sammlung aus von Bleistiftstrichen zerstückelten Zeilen und Absätzen, zwischen denen wild angeordnete Pfeile hin und her deuten und hinweisende Seitenangaben zur Verwirrung der Vorlesenden beitragen.

Heute Abend lese ich aus einem amüsanten Buch. Sowieso lese ich gern Passagen, die eher spaßig als zu ernst sind. Wobei ich meine ZuhörerInnen nicht im Unklaren darüber lasse, dass es auch traurige Stellen, nachdenkliche Momente, geradezu dramatische Wendungen in meinen Büchern gibt.

Fürs Vorlesen eignet sich aber eben am besten etwas, worüber wir lachen können.

Und natürlich besonders dann, wenn ich es mit Menschen zu tun habe, die sowieso schon vor guter Laune aus allen Nähten platzen.

Niemand, der heute Abend draußen vorbeigeht, würde glauben, dass hier eine echt intellektuelle Veranstaltung stattfindet. Lesungen sind doch schließlich ernst, tiefgründig, werden von nachdenklichen Menschen besucht, die sich in schwarze Rollkragenpullover kleiden und die von diesem Abend eine Erweiterung ihres Bewusstseins mit nach Hause nehmen wollen.

Aus diesem kleinen Café schallt aber immer wieder Gelächter nach draußen. Zwischenrufe werden laut, zustimmendes Klatschen.

Wenn es so hoch hergeht, lese ich ganz besonders gut.

Weil ich gern lese, lege ich immer viel in meine Stimme hinein. Ich erlebe die Geschichte wieder und wieder. Und jedes Mal ist es ein bisschen anders, immer ein bisschen neu – denn das Publikum gibt etwas zurück, das ich zu Hause beim Schreiben niemals finden kann.

Es protestiert. Es stimmt zu. Es schmunzelt. Es träumt. Ich spüre, wie meine Worte Sehnsüchte wecken, die womöglich in letzter Zeit zu kurz kamen. Wie meine Stimme an Türen klopft – dass ich sie je passieren würde, ahnte ich noch vor wenigen Stunden nicht.

Wenn ich aufsehe und in die Gesichter blicke, sehe ich zu Beginn der Lesung die jungen Frauen und Männer, die mir gerade noch mit einem Bierglas zugeprostet haben.

Doch je länger die Lesung dauert, desto geheimnisvoller verändern sich die Mienen mir gegenüber.

Sie verlieren die Anspannung des Tages. Sie werden weich. Spiegeln nicht länger Zeit und Umgebung, sondern an allererster Stelle: Gefühl.

Es gibt Applaus.

Es wird sich auf dem Stuhl wieder gerade gesetzt, ein scheeler Blick nach links und rechts gewagt – um zu schauen, ob die anderen sich auch so fühlen: mitten aus einer Geschichte gerissen.

Und wenn ich den Ball dann zurückwerfe und die Möglichkeit anbiete, Fragen zu stellen, herrscht zunächst Schweigen.

Die wichtigste Frage derer, die das Buch noch nicht kennen, ist doch immer: Wie geht's weiter? Aber das verrät die blöde Autorin ja nicht. Eigentlich soll sie es auch nicht verraten. Weil Selberlesen ja auch Spaß macht.

Nur langsam kleckern die Fragen aus dem Publikum. Schließlich ist nicht nur die Hürde zu überwinden, von mir etwas wissen zu wollen, sondern auch die Hürde, inmitten der eng besetzten Stuhlreihen die eigene Stimme zu erheben.

Göttin sei Dank ist ja die Jungredakteurin da. Das Fragenstellen gehört zu ihrem Beruf. Mutig hebt sie die Hand, und ich nicke ihr zu.

»Was unsere Leser interessieren würde, ist zunächst mal die Antwort auf die Frage: Wie kommt es eigentlich, dass Sie zwei so unterschiedliche Berufe haben? Haben die irgendwas miteinander zu tun, was ich nicht auf den ersten Blick sehe?«, will sie mit gezücktem Stift wissen. »Stell ich mir schwierig vor, das Schreiben und Lesen unter einen Hut zu kriegen mit ... der Hundeschule.«

So wie sie das sagt, steht außer Frage, welchen meiner Berufe sie höher bewertet. Ich wette, sie hat bestenfalls einen Zierfisch zu Hause.

»Das ist gleich zu Anfang eine umfassende Frage«, stelle ich freundlich fest. Ich bin weit davon entfernt, Menschen, die etwas gegen Hunde haben, unfreundlich zu behandeln. Ich beantworte durchaus ihre Fragen. »Haben Sie einen Augenblick Zeit?«

Und dann erzähle ich ein bisschen von mir und meinen beiden Berufen, die mich zu einem glücklichen Menschen machen.

Dabei denke ich daran, was ich meinen Kunden in der Hundeschule letzte Woche erklärte: »Nächste Woche vertritt mich eine Kollegin. Ich bin nicht da. Ich bin auf Lesereise.«

Die Hunde zeigen sich in solchen Situationen wie immer unbeeindruckt von allem, was wir so verbal von uns geben. Lesereisen liegen außerhalb ihrer Prioritätenliste, auf der Futter, Moosgummibälle und Raufspiele mit Artgenossen ganz oben rangieren.

Die Menschen aber nicken. Machen vielleicht sogar beeindruckte Gesichter.

Die meisten von ihnen wissen, dass ich noch ein zweites Leben führe. Mein anderes Leben.

Meine KollegInnen, andere Trainerinnen und Betreiberinnen anderer Hundeschulen, die ich auf Fortbildungen treffe, reagieren ähnlich: bedächtig nickend. Respektvoll. Und zu einem kleinen, aber nicht zu übersehenden Teil befremdet.

Irgendwie macht mich meine Doppelberufung zu etwas Ungewöhnlichem unter den Hundetrainerinnen. Fast ist es so wie in meiner Kindheit und Jugend, als ich das Gefühl nicht loswurde, aus unerklärlichen Gründen nicht wirklich dazuzugehören.

Das Verrückte ist nur: Sobald ich mich auf einer Lesewoche mit anderen AutorInnen befinde und ihnen so ganz nebenbei von meiner Hundeschule erzähle, bin ich auch unter ihnen ein Exot und gehöre … doch eigentlich nicht wirklich dazu.

Ich sag's ja.

Keine Schublade für mich.

Verflucht.

Trotzdem halte ich mich allen Ernstes für einen privilegierten Menschen. Ich bin privilegiert, weil ich zwei Berufe mein Eigen nenne, die einfach die wunderbarsten Berufe der Welt sind.

Die beiden Hobbys, die mich von Kindesbeinen an am meisten beschäftigt haben, das Schreiben und die Tiere, sind ihre Inhalte.

Ich kann meiner Phantasie freien Lauf lassen. Ich kann mir Geschichten ausdenken. Ich kann wie eine Göttin entscheiden, wer in meinen Geschichten leben soll.

Und wenn mir die einsame Sitzerei am Schreibtisch zu viel wird, stürze ich zum Hundeplatz, wo sympathische Menschen, die meine Leidenschaft für Tiere teilen, bereit sind, mich dafür zu bezahlen, dass ich ihnen beibringe, wie sie ihren Hund erfolgreich und mit viel Liebe zum Mitgeschöpf richtig erziehen.

Wenn das kein privilegiertes Leben ist, weiß ich es wirklich nicht.

Natürlich gibt es auch bei mir Situationen, in denen mich niemand an solche Aussagen erinnern sollte.

Zum Beispiel das Quälen und Entlanghangeln an dramaturgischen Wichtigkeiten eines Romans, dessen Abschluss noch weit entfernt liegt, dessen Abgabetermin beim Verlag jedoch beängstigend nahe rückt.

Oder nach dem Gespräch mit einem Hundehalter, der seinem Kumpel einfach nicht mehr gerecht werden kann, in dem wir gemeinsam beschlossen haben, einen guten Platz für den noch ahnungslosen Hund zu suchen.

Es gibt manchmal auch ganz profane Gründe, warum selbst eine glücklich Arbeitende hin und wieder ins Jammern gerät: Fragen Sie mich mal im Februar bei minus sechs Grad und drei anstehenden Unterrichtsstunden auf unserem riesigen und entsprechend zugigen Außentrainingsgelände, ob ich meinen Beruf liebe!

Aber das sind wenige Schattenstunden, die den Sonnentagen, Sonnenjahren entgegenstehen, die mir meine beiden Berufe sonst schenken.

Die Sonnentage können nämlich manchmal auch im Regen stattfinden. Und die Sonnenjahre werfen ihr helles Licht auf einen Menschen (mich), der sich an genau der Stelle im Leben befindet, an die er sich wünscht. Alle zukünftigen Ziele und das Vorwärtsstreben eingeschlossen.

Eine wahrhaft glückliche Berufung also.

Natürlich war das nicht immer so.

Schön wäre es gewesen, wenn ich von Anfang an meinen Weg gekannt hätte, doch ich musste – genau wie die meisten – erst suchen und ausprobieren.

Ursprünglich – und das sitzt mir heute noch hin und wieder im Nacken, wie das wohl jeder mit ihrem ursprünglichen Berufswunsch geht – wollte ich Soziobiologie und Zoologie studieren. Ich wollte auf den Spuren von Jane Goodall, Dian Fossey und Biruté Galdikas wandeln. Wollte überraschende und überwältigende neue Erkenntnisse über bisher nicht erforschte Tierarten erlangen und sie durch meine auf einer klapprigen mechanischen Schreibmaschine zu Papier gebrachten Berichte der Wissenschaft präsentieren, während ich weitab von den Hörsälen dieser Welt in irgendeinem Busch hocken würde, um meine Feldstudien zu betreiben.

Ich fand es faszinierend, dass die drei großen Menschenaffenarten von Frauen erforscht worden waren. Ihren einfühlsamen Studien ist zu verdanken, dass wir heute über unsere nächsten Verwandten besser Bescheid wissen. Und nicht nur das: Mit ihrer Hingabe und durchaus auch unwissenschaftlichen Leidenschaft schafften es diese Frauen nicht nur, Sponsoren und Professoren von ihrer Arbeit zu überzeugen. Nein, »Schimpansen-Gucken« wurde in den Siebzigerjahren plötzlich salonfähig.

Die gewonnenen Erkenntnisse beschäftigten Intellektuelle wie Schulkinder. Man kannte sogar die Studienobjekte mit Namen. Vor dieser Zeit waren beobachtete Tiere nur durch eine Nummern-Zahlen-Kombination zu unterscheiden gewesen. Die Gombe-Schimpansen Flo, Fifi, David Greybeard, Goliath und ihre Gruppenmitglieder aber hatten nicht nur Namen, sondern auch Persönlichkeit. Ebenso der berühmte Gorillamann, Silberrücken Digit, den (trotz seines vorzeitigen Endes durch Wilderer) für die eine Generation Dian Fossey und für die nächste Sigourney Weaver unsterblich machten.

Ja, das waren meine Teenagerträume und hehren Vorsätze für mein Leben: Ich wollte Neues entdecken, wollte Schützenswertes hüten, wollte allen Menschen näherbringen, wieso wir auf unsere Erde, unseren Wald und unsere Flüsse besser – viel, viel besser! – aufpassen müssen, als wir es gerade so fahrlässig tun.

Und eine, die so was will, kann doch keine kleinen Tiere (musizierende Frösche, intelligente Ratten) töten und dann sezieren. Oder?

Als ich mich um meinen Wunschstudienplatz kümmern wollte,

wurde ich kurzerhand damit konfrontiert, dass ich – bevor ich Tiere schützen dürfte – erst mal eine Menge von ihnen des Lebens berauben sollte. Und zwar aus einem einzigen Grund: um zu gucken, wie sie von innen aussehen.

Mir war sofort klar, dass ich das nicht konnte.

Ich meine, ich hatte selbst Meerschweinchen, weil ich etliche Jahre den ersehnten Hund nicht bekam.

Lang lebe Nicki! Die Meersaudame, die auf einem Schaumstoffball laufen, Treppen steigen und ganz allein den Weg aus dem Garten über die Terrasse durchs Esszimmer durch die Küche durch den Flur in mein Zimmer in ihr Häuschen finden konnte. Solch ein Seelchen sollte ich mit einem giftgetränkten Lappen ersticken und seinen Körper – ungeachtet der Miniaturseele – in Stücke schneiden?

Nein.

Niemand sagte mir 1988, dass Studierende das Recht haben, sich gegen solche »Studieninhalte« zur Wehr zu setzen.

Und da es also unabänderlich schien, begrub ich mit neunzehn Jahren meinen großen Traum und stand orientierungslos in der Weltgeschichte herum.

Meine beiden besten Freundinnen, mit denen ich die letzten acht Jahre zusammengeklebt hatte wie Pech und Schwefel, tasteten sich langsam voran.

Gisela wollte in die Staaten, um das amerikanische Leben kennenzulernen, von dem wir nicht viel mehr wussten, als aus den Filmen mit Doris Day und Rock Hudson zu erfahren ist: also nichts. (Wir hatten noch nie von der McCarthy-Ära und dem damals ausgeübten Druck durch die Filmzensur gehört und nahmen daher an, dass es in den USA keine zusammenstehenden Ehebetten gab.)

Alexandra wollte zum Film. Nicht als Sternchen auf die Leinwand, das war ja viel zu profan, sondern als Regisseurin.

Und da mir Geschichten per se schon immer lagen, entschied ich mich mitzugehen. Mit zum Film.

Langsam wuchs in mir die Idee, aus den Storys, die ich schon seit der Grundschule ausdachte und aufschrieb, mehr zu machen als nur »etwas für mich«.

Dass ich einmal ein Buch schreiben würde, stand schon seit

meinem ersten Buchstaben in der Klasse 1a, Sunderaner Grundschule, fest.

Als Dreikäsehoch vertrat ich noch die Meinung, ein einziges Buch würde schon ausreichen.

Allerdings hätte ich nicht sagen können, wofür dieses eine Buch »ausreichen« sollte.

Reichtum? (Jemand hätte mich darauf hinweisen sollen, dass ich nicht Rowling heiße.)

Berühmtheit? (Wenn ich mir heute die Medien und ihren Umgang mit Promis so anschaue: wenig erstrebenswert!)

Unsterblichkeit? (Na, das wird sich ja noch rausstellen ...)

Egal. Jedenfalls war mir, mit dem Abitur in der Tasche, schon klar, dass ein einziges Buch nicht »ausreichen« würde. Und meine Brötchen verdienen würde ich mit guten Drehbüchern gewiss fixer.

Also entschied ich mich, ein Tofife zu werden. So wurden die StudentInnen der Theater-, Film- und Fernsehwissenschaften an der Ruhr-Universität Bochum liebevoll genannt.

Ich wusste zwar mit neunzehn bereits, dass ein wissenschaftlicher Studiengang nicht die ideale Ausgangsbasis für eine praktische Arbeit bei Film und Fernsehen war. Doch die Plätze an den Filmhochschulen waren stark begrenzt. Und nach drei Jahren städtischem Gymnasium im Sauerland war mein Selbstbewusstsein derart zusammengestaucht, dass ich mir nie im Leben zugetraut hätte, einen dieser begehrten Studienplätze zu ergattern.

Also auf ins Ruhrgebiet! Das mir wie eine einzige riesige Stadt erschien, so erscheinen musste, denn schließlich war ich in eher dörflicher Umgebung groß geworden.

Das Studium der Theater-, Film- und Fernsehwissenschaften in Bochum war ein einziges Desaster. Zur Einführung des Studiengangs durfte es keine Aufnahmebeschränkungen geben. Daher stürmten postpubertäre Möchtegernfilmemacher aus ganz Deutschland die RUB, um sich hier auf Studienplätzen breitzumachen, die an anderen Unis nur mit einem super Notendurchschnitt im Abi oder vierzehn Wartesemestern zu erkämpfen waren.

Dabei hatte der Studiengang, zumindest in den ersten Semestern, wahrlich nicht alles zu bieten, was nötig gewesen wäre. Es fehlte an

Ausrüstung, an Filmen, an Literatur und Lehrkräften. Doch uns war das schnurz. Meine KommilitonInnen und ich strömten in die Seminare und schubsten uns auf den völlig überfüllten Fluren vor den Listen zu den medienpraktischen Übungen um das Recht, den eigenen Namen auf das Papier setzen zu dürfen.

Die anderen Studenten, mit denen ich es im Bereich Theater, Film und Fernsehen zu tun bekam, hatten offenbar alle viel mehr Ahnung von der gewichtigen Materie als ich.

Aus welchem Grund sollten sie auch sonst im Sommer in langen schwarzen Ledermänteln herumrennen, mit geschulterten High8-Kameras über die Gänge der G-Gebäude irren und fortwährend ungefragt von sich geben, welchen Regisseur sie welchem vorzogen?

Ich machte die Bekanntschaft von Eli und Süli, einem Pärchen, das in vielen Seminaren und Vorlesungen auftauchte, die auch ich besuchte.

Ich nannte sie heimlich so, weil er (Eli) seine Neigung, möglichst *eli*tär herumzuschwadronieren, nicht mal für ein paar Minuten unterdrücken konnte. Seine Freundin (Süli) dagegen hatte offenbar nicht so Gewichtiges zu sagen, beteiligte sich aber dennoch an jeder Diskussion, was dazu führte, dass sie im Großen und Ganzen nur herum*sülzte*. Was das Bewundern oder Verteufeln des einen oder anderen Filmemachers anging, setzten Eli und Süli in unserem Semester Trends, die ich regelmäßig verpasste. Irgendwie hatte ich immer einen anderen Lieblingsfilm als die übrigen, war damit ziemlich uncool und – langsam können Sie es sich wahrscheinlich denken – gehörte irgendwie nicht richtig dazu. Ich war froh, als ich hörte, dass Eli und Süli nach Berlin gewechselt waren. Ich fand, dort passten sie viel besser hin.

Leider waren die beiden aber keine Einzelfälle. Um mich herum wimmelte es nur so von ihren Duplikaten. Ich kam mir im Gegensatz zu diesen filmwissenschaftlich höchst bewanderten zukünftigen Hoffnungsträgern der deutschen Kinolandschaft immer sehr unwissend und provinzlerisch vor.

Im ersten Semester lernte ich daher eine Menge fürs Leben. Ich lernte viel über Menschen, die sich für wichtig genug halten, um andere mit Herablassung behandeln zu dürfen.

Ich lernte etwas über Großstädte, in deren kleinen Gettos keine anderen Regeln herrschten als zum Beispiel in Sundern.

Und dann lernte ich auch Dinge, die mich auf meinem beruflichen Werdegang weiterbringen sollten. Ich lernte sie leider nicht bei den Vorträgen in den Hörsälen, sondern durch schlichtes Beobachten meiner Mitmenschen: Da gab es beispielsweise die medienpraktische Übung Experimentalfilm. Sie war – wie alle anderen medienpraktischen Übungen – vollkommen überfüllt, und es war nahezu unmöglich, an die Gerätschaften heranzukommen, die diese Übung so medienpraktisch machen sollten. Schließlich war ich umgeben von vor Ehrgeiz zerfressenen Kommilitonen, die sich zum Ziel gesetzt hatten, innerhalb von sechs Semestern ihren Magister zu stemmen und auf dem Weg dorthin mit dem ersten selbst gedrehten Film aus der ersten medienpraktischen Übung mindestens eine Nominierung für den Bundesfilmpreis rauszuschlagen.

Junge Männer mit mühsam zurechtgebastelten Koteletten und besagten schwarzen Ledermänteln zogen mit ausgeliehenen Videokameras über das Unigelände und schwenkten wahllos Objektive herum, um später diese immens aussagekräftigen Bilder in hektischer Reihenfolge zu montieren, unterlegt mit schräpiger Musik, die an einen Katerkampf in einer Vollmondnacht erinnerte.

Mit solcherlei wagemutiger Kunst konfrontiert, konnten unsere Dozenten nur hilflos die weiße Fahne hissen.

Wir StudentInnen mussten natürlich ebenfalls die ausgeklügelten Machwerke unserer Kommilitonen bestaunen und darüber diskutieren. Was zu täglichen und üblicherweise heftigen Auseinandersetzungen unter den Jungspunden führte, die selbstverständlich wussten, dass ihr eigener Film der einzige mit Gehalt und alles andere der blanke Nonsens war.

Was ein Experimentalfilm tatsächlich bedeuten konnte, wurde mir erst klar, als ich ein Festival zu diesem Thema besuchte. Zutiefst verstört oder grundlos himmelhochjauchzend wankte ich aus den Kinosälen. Verblüffenderweise waren die Filmemacher dieser wirklich grandiosen Werke Männer und Frauen, die ich aus anderen Filmzusammenhängen kannte. Ich hatte Spielfilme von ihnen gesehen, die vielleicht keine echten Klassiker wurden, aber durchaus in der Lage waren, einen Abend auf amüsante oder nachdenkliche Weise zu gestalten. Diese FilmemacherInnen verstanden ihr Handwerk. Sie waren in der Lage, eine Geschichte klar, strukturiert, für alle verständlich und gefühlvoll zu erzählen. Erst dann gingen sie hin und machten Experimentalfilme.

Dieser schlichte Zusammenhang kurbelte in meinem Hirn etwas an.

Ich sah nicht nur Filme plötzlich mit anderen Augen an. Ich ging auch in Ausstellungen und betrachtete die Bilder berühmter MalerInnen. Ich blätterte in Bildbänden und sah genau hin. Verfolgte die Arbeit dieser Künstler über die Jahre ihres Lebens hinweg. Und auch hier bestätigte sich, was mir zum ersten Mal bei den Experimentalfilmern aufgefallen war: Kunst beherrscht nur, wer das Handwerk beherrscht.

Das war eine ganz einfache Rechnung.

Die herrschenden Regeln dürfen nur die auf den Kopf stellen, die sie wie im Schlaf beherrschen. Sonst geht die Kunst in die Hose.

Diese Erkenntnis war sicher nicht das Ei des Kolumbus. Doch schließlich hatte ich die ersten zwanzig Jahre meines Daseins in der Provinz zugebracht. Und momentan war ich mit meinem Comingout als Lesbe beschäftigt. Nebenbei auch noch solche Schlüsse zu ziehen sollte in meinem Leben einiges ändern:

Zunächst mal gestaltete ich meinen Stundenplan um. Ich belegte nicht nur Drehbuchschreiben, sondern auch Filmanalyse. Ich saß nicht nur daheim und brütete über literarisch anspruchsvollen Entwürfen für meine Texte, sondern meldete mich für den Schreibkurs *Schreiben befreit!* bei der Volkshochschule in Dortmund an.

Hier wollte ich das Handwerk lernen. Das Handwerk fürs Schreiben.

Anfangs hätte ich meine guten Vorsätze beinahe wieder fahren lassen. Denn ehrlich gesagt glaubte ich nach ein paar Abenden inmitten des bunt zusammengewürfelten Haufens aus Hausfrauen, Büroangestellten bis hin zur siebzigjährigen Rentnerin nicht, dass mich diese Lehre weiterbringen würde.

Ich rümpfte die Nase über kleine, etliches an Textanspruch zu wünschen übrig lassende Geschichtchen über die Erlebnisse in der

Schrebergartenkolonie. Kläglich strukturierte Lyrik, in der sich Reime mühsam von Zeile zu Zeile hangelten, brachten in mir jede Konstruktivität zum Verstummen. Ich raufte mir die Haare über kleinbürgerliche Vorstellungen von Glück und Zufriedenheit, die durch die bescheidenen Texte hindurchschimmerten.

Doch dann saß ich tagsüber wieder in den Uniseminaren, besah mir die Bescherung der vielen kleinen Möchtegern-RegisseurInnen und zog wieder meine Schlüsse.

Ich hatte immer geglaubt, Vorurteile nicht zu mögen. Ich hatte Menschen, die vorschnell ein abwertendes Urteil fällten, stets verachtet.

Doch jetzt begegnete ich täglichen jungen Menschen, deren Geist doch beweglich und offen sein sollte, die es sich anmaßten, Geschichten in Gut und Schlecht einzuteilen.

Die guten Geschichten waren immer die, die schwer zu durchschauen waren, die traurig, dramatisch, möglichst mit einem niederschmetternden Ende erzählt wurden. Am besten waren die guten Geschichten, wenn man irgendetwas darin gar nicht verstand. Denn das sagte offenbar aus, dass die Filmemacher derartig schlau und durchtrieben waren, dass wir als ZuschauerInnen ihnen unter keinen Umständen auf die Schliche kommen konnten.

Die schlechten Geschichten waren meist die kleinen, die alltäglichen, die mit den Menschen wie du und ich, vor allem aber die mit den Happy Endings. Es war tatsächlich so, dass glückliche Enden einfach zu unrealistisch, zu simpel, schlicht zu trivial zu sein schienen, um gut zu sein.

Es kotzte mich an, dass meine Kommilitonen so dachten. Und abends in der VHS ertappte ich mich dann dabei, ganz ähnlich zu denken.

Ich glaube, wir Deutschen neigen zu so etwas. Zur Abwertung dessen, das nichts Künstliches, nichts Künstlerisches, nichts Außergewöhnliches und Abstraktes in sich trägt.

Wir können eine Geschichte – sei sie auch noch so schön – nicht stehen lassen, solange sie nicht die Kriterien von Kunst erfüllt.

Sie muss entweder eine Parabel sein, muss Metaphern enthalten oder tief ins Unterbewusstsein wirken, um gut zu sein. In jede

Geschichte, egal, ob Film oder Buch, dringen wir brutal ein, um sie zu durchwühlen und hoffentlich darin enthaltene Bedeutungsschwere zu entdecken. Denn nur so können wir sie genießen. Nur so können wir sie *gut*heißen.

Das wollte ich aber schon damals nicht.

Ich sagte mir, dass ich kein Mensch für Vorurteile bin.

Und ging weiter zum Schreibkurs.

Ich rügte mich selbst für mein Naserümpfen. Sagte zu jedem noch so verunglückten Text etwas Positives. Freute mich mit den Schreibenden, wenn ihre Geschichten an Form und Stabilität gewannen. Und irgendwann kam der Abend, an dem ich zur Schreibgruppe ging und enttäuscht war, weil unsere Rentnerin nicht da war. Ich hätte so gern die neueste Geschichte aus dem Schrebergarten gehört!

Hier, das wurde mir klar, hatte ich etwas für mein gesamtes Leben und besonders für mein Schreiben immens Wichtiges begriffen: Es gibt bei Geschichten kein Gut oder Schlecht. Es gibt unendlich viele Möglichkeiten, eine Geschichte zu erzählen. So viel Sprache, so unterschiedliche Tempi, Ausdruck und Atmosphäre. Natürlich gibt es ein sehr subjektives »Gefällt mir« oder »Mag ich nicht«. Aber davon abgesehen. Gibt es nur Geschichten. Sonst nichts.

Von dieser Zeit an schrieb ich anders und noch wesentlich mehr als früher. Mit dreiundzwanzig beendete ich meinen ersten vorzeigbaren Roman. Doch es sollte noch ein paar Jahre dauern, bis er veröffentlicht wurde.

In der Zwischenzeit musste ich noch ein bisschen rumstudieren. Als mir das zu langweilig wurde, beschloss ich, schon mal in die Praxis umzusetzen, womit ich mich jetzt zwölf Semester lang theoretisch auseinandergesetzt hatte.

Ich absolvierte mein Volontariat bei einer kleinen Fernsehproduktionsfirma in Dortmund, die für unterschiedlichste Sender tätig war. Dort lernte ich nichts über Film und überhaupt gar nichts über das Erzählen von Geschichten. Aber ich wurde zur Fernsehredakteurin. Ich lernte, wie Fernsehen funktioniert.

Meine Aufgabenbereiche galten zunächst sowohl der Recherche

für Geschichtsmagazine als auch dem Finden neuer Themen für sogenannte bunte Magazine. Später übernahm ich, genau wie meine KollegInnen, die Verantwortung für einen kompletten Beitrag – vom Exposé über den Dreh, Schnitt, Sprechertext bis hin zur Abnahme am jeweiligen Sender.

Dass ich nebenbei mein Examen vorbereiten musste, hatte zur Folge, dass 1997 ein enorm arbeitsintensives Jahr für mich wurde. Das sollte Maßstäbe setzen. An meinem Arbeitspensum hat sich in der Zwischenzeit nichts geändert.

Nach meinem Examen im November 1997, das mich mit einem schicken Einser-Magister aus der mittlerweile nur noch leidlich ertragenen Uni entließ, wollte ich auch alle weiteren Fesseln loswerden.

Mein Volontariat war ebenfalls beendet. Mir war klar: Ich wollte nicht von fremd diktierten Arbeitszeiten und launischen Chefs abhängig sein – also blieb nur die Selbstständigkeit.

Aus allen Himmelsrichtungen schrie es mir drohend entgegen: »Mach das nicht! Du wirst keine Aufträge erhalten! Du wirst pleitegehen!«

Warnungen dieser Art und schlimmer erreichten mich von allen Seiten und wiesen alle mahnend in die gleiche Richtung: »Als Selbstständige arbeitest du selbst und ständig!«

Ich weiß nicht, ob ich diese gut gemeinten Ratschläge auch dann in den Wind geschlagen hätte, wäre ich ein bisschen älter und erfahrener gewesen, hätte ich noch ein bisschen mehr vom Fernsehen und den Ellbogen der lieben KollegInnen an den Sendern gewusst.

Ehrlich gesagt glaube ich, dass ich es trotzdem getan hätte.

Ich hätte trotzdem mit meiner Kollegin Maleen zusammen das kleine Journalistinnenbüro *Die Kanalhaie* gegründet. Wäre trotzdem mit fliegenden Fahnen in die Unabhängigkeit übergelaufen, die ich mir immer ersehnt hatte.

Ich bin nun mal gern meine eigene Herrin. Das fängt bei ganz profanen Gewohnheiten an – der Aufstehzeit am Morgen zum Beispiel.

Wer mich mal um 6:30 Uhr geweckt hat, weiß seitdem, was sprachlose schlechte Laune ist: ein bis zur Unkenntlichkeit zerknautschtes Gesicht mit Augen, die missmutig zu Schlitzen verengt sind, und einem ungewöhnlich dünnlippigen Mund, dem bis etwa 9:15 Uhr kein heiteres Wort und erst recht kein Lächeln zu entlocken ist.

Als Selbstständige konnte ich schließlich allein entscheiden, wann mein Arbeitstag beginnen sollte. Wann er enden würde, lag auch in meiner Hand – und meist war das lange nach der Uhrzeit, zu der Angestellte den Bleistift zur Seite legen.

Dass ich nicht allein war, bedeutete mir eine große Hilfe.

Die Kanalhaie waren die ebenfalls junge Redakteurin Maleen und ich. Wir unterstützten uns gegenseitig mit Zuspruch und vielfältiger Hilfe, wenn mal wieder irgendetwas in unserer jungen Selbstständigkeit nicht so klappen wollte wie gewünscht. Und das geschah anfangs ständig.

Wir rackerten uns ab.

Wir putzten Klinken, arbeiteten für weniger Geld, als es die Polizei erlaubt, und legten Herzblut in jeden noch so kleinen Beitrag.

Doch! Doch ich brauchte nicht vor acht Uhr aufzustehen. Konnte meinen Tag einteilen, wie es mir passte. Wenn ich drehte, tat ich das nur mit Kamerateams, die ich persönlich mochte. Zum Schneiden ging ich nur in das Studio, in das meine kleine Cockerdame Jule mich begleiten durfte. Mit der Zeit kannten die Redaktionen bei den Sendern Maleen und mich mit Namen. Wir wurden selbst angesprochen und nicht als Vermittlerinnen zum Chef genutzt. Die Aufträge wurden größer und kamen zuverlässiger.

Dass ich das Fernsehen nach so relativ kurzer Zeit im Jahr 2000 aufgab, hatte also gar nichts mit meiner Selbstständigkeit zu tun. Was alle Welt mir prophezeit hatte – nämlich dass ich schon nach einem halben Jahr um Gnade winselnd zu einer Festanstellung zurückgekrochen käme –, war nicht eingetreten. Ich liebte meine Unabhängigkeit und dachte nicht im Traum daran, sie wieder aufzugeben.

Nein, es hatte nichts mit der Selbstständigkeit zu tun.

Es hatte was mit dem Fernsehen zu tun.

Jetzt mal ehrlich: Wer sich abends durch die vielen Kanäle zappt und auch nur die Hälfte davon glaubt, was ihm da serviert wird, der kann einem doch leidtun.

Auch wenn wir ganz bewusst die Bereiche ausklammern, wo uns wohl wissend Lügen aufgetischt werden. Da mag ich ja schon gar nicht hinschauen.

Nein, es reicht, sich einfach mal einen Überblick im Querzapp zu verschaffen.

Wir stumpfen ab, wo wir doch aufschreien sollten. Sehen Menschen verhungern, einander töten, zu Mord und Krieg aufrufen. Es wird normal für uns.

Auf der anderen Seite werden wir aufs Feinste manipuliert, aufgehetzt gegen Menschen und Tiere, obwohl hier ein kühler Kopf und Sachlichkeit vonnöten wären. Wir lassen das mit uns machen.

Aufgrund meiner eigenen Geschichte und der Tatsache, dass ich Tochter von … bin, reagiere ich besonders sensibel auf Grenzüberschreitungen im Bereich der Wahrung der Persönlichkeitsrechte. Wenn damalige Kollegen allen Ernstes behaupten, dass es ihre Pflicht sei, vor der Haustür eines durch einen Schicksalsschlag gerade gebeutelten Prominenten herumzulungern und Kameraobjektive auf kummervoll in Leid und Trauer verzerrte und verweinte Gesichter zu richten, bleibt mir der Mund offen stehen.

Leider musste ich in meiner eigenen Fernsehlaufbahn viel zu oft erleben, dass die Wahrheit ein bisschen (nur ein klitzekleines bisschen) verbogen werden musste – denn so sei es doch viel effektiver, viel fotogener, viel einschaltquotengerechter, fand die Redaktion.

Noch heute ist es nicht immer einfach, mit mir gemeinsam einen gemütlichen Fernsehabend zu genießen. Denn wer einmal hinter die Kulissen geblickt und das Konzept durchschaut hat, lässt sich einfach nicht mehr so leicht vergackeiern (sauerländisch = verscheißern).

Den Verantwortlichen für die Verdummungsversuche an einer ganzen Nation würde ich nur allzu gern eine Gehirnwäsche verpassen – in Form von einem Jahr totalem Machtentzug in Marlen Haushofers *Die Wand*.

Leider muss ich mich allerdings dem Argument stellen, dass auch beim Fernsehen die Nachfrage das Angebot bestimmt. Und das wiederum lässt mich ratlos verstummen …

In diesen Momenten tröste ich mich damit: Göttin sei Dank gibt es im Fernsehen auch die coolen Tierdokumentationen, die phantastischen Reportagen über besondere Menschen oder die gut gemachten Fernsehfilme. Deswegen habe ich immer noch einen Fernsehanschluss.

Wer sich jetzt fragt, wie um Himmels willen ich denn aus dieser grässlichen Zwickmühle herausgekommen bin, die da lautet »Zwang des Geldverdienens kontra heftige moralischer Bedenken«, der kann sich einmal selbst fragen, was ich mich damals fragte: Was kann ich eigentlich sonst noch so?

Denn bei den wenigsten Menschen sind die Fertigkeiten, über die sie persönlich verfügen, nur reduziert auf die berufliche Tätigkeit. Wir können doch alle mehr als das, was wir in der Lehre oder im Studium gelernt haben. Egal, ob zwischenmenschliche Fähigkeiten, die Gabe zum Malen oder Musizieren oder Fingerfertigkeit in Sachen spezieller Hobbys, jeder kann doch irgendwas.

1998 erschien mein erster Roman. Das ist zwar eine ganz andere Geschichte – doch in gewisser Weise trug dieses Erlebnis dazu bei, dass ich beruflich endlich in die richtige Richtung blickte: Dank meines ersten Buchs verdiente ich (nur ein bisschen, aber immerhin!) Geld mit einer Sache, die immer eher ein Hobby als ein Beruf gewesen war.

Daher stellte ich mir oben erwähnte Frage und kam recht bald zu einem Ergebnis: Ich konnte schon immer gut mit Tieren umgehen.

Mein Kindheitstraum der Löwendressur und meine ursprünglichen Studienwünsche der Soziobiologie hatten mich sowieso nie ganz losgelassen. Daher lag der Schluss nahe: Außer Geschichten schreiben und Einspieler fürs Fernsehen produzieren konnte ich zwar noch eine Menge anderes, aber am besten: Hunde erziehen!

Damit jetzt kein falscher Eindruck entsteht, muss ich gleich etwas klarstellen: Nur weil der Beruf der Hundetrainerin oder der Hundeverhaltenstherapeutin (noch) nicht durch eine staatlich anerkannte Ausbildung geregelt ist, ist es noch lange kein Job, den jede/r ausüben kann und sollte.

Genau wie beim Schreiben gehört eine gehörige Portion Talent dazu.

Das Gefühl für das Mitgeschöpf Hund in seiner Eigenart als hoch soziales Jagdraubtiers muss einfach vorhanden sein. Genauso muss aber natürlich auch die innerartliche Kommunikationsebene störungsfrei funktionieren. Bedeutet: Eine Hundetrainerin muss mit Menschen umgehen können – und zwar in einer Art und Weise, die sowohl Respekt dem anderen gegenüber als auch pädagogische Qualitäten beinhaltet.

Es gibt hin und wieder HundeerzieherInnen, die jeden noch so schwierigen Hund in null Komma nix therapieren können. Verlangen wir dann jedoch, dass der Besitzer des Hundes entsprechend geschult wird, versagt der/die »Hundeflüsterer/in«. Eine Übernahme der Therapie in den Alltag des Mensch-Hund-Teams ist also unmöglich.

In diesem Beruf ist es einfach von immenser Wichtigkeit, auch die eigenen Artgenossen »handeln« zu können, Zusammenhänge erklären und praktische Übungen dem individuellen Team anpassen zu können.

Deswegen besuchen meine Mitarbeiterinnen und ich nicht nur Fortbildungen zu neuesten Erkenntnissen, Hunde betreffend, sondern auch Rhetorikseminare. Wir bemühen uns, den Menschen am anderen Ende der Leine zu erreichen, indem wir uns einfühlen, die Persönlichkeit respektieren und aus den Möglichkeiten, die dieser Mensch mitbringt, alles herausholen.

Ein Mensch und sein Hund gehören einfach zusammen. Es bringt die beiden nicht weiter, wenn ich es schaffe, dass der Hund bei *mir* super an der Leine läuft. Es muss genauso super klappen, wenn sein Mensch mit ihm unterwegs ist.

Eine gute Hundeschule ist also im Grunde keine Schule für Hunde, sondern eine Schule für Menschen mit Hund.

Diese Zusammenhänge wurden mir schon sehr bald klar, als ich Fortbildungskurse in Sachen Hundetraining besuchte.

In Deutschland ist diese Ausbildung staatlich nicht geregelt. Eine angehende Hundetrainerin muss sich ihre Ausbildung selbst zusammensuchen, indem sie Kurse, Seminare und Praktika belegt.

Diese Ausbildung ist nicht nur entsprechend teuer, sondern auch mit diversen Reisen verbunden. Denn die Hundeexperten, bei denen Seminare stattfinden, sind über ganz Deutschland verteilt.

Wieder war ich in der Selbstständigkeit nicht allein. Brigitte, eine langjährige Bekannte und ebenfalls Hundeliebhaberin, und ich wollten uns gemeinsam ins große Abenteuer Hundeschule stürzen.

Im Jahr 2000 war es so weit.

Furchtbarerweise fiel unser Start mit *HUNDherum fit! – Hundeerziehung im Ruhrgebiet* in ein Jahr, in dem ein schlimmer Beißunfall geschah: In Hamburg töteten zwei Hunde einen kleinen Jungen.

Obwohl die Hunde bereits beim Ordnungsamt als »auffällig« bekannt waren und Leine und Maulkorb hätten tragen müssen, hatte niemand überprüft, ob diese Auflagen tatsächlich erfüllt wurden.

Die Folgen dieses grässlichen Unfalls waren in aller Eile aus dem Boden gestampfte Verordnungen zur Hundehaltung bestimmter Rassen, salonfähiger Hundehass und wüste Beschimpfungen, denen Hundehalter auf offener Straße ausgesetzt waren. Nie war der Graben zwischen Hundeliebhabern und Hundehassern größer und tiefer gewesen. Nie war der Gesetzgeber schneller bereit, Letzteren im Zweifelsfall recht zu geben.

Brigitte und ich machten nicht nur eine Hundeschule auf. Wir hissten damit auch eine politische Fahne. Denn für uns war klar, auf welcher Seite wir stehen wollten: auf der der Hunde!

Also stellten wir uns allen Herausforderungen. Wir nahmen an einer Prüfung des zuständigen Ministeriums in NRW teil. Nach deren Bestehen waren wir berechtigt, für alle Hundebesitzer die theoretische Sachkundeprüfung abzunehmen und auch Hunde der sogenannten Anlagenlisten zu testen und damit als gefährlich oder ungefährlich einzustufen – eine Unterteilung, die aus wissenschaftlicher Sicht grober Unfug ist. Wir hatten keine Wahl. Wenn wir den Hunden Gutes tun wollten, mussten wir uns fügen.

Meine Güte, was haben wir anfangs für Fehler gemacht! Wenn ich heute zurückdenke, sträuben sich mir manchmal die Haare. In den letzten zehn Jahren hat sich so viel getan in Sachen Verhaltensforschung rund um den Hund, dass Praktiken, die damals gängig waren, und Sachverhalte, die als bewiesen galten, bei qualifizierten TrainerInnen heute nur Kopfschütteln hervorrufen.

Wir lernten dazu. Wir wurden in allem besser, was dieser Job fordert. Und die Hunde und ihre Menschen taten uns den Gefallen und wurden trotz unserer anfänglichen Patzer zu tollen Teams.

Leider musste Brigitte schon nach kurzer Zeit die Arbeit in der Hundeschule aufgeben. Das Geld, das unser winziges Unternehmen, so neu am Standort, erwirtschaftete, reichte bei Weitem nicht aus, dass wir davon leben konnten.

Ich hatte ja Göttin sein Dank noch das Schreiben. Und so konnte ich *HUNDherum fit!* zunächst allein weiterführen.

Mittlerweile ist der Betrieb gewachsen. Die Hundeschule hat die heikle Fünfjahresgrenze längst überschritten. Heute arbeiten mehrere qualifizierte und erfahrene Mitarbeiterinnen als Trainerinnen für *HUNDherum fit!*, und wir haben am Standort einen guten Ruf. Der Großteil unserer Neukunden erreicht uns über persönliche Weiterempfehlung von Freunden, Nachbarn und Bekannten – und das ist die beste Werbung, die ein Dienstleistungsunternehmen sich nur wünschen kann. Nein, es gibt noch eine bessere: Die Hunde, die unser Training erfolgreich absolvieren, laufen für *HUNDherum fit!* Werbung, indem sie Freiheiten genießen (entspannter Stadtbummel an der Leine, auch im Restaurant dabei sein, Freilauf im Außengelände), die ungehorsame oder schlecht sozialisierte Hunde nicht besitzen.

Meine Arbeit als Hundetrainerin hat den einen oder anderen faszinierenden Nebeneffekt:

Zunächst einmal stelle ich fest, dass viele Grundsätze, die ich in der Hundeerziehung anwende, auch auf den Umgang mit Mitmenschen zu übertragen sind.

Nehmen wir zum Beispiel den einfachen Leitsatz »Dominanz durch Ignoranz« – er bringt die erste goldene Regel für den Alltag mit Hunden wunderbar auf den Punkt. Denn ein souveräner Hund, der einem anderen sagen will, dass der gar nichts zu sagen hat, drückt das stets durch schlichtes Ignorieren aus. Wutanfälle, gebleckte Zähne, Knurren, Bellen und Losstürzen zeugen dagegen eher von Unsicherheit, Angst oder übertriebener Wettbewerbsaggression.

Übertragen wir diese Beobachtung doch mal auf unsere eigene Spezies: Sie können niemandem so deutlich sagen, dass Sie auf seine Meinung oder Anwesenheit keinen Wert legen, wie durch schlichtes Ignorieren. Wen immer Sie wie Luft behandeln, wird sich auch genauso fühlen. Gehen Sie zum Beispiel einen ungeliebten Nachbarn aber womöglich laut schreiend, fluchend oder sogar mit Fäusten an, untergraben Sie nicht nur Ihren guten Ruf, sondern verstärken auch Ihre eigene Unsicherheit in Bezug auf die besagte Person.

Unseren Hunden geht es genauso!

Beim Blick auf das Thema Rangordnung sind ebenso Parallelen zu entdecken. Wir wissen ja alle, dass Hunde in einer sogenannten Rangordnung leben. Genau wie wir Menschen.

Falls jemand behauptet, er lebe mit allen seinen Mitmenschen völlig gleichberechtigt, den frage ich, wie er es denn zu Hause mit seinen Kindern oder bei der Arbeit mit dem Firmenvorstand oder im Verein mit dem Vorsitzenden hält.

Sehe ich betretene Mienen? Das muss nicht sein. Denn Rangordnung bedeutet doch nicht automatisch Knechtschaft derer, die im Rang weiter unten stehen. Im Gegenteil. Die Rangniederen haben oft ein wesentlich bequemeres Leben. Sie müssen keine Verantwortung tragen, im internen Streitfall nicht für Ruhe sorgen, bei Gefahr von außen nicht in vorderster Linie kämpfen.

Es wird viel zu oft geglaubt, Hierarchie bedeute, dass irgendjemand an der Spitze steht und nach unten tritt. Das ist zwar bei Hühnern so. Aber nicht bei Hunden. Und bei uns selbst sollte es auch nicht so sein.

Chef ist der, der selbstsicher, gelassen und in sich ruhend immer den Überblick behält, der am meisten weiß, fünf auch mal gerade sein lässt und diejenigen, die in der Rangordnung unter ihm stehen, mit Wohlwollen und freundlicher Konsequenz an die geltenden Regeln erinnert.

Wer ständig mit der Faust auf den Tisch haut, cholerisch herumbrüllt und nach unten schikaniert, wird gefürchtet – aber nicht als Chef respektiert und loyal anerkannt.

Ist es nicht herrlich, wie viel über uns Menschen zu erfahren ist, wenn wir uns intensiver mit Hunden beschäftigen?

Für derartige Parallelen kann ich mich auch nach jahrelanger Praxis immer wieder begeistern.

Eine weitere Erkenntnis, die ich zu Beginn meiner Laufbahn als Hundetrainerin zu gewinnen glaubte, führt mich auf ein komplett anderes, hochinteressantes Gebiet.

Mir wurde nämlich mit einem Schlag bewusst, dass alle Hundetrainerinnen, die ich traf, höchstwahrscheinlich lesbisch waren. Sie mussten einfach lesbisch sein! Dafür hatte ich doch inzwischen ein Gespür entwickelt.

Diese Frauen in ihren Outdoorklamotten sahen aus wie Lesben. Sie sprachen wie Lesben. Sie benahmen sich wie Lesben. Und sie liebten alle, alle, alle Hunde – genau wie ich! Ich war im Himmel angekommen!

Dachte ich.

Denn nach und nach musste ich meine Einschätzung bezüglich der einen oder anderen zurücknehmen. Hier wurde eine Verlobung erwähnt, dort tauchte ein Ehemann auf oder sprangen Kinder herbei.

Das ging so lange weiter, bis nur ein Rest übrig geblieben war, der in etwa zehn bis fünfzehn Prozent aller mir bekannten Hundetrainerinnen ausmachte, was ungefähr dem durchschnittlichen Anteil von Lesben und Schwulen in der Bevölkerung entspricht.

Wie aber kam es, dass ich zunächst in meiner Einschätzung derart falsch lag?

Mit etwas Abstand betrachtet leuchtet es eigentlich ein: Frauen, die Unternehmerinnen sind, die selbstständig arbeiten und die dies auch noch auf dem Gebiet der Hundeerziehung tun, müssen starke Frauen sein. Hunde brauchen Führungskräfte, ChefInnen, an denen sie sich orientieren, denen sie gern folgen, die im Zweifelsfall den Ton angeben.

Als selbstständige Unternehmerin in Deutschland, umgeben von einem Meer konkurrierender Männer, muss sich jede Frau mit eisenhartem Willen und ebensolchem Geschick durchkämpfen.

Das haben Hundetrainerinnen mit Lesben gemeinsam. Und deswegen wirken sie alle so, als seien sie welche.

Ob der Umkehrschluss allerdings zutrifft, das habe ich bisher noch nicht überprüft. Werde demnächst mal wieder in die Szene eintauchen und genauer hinschauen. Vielleicht werde ich ja die eine oder andere entdecken, die eindeutig eine Hundetrainerin zu sein scheint.

Apropos Szene!

Seit ich mich auf Fortbildungsseminaren tummle und reges Mitglied der Interessengemeinschaft unabhängiger Hundeschulen e.V. bin – also seit dem Jahr 2000 –, gehöre ich nicht mehr ausschließlich einer Szene an – der Lesbenszene.

Nein, ich bin seitdem auch Teil der – Hundeszene!

In Deutschland gibt es unglaublich viele TrainerInnen, Kynologen, Verhaltenstherapeuten, eben Menschen, die sich mit der Ausbildung und Erziehung von Hunden, der Erforschung von Hundeverhalten beschäftigen.

Die Hundeszene ist riesig, und mittendurch zieht sich ein breiter Spalt, so tief und trennend wie der Andreasgraben.

Damit das schon mal geklärt ist: Wir gehören zu den *Guten*.

Was bedeutet, dass wir mit positiver Bestärkung arbeiten und auf den Einsatz von Starkzwangmitteln komplett verzichten. Ich lege keinen Wert darauf, einem Lebewesen eine schmerzhafte Portion Strom im wahrsten Sinne des Wortes auf den Hals zu schicken.

Ich gebe auch offen und frei heraus zu, dass ich ein viel zu sensibles Weichei bin, um herauszufinden, wie ich mit einem Stachel- oder Korallenhalsband umgehen müsste, um beim Hund den »gewünschten Effekt« zu erzielen.

Es gehört zu meinen Grundprinzipien, dass ich weder Mensch noch Tier wissentlich Schmerzen zufüge. Dieses Prinzip trage ich auch in meine Hundeschule. Und es gibt viele KollegInnen, die das ebenso handhaben.

Wir setzen möglichst viel positive Bestärkung ein, bauen auf das Lernen am Erfolg und erreichen so bei Mensch und Hund ein entspanntes Miteinander.

Auf der anderen Seite des Andreasgrabens befinden sich leider noch ebenso viele »Hundefachleute« wie auf unserer. Jenseits wird über Meideverhalten gearbeitet – was ein schöner Ausdruck dafür ist, dass den Hunden, unseren Kumpels und empfindsamen Mitgeschöpfen, so lange und so viel Schmerz zugefügt wird, bis sie das erwünschte Verhalten zeigen. Erst dann lässt der Schmerz nach, und der Hund darf lernen: Nur wenn ich das gewünschte Verhalten zeige, geht es mir gut. Wer einmal in die Augen eines Hundes geblickt hat, der eine solche Ausbildung über Meideverhalten durchlitten hat, weiß, welchen Ausdruck eine gebrochene Seele zeigt. Leider gibt es immer noch – wider alles besseres Wissen und wider das humanistische Gesetz von Respekt vor und liebevollem Umgang mit dem Mitgeschöpf – viel zu viele dieser Tierdrangsalierer. Was sich auch nicht ändern wird, solange der Gesetzgeber nicht einsieht, dass Tiere keine Sache sind. Aber das ist schon wieder eine andere Geschichte …

Es spricht also auch von menschlicher oder religiöser oder ethischer oder gar politischer Überzeugung, sich in der Hundeszene auf die eine oder die andere Seite zu schlagen.

Als ich mit *HUNDherum fit!* startete, waren viele organisatorische Unternehmensfragen so dominant, dass ich erst eine ganze Weile später dazu kam, mich selbst in Bezug auf meine Begeisterung für diesen Beruf zu untersuchen.

Anfangs war mir nämlich gar nicht bewusst, was ich an diesem Job so liebe.

Ich wusste nur, dass ich manchmal vom Trainingsgelände heimfuhr und in meinem Bauch wahre Glücksfeuerwerke explodierten. Mir war klar, dass ich eine meiner Berufungen gefunden hatte.

Aber was daran das Wunderbare und Einzigartige für mich war, das ist mir erst nach und nach aufgegangen – heute bin ich davon überzeugt, dass es die perfekte Mischung aus Nächstenliebe, Mitgefühl und Helfen ist, die mich derart an diesem Job hängen lässt.

Wenn ich mit den Menschen und ihren Tieren arbeite, sehe ich von Woche zu Woche, wie die Hunde aufblühen.

Sie stürzen sich mit Begeisterung auf ihre neuen Aufgaben, wenden sich wieder (oder manchmal gar zum ersten Mal in ihrem Leben!) ihren Menschen zu. Sie kommunizieren deutlich, welche Qualität ihr Leben bekommen hat.

Unsere Hunde, eigentlich Spezialisten auf den Fachgebieten des

Jagens, Hütens und Schützens, sind doch in den meisten Fällen arme arbeitslose Freaks, die den lieben langen Tag nichts Wichtigeres zu tun haben, als ihre Menschen zu beobachten. Kein Wunder, dass sie dann – einmal freigelassen – nichts Eiligeres zu tun haben, als (endlich!) zu jagen (Kaninchen, Jogger, Autos), zu hüten (Kinder), zu schützen (Besitzer und Haus vor Nachbarn und Postboten), unkontrolliert mit Kumpels zu toben (Ciao, ciao, Herrchen!) oder potenzielle Rivalen in die Flucht zu schlagen. Alles Handlungen, die ihre Besitzer (und die potenziellen Rivalen, Nachbarn, Postboten, Kinder, Jogger, Kaninchen und Autofahrer) in der Regel nicht besonders schätzen und die sich nicht dazu eignen, harmonisch in unsere dicht besiedelten Städte integriert zu werden.

Indem wir den Hunden den notwendigen Grundgehorsam beibringen, sie rassespezifisch fordern und ihnen eine adäquate Aufgabe übertragen, sind sie ausgelastet, zufrieden und orientieren sich viel mehr an ihren Menschen, die plötzlich zu richtig tollen Chefs mutieren. Die Hunde dürfen Freiheiten genießen, weil sie im Zweifelsfall gehorchen. Die Menschen haben Spaß an und mit ihrem vierbeinigen Freund.

Wie oft werde ich von Menschen angerufen, in deren Stimme bereits Verzweiflung oder Resignation mitschwingt. Die sich von mir Rat, Zuspruch, Hilfe erhoffen in einer Situation, aus der sie mit eigener Kraft nicht mehr herausfinden.

Ich lege ihnen neue Perspektiven dar. Ich zeige ihnen, wohin sie mit Liebe, Geduld, Verständnis und Konsequenz kommen können.

Ich mache ihnen klar, dass ihre Zuneigung zu ihrem Hund keinen Schaden nimmt, wenn sie ihm geordnete Grenzen setzen, indem sie ihm zum Beispiel verbieten, Passanten anzukläffen. Wenn sie deutliche Regeln aufstellen (»Mein Essen ist nicht deins!«, »Lass mich in Ruhe, wenn ich ein Telefonat führen will!«, »Lass auch die anderen Hunde in Ruhe, wenn sie einfach nur vorbeigehen wollen!« und, und, und) und konsequent darauf achten, dass diese Regeln eingehalten werden. Wenn sie nicht nur an das kurzfristige Vergnügen des Hunds (»Jippy! Ich renne, wohin ich will!«), sondern eher an sein gesamtes, möglichst langes und glückliches Leben denken (»Ich komme sofort zurück, wenn ich gerufen werde!«).

Ich kann ihnen versprechen, dass ihr Hund viel glücklicher sein wird, wenn auch sie wieder glücklicher sind – weil ihr Vierbeiner eben nicht mehr mit allen Artgenossen Streit anfängt, an der Leine zerrt oder partout nicht allein bleiben will.

Wenn ich solche Mensch-Hund-Teams aus dem erfolgreichen Training entlasse, ihnen nachsehe, wie sie Seite an Seite ihrer gemeinsamen Zeit entgegengehen, dann weiß ich, dass dieses Quäntchen Glück, dass ich in zwei (oder manchmal auch mehr) Leben gebracht habe, der Lohn ist, den ich mir tatsächlich von diesem Beruf wünsche.

Das Herrliche daran: Ich wurde seit meinem Berufswechsel nie wieder zum Lügen gezwungen. Ganz im Gegenteil. Im Umgang gerade mit schwierigen Hunden und Menschen ist es immer nur die schonungslose Ehrlichkeit, die letztendlich dieses Team zum Erfolg und zum harmonischen Miteinander führt.

Beschönigungen, Verdrehung der Tatsachen wollen meine Gegenüber nicht hören, und sie führen auch nicht zum Erfolg.

Einfach. Und genial. Genial einfach.

Schon allein die Hundeschule beansprucht mich so sehr, dass sie locker für einen einzigen Beruf ausreichen würde. Die Büroarbeit, telefonische Beratung, logistische Planung, Vor- und Nachbereitung des Unterrichts, Besprechungen mit meinen Kolleginnen.

Doch dann kommt bei mir ja auch noch das Schreiben hinzu.

In neun Jahren siebzehn Bücher zu veröffentlichen, das ist kein Pappenstiel. Wenn ich das mal selbst so sagen darf.

Und manchmal habe ich Schiss, dass ich zu einem Ununterbrochenarbeiter werde wie zum Beispiel mein Vater, der nicht mal zwei Wochen in den Urlaub fahren kann ohne sein Faxgerät und den Nachrichtenticker. Politiker sein ist kein Job. Wenn eine oder einer es mit Leib und Seele betreibt, dann ist es eine zweite Haut – die langsam über die Jahre mit der eigenen verwächst, bis sie sich nicht mehr abstreifen lässt.

Mit diesem Beispiel bin ich aufgewachsen. Das muss ja zwangsläufig etwas mit mir gemacht haben.

Schriftstellerin sein ist ebenfalls mehr als ein Job.

Aber – und das ist meine große Hoffnung und Entschuldigung

zugleich – diese Arbeit beansprucht anders, als es zum Beispiel der Beruf des Managers täte.

Das berufsmäßige Schreiben verlangt ungeheure Disziplin. Es verlangt ebenso Leidenschaft wie Hingabe. Es zwingt zu beständiger Neugier, zum Interesse an allen Menschen und den unglaublichsten Fragestellungen.

Kurz: Es ist ein geiler Beruf, den ich gegen keinen anderen tauschen möchte. Nur eventuell gegen den der Hundetrainerin – doch dieser Entscheidungsfrage habe ich ja vorgebeugt.

Der Beruf der Autorin hat nur einen einzigen Nachteil, der im Sein der Dinge verankert ist: Das Schreiben ist selbst gewählte Einsamkeit.

Die Stunden vor dem Computer, einen ergebenen Hund (oder zwei) zu Füßen (na ja, meist eher auf dem Sofa neben dem Schreibtisch), sind – so das Telefon will – einsam und still.

Ich schreibe nicht bei Musik.

Und ich kann auch nicht schreiben, wenn um mich herum Menschen toben. Ich brauche Ruhe.

Und die finde ich zu Hause in meinem Arbeitszimmer.

Der Raum sieht eigentlich gar nicht wie ein Arbeitszimmer aus. Es stehen neben meinem Schreibtisch mit dem üblichen Autorinnenequipment (Computer, wild durcheinanderfliegende Schmierzettel, sieben Glücksbringer und ein nie endender Vorrat an Schokolade) ein großes Sofa darin, eine hübsche Kommode, die wenig standesgemäß Aktenordner beherbergt, ein Überseekoffer mit über einhundertzwanzig Tagebüchern aus mittlerweile siebenundzwanzig Jahren und ein großes, weißes Bücherregal, das sich über eine breite Wand zieht und in dem neben meiner gewaltigen Büchersammlung auch die eine oder andere Schatzkiste, ein paar scheue Elfen und eine ausgelassene Rotte abgegriffener Teddybären ihren Platz haben. (Seit geraumer Zeit habe ich den Verdacht, dass ebendiese Teddybande in meiner Abwesenheit ziemlich heiße Partys startet, und ich weiß nicht, ob sich die im Rahmen der sittlichen und nicht jugendgefährdenden Grenzen bewegen – diese Vorstellung ist eine weitere Beunruhigung, die ich erlebe, wenn ich auf Lesereise bin.) Die Wände meines Arbeitszimmers sind sonnengelb und frühlingsgrün gestrichen, ein verschnörkelter weißer Kerzenleuchter, ein Porträt von Virginia Woolf. Ich bevorzuge die Beleuchtung durch kleine Schirmlampen.

Ich bin umgeben von meinen Schätzen. Gemütlich ist es.

Und das ist wichtig. Denn beim Schreiben geht's um reiche Atmosphäre.

Natürlich gibt es manchmal Momente – ach, was sage ich! Tage! –, da beißen sich die beiden Traumberufe, die ich ausüben darf.

Sie knurren sich an, fletschen die Zähne und versuchen sich gegenseitig etwas von dem zu entreißen, was beide anscheinend nie genug von mir bekommen: Zeit.

Ich versuche immer, meine Tage so zu planen, dass ich morgens, wenn die Gedanken noch ganz frisch und unversehrt sind, an den Schreibtisch plumpse und die aktuelle Datei unter »Romane« öffne.

Mittags nehme ich mir die Zeit, um mit Lotte und Maggie in den Wald zu gehen, mit ihnen zu arbeiten und eine schöne Zeit mit ihnen zu haben.

Nachmittags gibt es dann die Büroarbeit für *HUNDherum fit!*, Kundengespräche, Gruppentraining auf unserem Trainingsgelände und Hausbesuche bei schwierigen Tieren und ihren gestressten Besitzern.

Leider kommt es aber oft genug vor, dass ich morgens, wenn ich mich auf meinem Schreibtischstuhl niederlasse, von etlichen Unaufschiebbarkeiten herausfordernd und anklagend angeglotzt werde.

Da hab ich wohl am Tag vorher nicht alles vom vorgenommenen Arbeitspensum geschafft. (Wie jeden Tag übrigens.) Und da liegen sie nun: die diversen Stapel von Dingen, die ich wegsortieren und abarbeiten oder derentwegen ich rumtelefonieren muss, und zwar bald, nur nicht jetzt, denn jetzt gerade hab ich doch so 'ne geniale Schreibidee …

Für diesen Fall, der öfter eintritt, als es einer Autorinnenseele angenehm sein kann, entzünde ich auf meinem Schreibtisch eine Kerze. Es ist eine besondere Kerze in einem besonderen Ritualkerzenhalter – nur dazu bestimmt, um mir durch seine Flamme zu sagen: Vergiss den ganzen anderen Rest! Vergiss ihn nur für ein paar Stunden! Sei in Gedanken ganz und gar hier, bei deiner Figur, in deiner Geschichte!

Und es funktioniert immer. Die Kerze und der Ritualkerzenhalter machen ihren Job wirklich gut.

So gut, dass ich manchmal über dem Schreiben nicht nur die Hundeschulbüroarbeit vergesse, sondern auch alles andere. Am meisten die Zeit.

Und dann ist es rappeldizapp schon Abend, und ich muss dringend eine oder zwei Stunden an meinen Arbeitstag dranhängen, um mit dem Wust an angestauter Arbeit noch fertig zu werden.

Doch trotz des enormen Energieaufwands, den ich in meine beiden Traumberufe investieren muss, kann ich mir nicht vorstellen, den einen oder den anderen aufzugeben.

Und zwar nicht nur deshalb, weil ich beide brauche, um meine Brötchen bezahlen zu können. Sondern in erster Linie deshalb, weil ich so privilegiert bin, mit zwei spannenden Hobbys meinen Lebensunterhalt verdienen zu können. Dafür bin ich den Schicksalsgöttinnen extrem dankbar.

Wie aber soll ich einer Lokaljournalistin, die auf einer Lesung derart skeptisch nach meinem beruflichen Schaffen fragt, zufriedenstellend antworten?

Ich kann ihr doch unmöglich all diese komplexen Zusammenhänge erklären und meinen langen, aber glücklichen Werdegang schildern.

Vielleicht ist es lösbar, indem ich sie freundlich anlächle und erwidere: »Es ist überhaupt gar nicht schwer, meine beiden Berufe unter einen Hut zu bringen. Schreiben und Hunde. Einsamkeit und der Umgang mit Menschen. Das gehört für mich einfach zusammen. Es ist eine Waage, die sich und damit auch mich selbst im Gleichgewicht hält. Es sind Teile meines Lebens, das eine ist ohne das andere undenkbar.«

Daran, wie die Jungredakteurin daraufhin eifrig auf ihren Block kritzelt, sehe ich, dass dieses Zitat sich in ihren Augen dazu eignet, an die Würzburger Zeitungsleser weitergegeben zu werden.

Froh, sie davon überzeugt zu haben, dass ich nicht an der geistigen Umnachtung des literarischen Genies leide, da ich neben den erhebenden Momenten des Schreibens auch die Gegenwart von hechelnden, dreckstrotzenden Vierbeinern suche, wende ich mich an die anderen ZuhörerInnen.

Die sind inzwischen aus ihrem Vorlesekoma erwacht und lassen sich so einiges einfallen, was sie zu wissen begehren.

Es ist eine lustige Truppe. Entsprechend mutig sind die Fragen.

»Hast du selbst schon mal in der Szene eine Frau angesprochen?« – »Klar, aber nur zu Recherchezwecken.« (Allgemeines Gegacker.)

»Deine Protagonistin teilt attraktive Frauen in verschiedene Typen ein. Auf welchen Typ stehst du?« – Manchmal reichen als Antwort nur ein Blick und das brüllende Gelächter des Publikums.

Tolle Lesung. Tolles Publikum. Sogar die Jungredakteurin sehe ich lächeln. Super Abend.

Nachdem die Fragerunde beendet ist, darf ich noch ein paar Bücher signieren und so schöne Worte wie »Für Sonja mit den frechen Zöpfen!« vorn ins Buch schreiben.

Ich liebe es, Lesungen zu halten!

Ganz betäubt vom Blick in all die strahlenden Gesichter und mit leicht gelähmter Kiefermuskulatur vom permanenten Lachen mache ich mich schließlich müde und zufrieden auf den Weg in die Pension.

Dort lockt das Telefon. Wie immer und überall, wenn ich unterwegs bin.

»Erzähl!«, verlangt die Beste Lebensgefährtin von allen, die es immer ganz genau wissen will.

»Guter Start für eine Lesereise!«, zieht sie am Ende das Fazit, weil sie sowieso weiß, was jetzt kommt. »Aber ich vermiss euch so!«, klage ich prompt. Das lässt sich leider nicht vermeiden.

Das Vermissen gehört zu Reisen außerhalb des Liebstenkreises ganz selbstverständlich dazu.

Ich will hören, wie Lotte unter der warmen Kuscheldecke aussieht, mit der sie sich so gern zudecken lässt. Und will beschrieben bekommen, welche niedlichen Grimassen Maggie zieht, während die Beste Cockerentertainerin von allen sie liebevoll unter den Pfoten kitzelt.

Dass wir so detailliert über die Hunde und unser Zuhause sprechen, macht's nicht besser, das Heimweh. Aber irgendwie ist es ja auch schön, sich mal so richtig zu vermissen.

Und mit dem Gefühl, etliche hundert Kilometer von hier aufs Heftigste vermisst zu werden, schläft es sich gleich doppelt so gut.

Ich dämmere gerade in den Tiefschlaf hinüber, als es zaghaft an meiner Zimmertür klopft.

Der Blick auf die Uhr verrät, dass es kurz nach eins in der Nacht ist. Ich habe so eine vage Ahnung, wer mein Besuch sein könnte.

Tatsächlich steht Sammy verlegen lächelnd vor meiner Tür, als ich diese einen Spaltbreit öffne.

»Hi«, sagt sie und dämpft sofort die Stimme, weil diese auf dem Hotelflur beeindruckend laut klingt. »Hi«, flüstert sie noch mal. »Ich wollt nur kurz fragen, ob ich morgen wieder mit dir fahren darf. Ich wusste nicht, wie früh du aufstehst, deswegen dachte ich, es sei besser, wenn ich dich jetzt schon frage. Ich meine, sonst hätte ich dich vielleicht verpasst, und das hätte dann bedeutet, dass ich …«

»Komm rein!«, wispere ich und öffne die Tür so weit, dass sie hereinschlüpfen kann.

Ein wenig seltsam ist das schon. Schließlich bitte ich auf meinen Lesereisen nicht jede Nacht junge Lesben in mein Hotelzimmer.

»Wie war es denn?«, will ich wissen.

Sammy winkt ab. Obwohl sie verschwitzt wirkt und ihre Haare zerzaust vom Kopf abstehen, macht sie nicht den Eindruck eines glücklichen Fans nach einem Konzertbesuch bei der Lieblingsband.

Sie sieht traurig aus.

»Vera hat Kirsten voll unter der Fuchtel, glaub ich. Ich hab das halbe Konzert gebraucht, um die beiden überhaupt zu finden. Sie standen jedenfalls nicht da, wo wir auf Konzerten sonst gern stehen. Vera hat richtige Glotzaugen gemacht, als sie mich gesehen hat. Ich wette, sie hat gedacht, ich sitze mittlerweile heulend wieder zu Hause.« Sammy lacht freudlos bei dem Gedanken an das Gesicht ihrer Gestern-noch-Freundin-ab-heute-jedoch-Erzfeindin. »Jedenfalls dachte ich erst, jetzt ist wieder alles okay und so. Kirsten hat sich jedenfalls riesig gefreut. Das hab ich ihr angemerkt. Und sie hat sich auch entschuldigt, dass sie einfach so losgefahren sind und so. Na, ich hab gesagt: Schwamm drüber. Aber dann ging es um die Heimfahrt …«

Sammy muss schlucken. Ich biete ihr den Sessel im Zimmer an. Dann hole ich aus der winzigen Zimmerbar zwei Fläschchen Apfelsaft und reiche ihr eine davon. Sie nimmt sie, vergisst aber, sie zu öffnen.

»Heimfahrt?«, hake ich nach.

»Ja, wir wollten doch morgen eigentlich wieder nach Hause. Und ich hab gemeint, ich würde mich natürlich an den Spritkosten beteiligen. Wie gehabt. Aber … na …« Sammy starrt auf die eiskalte Flasche in ihrer Hand.

»Es ging wieder von vorn los?«, rate ich.

»Nicht ganz. Es ist so. Die beiden fahren morgen nicht wieder nach Hause.« Sammy räuspert sich. Sie kann nicht verbergen, dass sie ein bisschen verlegen ist. Ich merke genau, dass sie ihre heiß geliebte Kirsten nicht gern meiner Kritik aussetzt. Doch offenbar kommt sie nicht drumherum.

»Sie haben mitbekommen, dass heute hier in der Stadt noch 'ne Veranstaltung war, die wohl supercool war. Eine Lesung von 'ner lesbischen Autorin, auf die Kirsten total abfährt. Jedenfalls … die ist morgen in München und liest da auch aus einem ihrer Bücher. Kirsten würde da natürlich rasend gern hin. Und Vera hatte es bestimmt nicht schwer, sie zu überreden, noch einen Tag dranzuhängen. Tja, also … also kann ich auf diesem Weg nicht heim.« Der letzte Teil von Sammys Satz geht in einem Nuscheln unter. Ich wette, sie verschweigt mir wohlweislich, wie verletzend diese erneute Abfuhr ihrer Angebeteten tatsächlich gewesen ist.

Sie starrt auf den Teppich und kaut an der Unterlippe.

»Musst du denn dringend nach Hause?«, will ich wissen.

»Wieso?«, fragt sie und hebt den Blick.

»Na ja, weil ich nämlich morgen auch nicht wieder nach Hause fahre. Ich fahre nämlich zufälligerweise auch weiter. Nach München.«

Sammys Unterkiefer löst sich vom Oberkiefer und sinkt langsam herab.

»Nach München?«, bringt sie mühsam heraus.

»Ja.«

»Aber … aber was machst du denn da?«

Ich zucke die Achseln. »Ich hab ’ne Lesung.«

Freundschaft ist die Zahl der Vollkommenheit

Sammy ist total aus dem Häuschen.

Wenn sie nicht auf ihre Fahrerin Rücksicht nehmen müsste, würde sie auf dem Beifahrersitz wahrscheinlich ununterbrochen auf und ab hüpfen.

»Wenn Kirsten das erfährt …«, murmelt sie hin und wieder vor sich hin.

Ich bin nicht sicher, wie ich die neueste Entwicklung in ihren Liebesdingen finden soll.

Natürlich nehme ich sie gern mit nach München. Aber ich hege den begründeten Verdacht, dass Sammy sich gerade diverse Chancen bei Kirsten ausrechnet, weil sie am Abend gemeinsam mit mir in den Münchner Frauenbuchladen einlaufen wird, in dem jene bereits gespannt auf ihre Lieblingsautorin warten wird.

Das kann doch irgendwie nicht gut gehen.

»Ich wette, sie wird ganz scharf drauf sein, mich morgen mit nach Hause zu nehmen«, phantasiert Sammy. »Schließlich wird sie sich denken können, dass wir uns auf den langen Fahrten eine Menge erzählt haben. Sie wird vor Neugierde platzen …« Mit einem raschen Seitenblick auf mich unterbricht sie sich selbst und beteuert: »Natürlich werd ich ihr nichts erzählen. Ich meine nichts von dem, was du mir so anvertraut hast. Versteht sich doch von selbst, oder?«

Wieder muss ich feststellen, dass sie den Cockerblick verdammt gut drauf hat.

»Das hoffe ich zumindest«, erwidere ich mit hochgezogenen Brauen, die ich auch bei Lotte und Maggie einsetze, wenn sie mir ihrerseits schwören, dass sie nicht im Traum daran denken, einen Bissen von dem appetitlichen Pferdeapfel da vor uns auf dem Weg zu nehmen.

»Kannst dich auf mich verlassen. Ich kann schweigen wie ein Grab«, verspricht Sammy. Doch dann verzieht sich ihr Gesicht zu einem diabolischen Grinsen. »Und das macht es nur noch besser:

Kirsten kennt mich. Sie weiß, dass ich Geheimnisse für mich behalten kann. Sie wird wissen, dass ich ihr wahnsinnig viel erzählen *könnte* … wenn ich *wollte* … *falls* ich nicht so zuverlässig wäre, wie ich nämlich bin …«

An dieser Stelle bricht sie ab und schweigt für eine Weile.

Wahrscheinlich ergeht sie sich in Tagträumen, in denen Kirsten sie aufgrund ihrer Fahrgemeinschaft mit mir auf Knien anfleht, sich mit ihr verpartnern zu lassen.

»Was ist eigentlich jetzt mit Vera und dir?«, möchte ich rasend gern erfahren. »Ihr wart doch auch gut befreundet, oder? Meinst du, da ist noch was zu retten?«

Freundschaften, deren Entstehung, Verlauf und auch Untergang, sind ein Thema, das mich schon immer ebenso fasziniert hat wie Liebesgeschichten.

Im Grunde sind Freundschaften so gut wie Liebesgeschichten. Nur eben ohne Sex.

Und ohne den Ausschließlichkeitsanspruch.

Aber ansonsten?

Sammy scheint zu Vera aber alles andere als Liebe zu empfinden. Was ich ihr nicht vorwerfen kann.

»Also bitte!«, ruft Sammy jetzt auch tatsächlich. »Eine, die mich wie einen Goldhamster zur Urlaubszeit an einer Autobahnraststätte aussetzt, kann doch keine Freundin mehr sein, oder?«

Davon abgesehen, dass ich es noch verwerflicher fände, wenn Vera ihren Goldhamster ausgesetzt hätte (denn der hätte sich schließlich nicht per Anhalter retten können), vergisst meine junge Beifahrerin mal wieder, dass Vera nicht die Einzige war, die sie hat sitzen lassen.

»Nein, du hast natürlich recht«, pflichte ich ihr trotzdem bei. »Hast du denn Freundinnen, auf die du dich verlassen kannst?«

Ich hoffe, sie zählt jetzt nicht an erster Stelle Kirsten auf.

Aber Göttin sei Dank hat sie offenbar noch ein paar andere soziale Kontakte.

»Klar. Meine Cousine Sandra zum Beispiel. Wir konnten uns früher nie ausstehen, haben fast am gleichen Tag Geburtstag. Aber seit fünf Jahren sind wir total eng befreundet, fahren zusammen in Urlaub und so. Sandra ist echt cool. Und dann ist da noch Kai. Den hab ich im *Treffpunkt* kennengelernt, so einem Jugendtreff für Schwule und Lesben, weißt du? Mann, der tut immer, als ob er der totale Partyhase wäre, aber am Ende sitzt er immer allein da und heult sich die Augen aus, weil sein Angebeteter nichts von ihm wissen will. Sandra und Kai verstehen sich auch prima. Wir ziehen halt oft zusammen los, weißt du.«

Sammy sieht eine Weile aus dem Fenster.

Denkt sie an ihre beiden Freunde zu Hause und zieht Vergleiche zwischen ihnen und den beiden, denen sie gerade hinterherfährt?

Ich hoffe, sie tut es. Denn ich weiß, wer dabei nicht besonders gut wegkommen wird.

Abrupt wendet Sammy sich mir zu. »Und du? Hast du richtig gute Freunde? Du bist doch so viel unterwegs. Und dann die Hundeschule. Und das Schreiben. Und deine eigenen Hunde. Und deine Freundin. Hast du überhaupt Zeit?«

Damit trifft sie einen empfindlichen Punkt. Denn es ist tatsächlich so, dass ich für meine Freundinnen viel weniger Zeit habe, als ich gern hätte und als sie verdienen.

Das ist das einzige Desaster in meinem ansonsten so harmonischen Leben.

»Zwei von ihnen lernst du kennen, wenn wir in München sind«, sage ich.

»Du hast zwei Freundinnen in München?«, wundert sie sich.

Für viele Menschen scheint es unmöglich, Freundschaften über viele hundert Kilometer hinweg zu pflegen.

Ich kann das. Weil ich gern schreibe.

Aber ohne die Kultur von Briefen und E-Mails, die ich über viele Jahre der regen Brieffreundschaften im Teenageralter erlernt und gepflegt habe, ginge das gar nicht.

Gerade wird mir mal wieder klar, dass ich ohne das geschriebene Wort echt auf dem Schlauch stände.

Am frühen Nachmittag kommen wir in München an. Nachdem ich uns einmal pflichtbewusst verfahren habe – das gehört schließlich dazu, wenn eine mit dem Auto in eine fremde Stadt einfährt –, stranden wir bei Christine und Marta.

Die beiden haben noch nicht mit mir gerechnet. Und erst recht nicht mit *uns* – denn ich war im Plural nicht angekündigt. Während Marta mit dem Staubsauger um uns herumwerkelt und Christine Gemüse putzt und in rasender Geschwindigkeit klein hackt, balancieren Sammy und ich auf den schicken Barhockern an der Küchentheke und stehen Rede und Antwort.

Wie alle Frauen lieben auch die beiden Münchnerinnen dramatische Geschichten und lauschen verzückt Sammys ausufernder Erzählung zu ihrer Aussetzung auf dem kalten Parkplatz und der Rettung durch eine des Wegs kommende sympathische und hilfsbereite Frau.

Christine macht ein reserviertes Gesicht und enthält sich der Stimme, als es in Sammys Ausführungen um Veras moralische Verwerflichkeit geht. Durch vorsichtige Blicke verständigen wir uns ohne Worte darüber, dass wir beide Kirsten für noch verwerflicher halten – da sie Sammys Schwärmerei offenbar dazu nutzt, den gröbsten Unsinn zu verzapfen und dennoch ungeschoren davonzukommen.

Marta jedoch kann ihr brasilianisches Temperament nicht zügeln. In schönstem portugiesisch eingefärbten Bayrisch ereifert sie sich über die Unverschämtheit, von sogenannten Freundinnen einfach hocken gelassen zu werden.

Dass sie in ihre Schimpftirade selbstverständlich auch Kirsten mit einbezieht, versucht Sammy durch zaghafte Ansätze zweifelhafter Erklärungen zu dämpfen. Mit wenig Erfolg. Marta hat die kleine Lesbe offenbar bereits mental adoptiert, und ihr Gerechtigkeitssinn lässt sich von den gestammelten Möchtegernentschuldigungen für die Möchtegerngeliebte nicht besänftigen.

Leicht verwirrt darüber, dass sie hier so herzlich empfangen und gleich mit Zähnen und Klauen verteidigt wird, auch gegen ihren eigenen Willen, schließt Sammy den Mund und öffnet ihn erst wieder zum Essen.

Auf das freue ich mich schon seit dem Frühstück. Denn Christine kocht ganz wunderbar, nicht nur urbayrisch, sondern auch brasilianisch, chinesisch, indisch und noch ein paar andere Nationalitäten, von denen ich mir nicht mal den Namen, geschweige denn die Rezepte merken kann.

Also schwelgen wir in einem opulenten Mahl und verdrehen alle verzückt die Augen.

Erst mit einsetzendem Sättigungsgrad kommt unsere Unterhaltung wieder in Gang. Ich werde nach meinen Lieben daheim befragt, nach meinem Leben in den vergangenen Wochen und Monaten, nach meinen beiden Berufen und meiner kleinen Familie.

Und bekomme zu hören, wie es den beiden ergangen ist, welche ihrer Bekannten momentan spinnerte Ideen ausbrütet, welche sich getrennt oder frisch verliebt hat. Gleich herrscht eine Stimmung wie daheim. Und das, obwohl ich über sechshundert Kilometer von dort entfernt bin.

Christine und ich lernten uns vor rund sechzehn Jahren durch eine Kontaktanzeige kennen, in der nach einer Brieffreundin gesucht wurde. Mit Brieffreundinnen hatte ich schon immer Glück. Wahrscheinlich weil das Schreiben einfach mein Element der Kommunikation ist und ich so viel Herz und Bauch hineinlege, dass die andere gar nicht anders kann, als mich lieb zu gewinnen.

Genauso lief es damals mit Christine und mir. Kaum hatten wir uns ein paar Monate lang mindestens zweimal wöchentlich lange Briefe geschrieben, besuchten wir uns gegenseitig in Bayern und im Ruhrgebiet. Über kurz oder lang nannten wir uns »Freundinnen« ohne das einschränkende »Brief« davor. Christine wurde zu einer großen Freundschaft für mich. Das änderte sich auch nicht, als sie zwei Jahre später Marta kennen und lieben lernte.

Die beiden nahmen mich vor Jahren einmal bei sich auf, als ich unter grässlichem Liebeskummer litt, den ich mir im Ruhrgebiet eingehandelt hatte. Ein Trip nach München war mir als Ablenkung ideal erschienen. Doch meinen Kummer hatte ich natürlich mitgenommen.

Christine und Marta hörten sich meine endlosen Litaneien geduldig an, reichten mir Tempos und hatten schließlich auch ein Programm zur Ablenkung und Aufheiterung parat: das Oktoberfest!

Während Christine sich gerade umzog, sagte die Südamerikanerin Marta aufmunternd zu mir: »Du wirst scho sehn. Glei geht's diar bessa! Jetzt gehen wir aufd Wiesen, und da wird gschissen!«

»Wie bitte?«

Liebeskummer hin oder her. Irgendwie hatte ich mir den Nachmittag anders vorgestellt.

Marta wiederholte ihren Satz, ein wenig verunsichert ob meines Stutzens. Als ich immer noch skeptisch dreinblickte, so als würde ich mich auf ihren Vorschlag nicht sonderlich freuen, rief sie durch die Wohnung: »Christine, wie heißt das denn noch, wenn wir aufd Wiesen mit dem Gewehr auf die Blumen machen?«

Christines Stimme klang dumpf aus dem Kleiderschrank herüber: »Schießen.«

»Na, sag ich doch!«, schlussfolgerte Marta.

Es ist nicht leicht als Brasilianerin in Bayern. Aber ihre gramgebeugte Besucherin aus dem Ruhrpott hatte sie damit herzhaft zum Lachen gebracht.

Diese Anekdote ist irre lange her.

Und in der Zwischenzeit ist geschehen, was meist in Freundschaften geschieht, dic sich nicht »zwei Straßen weiter« abspielen und in denen beide beste Freundinnen jeweils eine funktionierende Beziehung leben: Die Besuche wurden seltener, die Briefe und E-Mails auch.

Der Draht zwischen uns bleibt jedoch bestehen. Wenn uns ein Mensch einmal sehr nahe gewesen ist, ist auch nach monatelanger Kommunikationspause in null Komma nichts wieder der verbindende Draht zu spüren. Es gibt einfach viel, das wir in Eintracht geteilt, viel, das wir heiß diskutiert, und viel, worüber wir uns gemeinsam gewundert haben.

Das verbindet für lange, lange Zeit. Vielleicht für immer. Es ist durch nichts zu ersetzen.

In meinem Leben gibt nur einige wirklich große Freundschaften, ebenso wie es – neben diversen durchaus nicht unwichtigen Versuchen – nicht massenweise große Lieben im Leben geben kann.

Wie »groß« oder »klein«, wie dauerhaft oder vergänglich eine Freundschaft wird, wusste ich niemals im Voraus. Manchmal entwickelt sich eine intensive Freundschaft mit einem Menschen, den ich auf den ersten Blick regelrecht seltsam fand, manchmal vergeht eine wild auflodernde Erster-Blick-Sympathie schon mit dem zweiten Treffen.

Ob wir einem Menschen unser Inneres öffnen, ihm Persönlichstes anvertrauen und im Gegenzug sein Vertrauen gewinnen und uns dessen würdig erweisen, ist nie vorhersehbar.

Wie die Liebe halten auch Freundschaften Überraschungen für uns bereit. Es bedeutet jedes Mal ein kleines Abenteuer, sich darauf einzulassen.

Als Kind hatte ich nie Schwierigkeiten, Kontakte zu knüpfen, war als phantasiereiche Spielkameradin und geborene Anführerin beliebt.

Doch ich machte schon früh Unterschiede zwischen lockeren Spielgemeinschaften, die einfach nur spaßbringend waren, und den wahren, wirklich tiefen Freundschaften.

Zu Letzteren gehörten jene Beziehungen, in denen ein inniger Austausch von Träumen und Gedanken möglich war.

Ich pflegte schon in der Grundschule zwei intensive Freundschaften, die ich höher als alle anderen wertete: Silke und Agnes.

Die beiden Mädchen gingen in meine Klasse und waren so unterschiedlich, wie Mädchen in der dritten oder vierten Klasse nur sein können.

Silke war klein, spindeldürr und viel naiver, als ich wahrscheinlich je gewesen war. Ihre helle Stimme, ihre Art, beim Gehen etwas über den großen Onkel (großen Zeh) zu laufen, komplettierten das Bild des zerbrechlichen, niedlichen kleinen Mädchens.

Agnes dagegen war fast einen Kopf größer als ich, auch schlank, aber ansonsten schon viel reifer, beinahe erwachsen, und Gespräche mit ihr konnten durchaus philosophische Aspekte bekommen – in dem Rahmen, in dem das Zehnjährigen möglich ist.

Wir waren kein Dreigestirn, wie ich es später in meinen intensivsten Freundschaften erleben sollte, sondern ich war einzeln mit jeder von beiden befreundet.

Die Spiele, die ich mit Silke oder mit Agnes spielte, unterschieden sich so gravierend wie ihrer beider Erscheinung.

Besuchte Silke mich, begaben wir uns gemeinsam auf gewagte Abenteuer. Begleitet von ihrem Hund Rufus, verliefen wir uns im Wald, entkamen knapp unseren mutmaßlichen Entführern oder erforschten bisher noch nie von Menschen betretene Sumpfgebiete und seine Bewohner (sauerländisch = Kaulquappen). Wenn es einmal regnete, warfen wir unser Spielzeug zusammen und hatten so eine ganze Schulklasse von Stofftieren zu unterrichten oder auf Wandertagen aus dem Kinder- ins Wohnzimmer zu begleiten. Es war eine wirklich ausgefüllte Zeit, die wir miteinander teilten.

Waren Agnes und ich gemeinsam unterwegs, wurden wir zu wunderschönen jungen Pferdehofbesitzerinnen mit enorm viel Land und einer Menge attraktiver Verehrer drumherum. Unsere imaginierten Pferde sahen alle aus wie Fury oder Black Beauty. Die ebenfalls nur in unserer Phantasie existierenden Verehrer waren diversen Fernsehserien entliehen und übertrumpften sich gegenseitig an Galanterie und verzehrender Liebe zu uns. Wir selbst waren damit beschäftigt, Pferde und Männer in Schach zu halten und nebenbei die besten Freundinnen unter der Sonne zu sein.

Auf diese Art und Weise können für Grundschulkinder tatsächlich Jahre vergehen.

Als ich nach der vierten Klasse auf die Realschule wechselte, ging Silke mit mir. Agnes sollte aufs städtische Gymnasium gehen, und in der Folge verlor sich leider die Freundschaft zu ihr, wie das bei Kindern oft der Fall ist: aus den Augen, aus dem Sinn. Aber wenn wir uns später zufällig begegneten, überflutete mich jedes Mal eine heftige Welle der Sympathie für sie, deren Ausläufer ich bis heute spüre, wenn ich an sie denke.

Die Realschule bot so viele weitere Bekanntschaften und Freundschaftsangebote, dass auch Silke und ich uns neu orientierten.

Nach wie vor waren wir uns zugetan und verbrachten auch Freizeit miteinander. Wir klebten nicht mehr aneinander, wie wir es als Grundschulkinder getan hatten. Doch es stand außer Frage, dass uns nach wie vor wahre Freundschaft verband.

Wir waren beide Teil einer kleinen Mädchenclique, die sich aus unserem Klassenverband zusammenfand. Wir gingen gemeinsam auf erste Feten, standen beim Schützenfest Seite an Seite am Autoskooter, liehen uns *Fünf-Freunde*-Bücher aus und veranstalteten an Videonachmittagen wahre Orgien, wenn wir mit James Bond gegen die Bösen in der Welt fieberten oder uns bei *Tanz der Vampire* gemeinsam gruselten.

Dies war die Zeit, als ich mit dem Schreiben begann.

Schon in der Grundschule hatte ich die Aufsätze geliebt. Nicht etwa diese stupiden Nacherzählungen oder die Storys, die wir zu den *Vater-und-Sohn*-Bildergeschichten aufschreiben mussten. Nein, es waren die Texte, die wir frei erfinden durften, die mich mehr als alles andere sonst am Schulunterricht reizten.

»Wenn ich einen Zauberstab hätte, dann würde ich ...«, begann zum Beispiel eine Aufgabe. Eine andere bestand aus Reizwörtern: »Regenwetter – Waschmaschine – nasse Füße«, oder es war nur die Überschrift vorgegeben: »Die wunderbare Zeitmaschine«.

Klein-Mirjam war in ihrem Element! Ich phantasierte, fabulierte, schweifte aus, krakelte wie eine Besessene und wurde oft mitten im dollsten Abenteuer vom Schulgong eiskalt überrascht.

Auf der Realschule hatte ich natürlich nicht mehr so viele Möglichkeiten, was meine künstlerische Freiheit anging. Die Aufgaben ließen nicht mehr allzu ausufernde Versuche zu. Doch schon bald war meiner Deutschlehrerin klar, dass sie es mit einer kleinen Schreibverrückten zu tun hatte.

Auch meine neuen Freundinnen hatten in kurzer Zeit raus, was ich besonders gut konnte: Geschichten schreiben! Und so wurde es meine erklärte Aufgabe, Träume wahr werden zu lassen.

Ich schrieb ihnen allen die Erfüllung ihrer Wünsche mitten hinein in schöne, lustige, spannende, ergreifende Geschichten.

In der siebten Klasse versuchte ich mich an einem kleinen Roman, in dem jedes Mädchen unserer Clique ein Happy End mit dem Jungen ihrer Träume auf den Leib geschrieben bekam.

Es war das meistgelesene Buch des Jahres in unseren Reihen.

Meine Sozialisation als Romanautorin verlief also blendend.

Es sollten auch meine Geschichten sein, die meine ehemalige beste Grundschulfreundin Silke und mich nach wie vor innig verbanden. Das Wissen um all das, was wir uns gemeinsam ausgedacht hatten und ich in Worten zu Papier brachte.

Irgendwann auf unserem Weg ins schmerzliche Stadium der Verpuppung, irgendwo zwischen Kindheit und Erwachsensein, nahm sie mir mit der ihr innewohnenden Feierlichkeit ein Versprechen ab. »Du musst mir schwören, dass du nie mit dem Schreiben aufhörst!«, verlangte sie von mir, nachdem sie einer frisch ausgedachten und aufgeschriebenen Geschichte gelauscht hatte. »Du musst immer weiterschreiben, damit ich immer so was Tolles zu lesen habe! Versprochen?!«

Ich war geschmeichelt, weil ihr meine Geschichten alle so gut gefielen. Ich wusste, sie verstand mich, weil sie meine Geschichten liebte. Natürlich versprach ich es ihr.

Fand es vielleicht ein bisschen albern, das so ernst und feierlich zu tun. Fühlte mich jedoch im gleichen Augenblick zutiefst verpflichtet und gebunden.

Erkannte in diesem Augenblick noch nicht, dass sie der erste Mensch war, dem meine Geschichten so viel zuflüsterten, dem sie Stütze, Hilfe, Flucht und Glück bedeuteten. Dies war der erste Mensch, der mich als Schreibende wirklich ernst nahm.

An einem sonnigen Tag im Oktober 1982 erhängte Silke sich in der Garage ihres Elternhauses.

Wir waren dreizehn Jahre alt.

Es dauerte mehr als anderthalb Jahrzehnte, bis ich darüber schreiben konnte.

Wie erwachsen sind wir eigentlich mit dreizehn Jahren?

Das ist jetzt keine rhetorische Frage.

Wenn ich heute mit meinen Jugendbüchern Lesungen an Schulen abhalte, frage ich die SchülerInnen immer nach ihrem Alter. Wenn sie mir dann »Dreizehn« entgegenstrahlen – manche brummen es auch mürrisch, weil sie genau wissen, dass dreizehn ungleich schlechter ist als vierzehn und im Vergleich zu fünfzehn (Mofa-Alter) der absolute Absackermist –, dann denke ich immer daran, wie erwachsen ich war, als ICH dreizehn war.

Ich war gerade zum ersten Mal in einen Jungen aus unserer Klasse verliebt.

Wir waren auch tatsächlich zusammen.

Er fragte mich ganz offiziell, ob ich mit ihm gehen wolle. Natürlich nicht ohne zu erklären, dass sein Sportverein, seine Hausaufgaben und der Hund ihm nicht wirklich viel Zeit ließen, um mit einem Mädchen zu gehen. Das war mir schnurzegal. Schließlich war ich total verschossen und hatte noch keine Erfahrung damit, was es bedeutet, wenn Männer von Freiheit reden.

Unsere Beziehung, in der sich seine und meine Lippen maximal einmal berührten, dauerte genau eine Woche.

Aber es zählte!

Als er Schluss machte, war ich kreuzunglücklich und schwor, mich nie wieder in einen Jungen zu verlieben.

Ich brach den Schwur.

Grob geschätzt etwa siebzigmal. (Die Mädchen zähle ich auf einem anderen Blatt – mit feinerem Papier …)

Das alles wurde von meinen Eltern zwar ernst genommen, aber nicht tragisch ernst.

Frauwerden war – ganz im Gegensatz zu dem, was man gemeinhin glaubt – für mich nicht schwer. Die Veränderungen an und in meinem Körper waren nichts Neues für mich, da ich ja mit einer älteren Schwester gesegnet war. Da meine Mutter aufklärerisch schon recht früh mit uns unterwegs war, wusste ich, was die Menstruation bedeutet und dass dadurch ausgelöste Bauchschmerzen zwar lästig, aber auch eine gute Ausrede für den verhassten Schwimmunterricht waren. Überhaupt: Wieso findet eigentlich nicht an allen Schulen der Sportunterricht für Mädchen und Jungen getrennt statt?

Meine Realschule handhabte es so. Was bedeutete, dass wir Mädchen in Jazzdance, Zirkeltraining und Leichtathletik schwelgen konnten, während die Jungs diese ordinären Ball- und Rennspiele miteinander spielen mussten, bei denen ich sowieso niemals Ballkontakt, sondern eher Ellbogen-Gesicht-Kontakt bekam.

Überhaupt war die Realschule *meine* Schule.

Ich wäre für die meisten meiner Klassenkameraden durchs Feuer gegangen. Später waren wir im Klassenverband nur noch zehn Mädchen. Das erlaubte, jede recht gut zu kennen und irgendwie mit allen ein bisschen befreundet zu sein. Wir besuchten miteinander die Tanzschule, organisierten Feten, stürmten Nähkurse genauso wie Billardhallen.

Mit zwanzig Prozent meiner Klassenkameradinnen war ich so eng befreundet, wie es enger gar nicht geht, denn diese beiden waren meine besten Freundinnen: Alexandra Kordes und Gisela Schulte.

Schon seit der fünften Klasse hatten wir zusammengehangen. Silkes Tod hatte uns nahtlos aneinandergeschweißt.

Wenn wir mit sonst niemandem über unsere Gedanken und Gefühle hierzu und zu vielem anderen sprachen – wir drei redeten miteinander über alles.

Alle Weissagungen, dass Kleeblätter nie lange halten, weil eine am Ende auf der Strecke bleibt, schlugen wir mit einem Lachen in den Wind.

Wir waren einander in unzerstörbarer Loyalität verbunden. Nichts und niemand kam zwischen uns.

In endlosen Gesprächen auf meinem kleinen Loriot-Sofa, zu Hause in meinem Zimmer, die Stimmen von Elvis, Elton und Olivia Newton-John oder Simon and Garfunkle im Hintergrund, entwickelten wir systematisch unsere Zukunftspläne.

Gisela wollte auf alle Fälle zum Film. Oder vielleicht auch zur Kriminalpolizei. Das aber nur, wenn es da ähnlich zuging wie bei der CIA in der Fernsehserie *Die Profis*.

Alexandra wollte Regisseurin werden und wahrhaft großes Kino gestalten. *Amadeus* oder *Jenseits von Afrika* waren so gerade eben ihre Kragenweite. Drunter würde ganz sicher nichts laufen.

Ich selbst wollte in die Fußstapfen von Jane Goodall und Dian Fossey treten, die das Verhalten von frei lebenden Schimpansen und Gorillas erforscht hatten. Darüber wollte ich dann spannende Bücher schreiben – genau solche, wie ich sie von ihnen kannte und verschlungen hatte. Sicher würde im Dschungel auch der eine oder andere Roman entstehen – denn neben der Tätigkeit, wilde Tiere zu beobachten, hätte ich doch gewiss eine Menge Zeit, um mir an meiner Reiseschreibmaschine Geschichten auszudenken. Stellte ich mir so vor. Als ich vierzehn war.

Wir drei waren sowohl musisch interessiert als auch ideenreich. Wir liebten es, gemeinsam zu malen, zu bildhauern, zu modellieren und nebenbei unsere Zukunft in leuchtenden Farben zu entwerfen.

Wenn es also eine Wiege gegeben haben sollte, aus der unser

aller Hang zu Kunst, Kultur und dem Geschichtenerzählen geboren wurde, dann war es unsere Dreierfreundschaft.

Die nahmen alle uns umgebenden Menschen als gottgegeben hin.

Für uns galt das Motto: Biegt eine von ihnen um die Ecke, kannst du ruhig zählen ... einundzwanzig, zweiundzwanzig, dreiundzwanzig ... jetzt müssten die anderen beiden kommen!

Unser katholischer Religionslehrer verhalf uns zu unserem ersten Slogan, indem er gemäß seinem Unterrichtsstoff von sich gab: »Drei ist die Zahl der Vollkommenheit!« Was uns natürlich hervorragend in den Kram passte.

Wir verfeinerten unsere Devisen noch.

Die schienen vor maßloser Selbstüberschätzung zu strotzen, waren in Wahrheit jedoch allesamt Ausdruck unserer hohen gegenseitigen Achtung. Wertschätzung unserer außergewöhnlichen Freundschaft, die uns dreien so wichtig war wie eine Familie.

Unser Trio war unschlagbar. Es machte uns stark gegen alles, was einem Teenager im Leben geschehen kann. Und das ist viel.

Von dem ich jedoch an dieser Stelle nicht erzähle. Aus Respekt vor den beiden besten Freundinnen, die die Welt je gesehen hat.

Zum Abschluss der Realschule schrieben wir ein kleines Drehbuch, in dem viele unserer Klassenkameraden und Lehrer herrlich karikiert wurden und das alle Klassenkameraden gemeinsam mit einer Super-8-Kamera umsetzten.

Es war die letzte große Tat der 10d. Der Film endet mit dem Lied »We are the Champions« von Queen, während sechsundzwanzig Schulabgänger über den Schulhof davonlaufen.

Als wir den Film bei der Abschiedsveranstaltung in der Aula vorführten, barst mir vor Stolz fast die Brust.

Mit sechzehn Jahren viel näher am Rande der Weisheit, als ich es heute sein könnte, war mir damals klar, dass dieses unbändige Glück, das ich über unseren Zusammenhalt, über die innigen Freundschaften empfand, ein sehr fragiles Gut war. Ich genoss es in vollen Zügen, wohl wissend, dass es schon bald vorübergehen würde.

Meine heile Realschulwelt hatte mich nicht darauf vorbereitet, was mich nach der zehnten Klasse auf dem städtischen Gymnasium erwartete. Letzterem habe ich niemals eine Träne hinterhergeweint. Gründe gab es dafür viele. Einer davon war zum Beispiel die Tatsache, dass ich dort mit ein Meter fünfundachtzig großen Mitschülern Basketball spielen musste. Ebenjenen Mitschülern, deren Väter Fabrikanten, Rechtsanwälte, Jagdpächter und Schützenvereinsvorsitzende waren. Natürlich war ihnen genetisch weitergegeben worden, dass Sozialdemokraten per se, deren Töchter im Besonderen, eine merkwürdige, mit Misstrauen oder Verachtung zu behandelnde Bevölkerungsschicht waren.

Daraus ist also leicht zu schließen, dass die drei Jahre bis zum Abitur nicht immer witzig waren.

Kurz: Ich will nie nie nie wieder siebzehn sein!

Warum ich das Abitur schließlich schaffte, hatte einen einzigen Grund: Alexandra und Gisela waren bei mir.

Wir hielten uns gegenseitig aufrecht, kämpften uns gemeinsam durchs kleine Latinum, die Mathenachhilfe und alles Fremdsein.

Wir verfeinerten unsere Zukunftspläne.

Gisela wollte nicht mehr zur CIA, sondern nur noch zum Film – auf alle Fälle in die USA oder nach Kanada. Sie wollte etwas sehen von der Welt. Und alles, was jenseits des großen Meers lag, faszinierte sie von jeher.

Alexandra wollte nach wie vor Regisseurin werden und spähte bereits ins Rheinland, ob sich dort Filmproduktionsfirmen anböten, sie mit offenen Armen zu empfangen.

Ich selbst begann eine niederschmetternde Odyssee zu allen deutschen Schauspielschulen, wo ich meine Emilia Galotti vorsprach und auf einen der wenigen Studienplätze hoffte. Göttin sei Dank wurde ich nirgends angenommen.

Ich war keine Schauspielerin. Ich war Geschichtenerzählerin. Schon damals. Das war mir sowieso immer klar. Aber würde ich damit Geld verdienen können?

(Heute weiß ich, dass ich mit dem Geschichtenerzählen mehr Geld verdiene, als ich es mit der Schauspielerei je gekonnt hätte. Alle Bekannten, die den Weg der Schauspielerei gegangen sind, haben mittlerweile umgeschult und verdienen ihr Brot mit anderen Beschäftigungen als mit der schönen Kunst ...)

Gisela, Alexandra und ich unterstützten einander nach Kräften bei den jeweiligen Plänen.

Natürlich gab es auch schwierige Momente. Zum Beispiel, als Gisela und ich uns in denselben Jungen verliebten.

Praktischerweise wollte er jedoch keine von uns beiden. Was uns zeigte, dass er es sowieso nicht wert war, von uns beachtet zu werden.

Manchmal tauchte vielleicht auch die eine oder andere Irritation auf, weil Alexandra Romy Schneider liebte.

Und ich irgendwann … meine Reitlehrerin.

Doch egal, was es war: Wir überwanden die Veränderungen und Unterschiede. Vertrauten einander.

Wann immer ich heute Gisela schreibe, die in Vancouver in der Filmbranche arbeitet, oder wann immer ich Alexandra in Berlin besuche, die dort hervorragende Filme selbst produziert, gibt es Augenblicke, in denen unsere gemeinsame Vergangenheit mitschwingt und ich lächeln muss.

Unser »wir« ist bis heute – und wird es gewiss immer sein – der Maßstab, den ich an Freundschaft lege.

Mittlerweile bin ich der Meinung, dass es sich damit ganz ähnlich wie mit der Liebe verhält: Sind wir jung und noch unerfahren, ist sie temperamentvoll, auch mal unbeständig. Auf alle Fälle eifersüchtig und ganz sicher: immer suchend.

Ich war immer auf der Suche nach Menschen, deren Seele mich berührte. Dabei war es mir egal, wie ihr Hintergrund aussah, ob sie jünger, älter oder vom anderen Geschlecht waren. Freundschaft war für mich der Inbegriff der Lebendigkeit, der Sinn meines Seins. Ist es da ein Wunder, dass Freundschaft auch immer ein Thema – wenn nicht sogar das zentrale – in meinen Büchern war?

Allerdings musste auch ich, trotz aller Hingabe und Bemühungen, Verluste erleben.

Freundinnen, die ich doch liebte und brauchte, verschwanden aus meinem Leben.

Weil unsere Wege sich zu weit auseinanderentwickelt hatten. Weil ich sie enttäuscht hatte.

Weil sie mich betrogen hatten.

Weil eine intensive Freundschaft so viel mehr bedeutet, als hin und wieder etwas gemeinsam zu unternehmen.

Freundschaft bedeutet Liebe, bedingungsloses Vertrauen, gegenseitige Stärkung, Erkennen der anderen und Offenbaren der eigenen Schwäche. Und das alles, ohne es je aussprechen zu müssen.

Kein Wunder, dass an diesem Schwierigkeitsgrad so manche zwischenmenschliche Bekanntschaft scheitert.

Freundschaften zu leben und zu pflegen ist ähnlich schwierig, manchmal noch viel komplizierter, als eine Liebesbeziehung zu formen. Die Kunst dabei ist die Fähigkeit, Verbindlichkeit zu schaffen und dabei gleichzeitig eine gewisse Distanz ertragen zu können.

Das ist gerade für uns Frauen schwierig, die wir immer gleich die totale Verschmelzung anstreben. Aber wenn wir es schaffen, wenn wir Menschen kennen, die unsere Freundinnen, unsere Freunde sind, dann ist dies durch nichts zu toppen.

Ich bin unglaublich stolz auf alles, was meine Freundinnen und Freunde in ihrem Leben erreichen.

Natürlich gibt es auch auf diesem Gebiet Highlights.

Zum Beispiel die E-Mail, die ich im Sommer 2006 von Gisela erhielt, die mir mal wieder aus ihrer Wahlheimat Vancouver schrieb. Gisela ist dort im Filmgeschäft, wo sie als Regieassistentin bei unterschiedlichen Shows tätig war. Ich hatte sie gefragt, bei welcher Show sie als Nächstes arbeiten würde. Ihre entspannte Antwort lautete:

> »Die Show kennst Du wahrscheinlich nicht. Meines Wissens läuft sie noch nicht in Deutschland. Obwohl die Thematik Dich sicher interessiert, denn es geht in erster Linie um lesbische Frauen. Die Serie trägt in den USA und Kanada den Titel *L-Word* …

(Ich kam Stunden später neben meinem Schreibtischstuhl liegend wieder zu Bewusstsein und rief alle meine Freundinnen an, bei denen ich in den folgenden Wochen gern gesehener Gast auf Partys war.)

Natürlich – das muss ich an dieser Stelle erwähnen, um Giselas Integrität zu wahren – kam niemals auch nur ein Wort über ihre Lippen oder den Server, das sich auf den Inhalt der gerade gedrehten Folgen bezog. Denn das ist selbstverständlich unter Androhung der Todesstrafe verboten. Aber immerhin konnte Gisela mich mit Infos darüber versorgen, wie die Darstellerinnen von Bette, Shane, Dana, Alice, Tina und Carmen hinter der Kamera so sind … das allein war schon ein Bonuspunkt, den mein Leben mir bereithielt, weil es mich für meine treuen Freundschaften belohnen will – da bin ich sicher.

Ein weiteres Highlight war der wunderbare Film *Vier Minuten*, den Alexandra gemeinsam mit ihrer Schwester Meike produzierte.

Meike kannte ich ja schon als Achtjährige, als sie vergleichsweise winzig war. Sie war eine dieser kleinen Schwestern, die gern die Nähe der Älteren suchen und sie bewundern. Während ihre ältere Schwester und ich auf Teenagerpartys abtauchten, sittete sie meinen Hund Ronny und kam sich ihrerseits dabei unheimlich erwachsen vor.

Verrückterweise trotzt sie heute all meinen Erinnerungen an die niedliche kleine Meike-Kreike und ist zu einer begabten, starken und wunderschönen Frau geworden, die als Filmproduzentin mit Millionenbeträgen herumjongliert.

Alexandra und Meike bekamen für *Vier Minuten* vor der versammelten Königsliga des deutschen Filmbusiness den Preis für die besten Nachwuchsproduzentinnen (Bayerischer Filmpreis 2006) und den Hauptpreis für den besten Spielfilm (Bundesfilmpreis 2007) überreicht.

Daheim vor dem Fernseher liefen mir die Tränen runter, und meine Oberbrust war vor Stolz angeschwollen wie bei einem Ochsenfrosch.

Aber neben Filmpreisen oder einer persönlichen Bekanntschaft mit den gefeierten Darstellerinnen der berühmtesten TV-Lesben der westlichen Welt gibt es noch ganz andere, privatere Dinge, die mich für meine Freundinnen einnehmen.

Meine liebe Freundin Etienne schreibt nicht nur wunderschöne Texte und kann mit Sprache jonglieren wie sonst keine. Sie ist auch zufälligerweise die weltbeste Lehrerin und sicher nun auch die obercoolste Rektorin. Mit ihr gemeinsam kleine schwarze Kater zu retten ist eines der aufregendsten Abenteuer der Jetztzeit.

Und eine wie meine liebste Chris, die ein Kinderhaus geleitet, mehrfach schwerstbehinderte Kinder mit viel Liebe, Hingabe und dem nötigen Humor aufgezogen und ins Leben begleitet hat, muss doch zwangsläufig die beste Freundinnenpartnerin für leidenschaftlich geführte Diskussionen zum Thema »Liebe« oder ganz schlicht »der Sinn des Lebens« werden!

Ohne dass ich selbst auf Uniformen stehe, habe ich in Marina meine ganz persönliche Freundin und Helferin. Mit einer waschechten Kommissarin herrlich abgehobene philosophische Gespräche zu führen oder auf den Frauenpartys unseren Tanzschritt aufzuführen, bringt mich immer wieder auf diese ganz besondere Art zum Lächeln.

Und mit Annika und Yenia zu schreiben, vorzulesen oder mindestens ein Baby herbeizuplanen lässt mein Herz auf eine wunderbare Art höher schlagen, egal, wie sehr wir jammern, dass wir uns nur so selten sehen.

Wenn ich in einem Theaterstück sitze, in dem meine ganz persönliche Heldin Sabrina spielt, falle ich vor Lampenfieber fast hintenüber und werde schließlich mit wund geklatschten Händen in die Notfallambulanz eingeliefert.

Als Claudia die wunderbare Welt von Midland nicht nur ausdachte, sondern dann in ihren Büchern auch niederschrieb, war mir sofort klar, dass sie damit zu einer Göttin würde. Und wenn es mir in der diesseitigen Welt mal wieder zu laut, zu hektisch, zu eintönig ist, dann nehme ich Reißaus und verschwinde mit der *Midlandsaga* auf meinem Sofa.

Wieso kenne ich nur alle diese tollen Frauen und nenne sie Freundinnen? Ganz klar: Es muss eine Göttin geben!

Freundschaft ist das kostbarste Juwel im Leben. Sie ist schwer zu erringen. Oft noch schwerer zu halten als eine Liebesbeziehung.

Sie bedeutet eine ungeheure Verantwortung. Immer solltest du ehrlich sein mit deinen FreundInnen. Du willst für sie da sein. Und ihnen alle Freiheit lassen, die sie brauchen, um ihren ganz eigenen Weg zu gehen. Wenn sie aber den – in deinen Augen – falschen Weg einschlagen, darfst du auch nicht zögern, ihnen das mitzuteilen.

Im Kindergarten wollte ich noch Löwendompteurin werden.

Black Beauty und ZORRO waren wieder unterwegs. (Mit 9 Jahren auf Pony Elsa.)

Mit ca. 3 Jahren im Kindergarten.

Erstkommunion mit engelsgleichem Lächeln. Sollte sich hinter diesem lieblichen Gesicht tatsächlich der Wildfang verborgen haben, so wie alle behaupten?

Die Freundschaft, die mich fürs Leben prägte: „Die DREI ist die Zahl der Vollkommenheit!“, wußte schon unser Relilehrer.

Gisela, Alexandra, ich bei unserer ersten Filmproduktion in Klasse 13. Gisela und Alexandra arbeiten heute beide im Filmgeschäft, Gisela in Vancouver, Alexandra in Berlin.

Mit 21 Jahren bereit für die Lesbenszene. Damals trugen die Lesben noch kurze Haare – aber nicht automatisch auch einen wilden Cocker auf dem Arm. (Meine kleine Jule.)

Mit Ende 20 war das Schreiben bereits in den Mittelpunkt meines Lebens gerückt …

… und sympathische Pferde. (Hier mit dem schönen Gustaf.)

Unsere Elise als Baby. Ihr widmete ich mein Buch „Unversehrt“, das ich schrieb in dem Jahr, in dem Elise viel zu früh starb. Das ich schrieb über die Unsterblichkeit der Liebe.

Mirjam: „Nimm doch mal die Lotte fürs Foto.“
Franz: „Und wenn ich sie fallen lasse?!“
Lotte: „Cheeeeeese!“

(mit Maggie)

Mein Hundesport: Agility. Konzentration, Teamwork und die Gedanken zum Schweigen bringen. Hier gibt es nur meine Hunde und mich.

(mit Lotte)

… und eine Romanautorin – und noch viel mehr!

So vorsichtig, dass ihnen klar wird, was du über ihr Voranschreiten denkst. Sie aber dennoch sicher sein können, dass du immer noch ihre Freundin bist, auch, wenn sie (mal wieder!) nicht auf dich hören.

Bei diesen hohen Ansprüchen musst du hin und wieder tief durchatmen, bevor du damit weitermachen kannst: eine wirklich gute Freundin zu sein.

In Teenagertagen traf ich meine Freundinnen so gut wie jeden Tag, wir waren wie eine Familie, die unweigerlich zusammengehörte – egal, was »drinnen« oder »draußen« geschah. In ständigem Kontakt zueinander spannen wir Fäden zur jeweils anderen, die dick wie Drahtseile wurden und gnadenlos belastbar waren.

Heute, zwischen zwei erfüllenden, jedoch zeitaufwendigen Berufen, einer wunderschönen Liebesbeziehung, meiner Herkunftsfamilie, meinen Hunden und tausend Erledigungen im Alltag fallen alle Freundinnenkontakte sehr viel spärlicher aus. Streckenweise sehe ich die Menschen, die mir so am Herzen liegen, wochen- oder monatelang nicht. Manchmal stehen wir nur per SMS in Kontakt. Doch wundersamerweise scheint die Freundschaftskultur, die ich mein ganzes Leben lang aufgebaut habe, nach fast vierzig Jahren herrliche Früchte zu tragen. Denn auch nach langen Pausen ist ein jedes Wiedersehen so innig und vertraut, als hätten meine Freundin und ich gerade zwei Wochen gemeinsamen Urlaub hinter uns. Das Wesentliche kommt sofort auf den Tisch – ohne eine möglicherweise notwendige Aufwärmphase.

Trotzdem gibt es hin und wieder seltene, düstere Augenblicke, in denen ich mich frage, ob ich überhaupt in der Lage bin, den Menschen, die auf diese besondere Art auf mich bauen und mir vertrauen, gerecht zu werden und sie nicht zu enttäuschen. Dann kommt mir die Aufgabe, eine wirkliche Freundin zu sein, so schwer vor, dass sie so gut wie unerfüllbar scheint.

»Was bedeutet Freundschaft eigentlich für dich?«, fragte ich die Beste Lebensgefährtinundfreundinineinem von allen in so einem düsteren Augenblick einmal.

Sie überlegte und antwortete dann schlicht: »Vertrautheit.«

Das machte alles wieder einfacher.

Während wir Christines Kochkünste genießen, bedenkt Marta mich immer wieder mit kritischen Blicken.

Wir haben halb sieben, und um acht Uhr soll meine Lesung starten.

Marta ist der Meinung, ich müsse vor Lampenfieber doch beinahe sterben. Sie erwartet jeden Moment von mir einen hysterischen Sprint zum Klo, klamme Finger, denen die Gabel entgleitet, oder eine brechende Stimme, die sich in einem nervösen Flüstern verliert.

Dass nichts dergleichen geschieht, ist ihr suspekt. Sie behauptet, ich müsse Nerven wie Drahtseile haben.

Doch obwohl ich ja vor jeder Lesung ein bisschen kribbelnde Nervosität verspüre, bin ich heute einfach derartig gut ausgerüstet, dass nichts Schlimmes zu befürchten ist.

Ich habe mein Leseexemplar dabei. Ich werde in Freundinnenbegleitung zur Lesung gehen. Und ich werde zwischen lauter schönen neuen Büchern sitzen. Ich freue mich einfach unbändig auf mein Münchner Publikum.

Ein Telefonanruf zu Hause bestätigt, dass dort alles auch ohne mich wunderbar läuft (grummel) – also können Christine, Marta, Sammy und ich nach dem leckeren Essen sorgenfrei aufbrechen.

In München existiert einer der letzten frei lebenden Frauenbuchläden in ganz Deutschland. Leider ist diese Spezies im Aussterben begriffen. In Gefangenschaft lassen sie sich auch nicht nachzüchten. Also können wir uns nur an den wenigen erfreuen, die es heute noch gibt.

Und das tue ich ausgiebig, als wir dort ankommen.

Ich liebe Lesungen in Buchhandlungen!

Leider sind wir etwas spät dran, und so sind schon viele der Klappstühle entlang den Bücherregalen besetzt – sonst könnte ich noch ungehemmter stöbern. Wunderbar, wenn so viel Frauenliteratur auf einem Haufen zusammenkommt. Und zwar ohne dass auf den Covern dick FRAUEN steht. (Das ist Göttin sei Dank ja wieder aus der Mode gekommen. Zu der Zeit, als ich es öfter sah, hatte ich immer die Assoziation, als solle uns damit gesagt werden: »FRAUEN können auch lesen!«, was zwar stimmt, als so hervorgehobene Aussage aber immer ein irgendwie ungutes Gefühl zurücklässt.)

Ich quetsche mich also durch die Stuhlreihen, wühle mal hier, mal dort in den Regalen und ziehe Bücher heraus, um sie mir genauer anzusehen.

Sind es Sachbücher, betrachte ich am liebsten die Bilder.

Meistens sind dort Frauen zu sehen, die alle so was von besonders sind.

Sie sind unterwegs auf fernen Reisen, malen, fotografieren, hängen kopfüber in Felswänden oder springen gerade aus Flugzeugen. Sie sind vertieft in fremdländisch wirkende Reiseführer oder in Gespräche mit anderen Menschen, streicheln Tiere, lachen, weinen, blicken in die Kamera oder mit wehmütigem Ausdruck weit weit zum Horizont.

Ich liebe Sachbücher in Frauenbuchläden.

Ist das Buch, das ich aus dem Regal nehme, ein Roman, betrachte ich zunächst das Cover, dann wende ich es, um den Klappentext auf der Rückseite zu lesen. Finde ich beides ansprechend, schlage ich die letzte Seite auf und lese die letzten Zeilen. Ich weiß, manche meinen, das sei ein Frevel. Aber leider musste ich schmerzlich viele Erfahrungen mit scheinbar guten Büchern sammeln, die durch einen scheußlichen Schluss total verhunzt wurden, sodass ich es mir schon vor Jahren angewöhnt habe, zuerst Letzteren auf seine Lesbarkeit und Kompatibilität in Bezug auf meine ganz persönlichen Vorstellungen von Moral und Glück zu überprüfen.

Hält das Ende diesem hohen Anspruch stand, kommt die erste Seite dran. Und dann eine oder zwei Seiten aus dem Mittelteil.

Erst wenn mich alle diese kritischen Musterungen überzeugt haben, nehme ich so ein Buch mit zur Kasse.

Während ich meine Umgebung inspiziere, schaffe ich es noch, mit den Veranstalterinnen zu sprechen, mich für die Einladung zu bedanken und schon den einen oder anderen Kontakt zum Publikum zu knüpfen.

So ein kurzes Vorabgespräch ist hilfreich vor Lesungen. Denn zwischendurch einmal spannungsfördernd aufzublicken ist unbedingt angeraten. Sehe ich dann in ein Gesicht, mit dessen Besitzerin ich vor der Lesung schon ein bisschen geplaudert und gescherzt habe, muss ich mir keine Gedanken darum machen, warum sie denn wohl so ernst dreinschaut. Denn Frauen, mit denen ich schon gesprochen habe, lächeln immer, wenn ich sie ansehe. (Jedenfalls auf Lesungen ist das so, eine Verallgemeinerung würde ich jetzt auf keinen Fall wagen wollen.) Lächelt eine Frau im Publikum, ist mir klar, dass mein Vortrag gut ankommt. Also kann ich mich wieder in den Text stürzen, ohne die nächsten zwanzig Zeilen gedanklich damit zuzubringen, wieso auf den Stühlen vor mir keine Stimmung aufkommen will.

Diesmal habe ich Glück und werde gleich von mehreren Seiten nett angequatscht. Kontakte, die mir eine schöne, harmonische Lesung bereiten werden.

Als der Laden so richtig voll ist und auch ganz weit hinten kein einziger Platz mehr zu vergeben wäre, stehen Christine und ich ganz allein in der Ecke mit der Reiseliteratur.

»Du sammelst mal wieder«, stellt Christine fest, ohne von dem Buch über Andalusien aufzusehen, das sie gerade interessiert in den Händen wendet. Christine ist, wie fast alle meine Freundinnen, genauso verrückt nach Büchern wie ich. Wir haben schon etliche Male orgiastische Nachmittage in Buchhandlungen verbracht, von denen wir uns völlig erschöpft, aber glücklich ins jeweilige Zuhause schleppten.

»Wie?«, frage ich verwirrt und blicke auch auf das Buch.

Sie deutet mit dem Kopf hinüber zu den Stühlen, wo Marta und Sammy sitzen und in eine Unterhaltung vertieft sind.

Sammys Blick huscht immer wieder unruhig zur Tür. Natürlich wartet sie auf ihre Kirsten. Aber es sind nur noch ein paar Minuten bis zum Lesungsbeginn, und ich bezweifle, dass sie noch auftauchen wird. Mich würde nur interessieren, ob Marta der armen Sammy diesbezüglich gerade tröstlich oder aufrührerisch zur Seite stehen will.

Ich lächle.

»Ja, ich sammle.«

Christine lächelt ebenfalls.

»So eine Junge hast du noch nicht in der Sammlung, oder? Aber ich wette, nach allem, was du für sie getan hast, wird sie sehr anhänglich werden.«

»Das hoffe ich«, antworte ich und ziehe einen Bildband über Neuseeland aus dem Regal. »Wer so doll an die Liebe glaubt wie sie, ist bestimmt ein interessanter Mensch ...«

Christine hebt die Augenbrauen und will sicher gerade etwas Rührendes über von Liebe verblendete Junglesben von sich geben, als die Tür des Buchladens heftig aufgerissen wird und zwei junge Frauen hereinstolpern. Obwohl auf dem Parkplatz nur kurz gesehen, erkenne ich sie gleich wieder und sehe rasch zu Sammy hinüber. Die sitzt stocksteif auf ihrem Klappstuhl und starrt die späten Besucherinnen an. Das sind also Kirsten und Vera.

Ich weiß sofort, wer Kirsten ist. Sie ist groß, dunkelhaarig und hat das gewisse Etwas, zu dem sich junge Lesben zwangsläufig hingezogen fühlen. Sie wirkt trotz ihrer Größe und der Stärke ausstrahlenden Figur auf diese ganz bestimmte Art verletzlich.

Außerdem ist sie wahrscheinlich eher ein introvertierter Typ, der sich zurückhält, statt auf andere zuzustürmen. Auch das ein Indiz für lesbische Attraktivität. Stille Wasser sind bekanntlich tief, und das ist interessant. Geheimnisse ziehen jeden an. Die Frage ist nur: Was geschieht, wenn nach diesem ersten Eindruck dann festzustellen ist, dass in dieser vermeintlichen Tiefe gar nichts Besonderes zu entdecken ist? Nichts außer tiefem Wasser. Hm.

Vera ist von anderer Natur. Das ist mir sofort klar. Sie ist viel kleiner als Kirsten, straßenköterhaarfarben mit peppigen Strähnchen in Hell- und Rotblond in den schulterlangen Locken. Ihre blauen Augen sprühen regelrecht vor Unternehmungslust, während sie sich aus ihrem knallbunten langen Schal wickelt.

Natürlich ist sie diejenige, die jetzt mit der Frau hinter dem Kassenstehtisch spricht und für beide bezahlt. Offenbar ist sie Kirsten gegenüber nicht so geldgeizig, wie Sammy sie erlebt hat.

Vera lacht mit der Kassenfrau und knüpft augenblicklich Kontakte zu den Frauen im Publikum, die in der Nähe sitzen.

Eine der Veranstalterinnen läuft los, um noch irgendwo zwei Klappstühle aufzutreiben. Es beginnt ein aufsehenerregendes Gerücke und Stühleverschieben, um die beiden Late-Comerinnen noch unterzukriegen. So verschafft man sich einen großen Auftritt.

Kirsten hat derweil mit scheuem Rehblick am hinteren Bücherregal die Autorin (mich) ausfindig gemacht und schaut schüchtern, aber deutlich fasziniert herüber.

Ich schaue zurück.

Dann sehe ich zu Sammy hinüber, die sich recht verkrampft wieder mit Marta unterhält.

Christine neben mir grunzt kaum hörbar.

»Na, da geht ja was ab«, murmelt sie.

Kirsten ist meinem Blick gefolgt und hat für ein paar Sekunden alle Mühe, die Contenance zu wahren.

Ich wette, sie hat mit allem gerechnet, nur nicht damit, Sammy hier zu treffen.

Vera hat sie auch entdeckt, stutzt kurz und sucht Kirstens Blick. Die beiden schauen sich ratlos an.

Christine und ich wechseln ebenfalls einen Blick. Wir scheinen die gleiche Idee zu haben, denn wie auf Kommando setzen wir uns in Bewegung und steuern auf die beiden von Marta und Sammy besetzten und den einen freien Stuhl vor dem Regal mit den historischen Romanen zu.

Die meisten Frauen im Publikum unterhalten sich leise. Einige lächeln mir zu, während ich mich hinter Christine durch die Stuhlreihen zwänge.

Es gibt aber zwei, die unseren Weg ganz genau verfolgen, während sie wie festgeklebt auf den beiden herbeigeorderten Notfallklappstühlen hocken.

Und ich könnte meine Hand dafür ins Feuer legen, dass mindestens einer von ihnen die Kinnlade runterfällt, als Christine neben Marta Platz nimmt und ich mich vertraulich zu Sammy hinunterbeuge, um ihr etwas ins Ohr zu flüstern.

Sammy kichert verstohlen und kommt meiner zugeraunten Aufforderung nach, die da lautete: »Guck jetzt bloß nicht zu denen rüber! Du wirst scharf beobachtet. Wenn ich wieder weg bin, darfst du dann hoheitsvoll rüberwinken.«

Unser kurzes Gewisper stellt ganz klar, dass wir uns auf alle Fälle näher kennen, als es normalerweise zwischen Autorin und Zuhörerin auf einer Lesung üblich ist. Und genau das habe ich bezweckt.

Als ich mich in meinen Lesesessel plumpsen lasse, bin ich sicher, dass Kirsten und Vera nun extrem spannende eineinhalb Stunden erwarten, in denen sie leider noch nicht in Erfahrung bringen können, in welchem Verhältnis ihre bisher als uninteressant eingestufte Freundin Sammy zum Star des Abends steht.

Gut. Dann kann ich ja jetzt anfangen.

Die Göttin in mir

Ich kann nicht behaupten, dass ich ein bescheidenes Kind gewesen wäre.

Im Alter von sieben Jahren war mir klar, dass ich später einmal mit Tieren arbeiten wollte.

Auf die Nachfrage der Freundinnen meiner Oma hin verneinte ich deren Vermutungen, ich wolle bestimmt Tierarzthelferin werden oder womöglich sogar Reitlehrerin. An etwas so Profanes hatte ich natürlich nicht gedacht. Wie sie sich gegenseitig ansahen, als ich stolz verkündete, ich würde selbstverständlich zum Zirkus gehen oder vielleicht auch in den Zoo und mich dort um die Raubkatzen kümmern, Löwen, Panther! Am liebsten hatte ich Tiger. In den folgenden Wochen bekniete meine Großmutter meine Eltern, ein Auge auf meine Entwicklung zu haben und mir bloß nicht jeden Willen zu lassen.

Abgesehen von dem Wunsch, mit großen und gefährlichen Tieren umzugehen, hatte ich aber noch andere Pläne für mein Berufsleben: Ich wollte ein Buch schreiben. In der Grundschulzeit schwebte mir dabei ein Verbreitungsgrad in etwa der Größenordnung der Bibel vor – was keineswegs blasphemisch gemeint war, sondern nur meinem kindlichen Größenwahn in Kombination mit den mir bekannten Maßeinheiten entsprach.

Fabulieren konnte ich schon immer ganz wunderbar. Ich erfand Geschichten am laufenden Band – so wie alle Kinder beim Spielen es tun. Doch die fiktiven Figuren aus meiner Phantasie hielten häufig Einzug in die reale Welt. So behauptete ich steif und fest, einen Marienkäfer namens Lui gezähmt zu haben, der mir überallhin folgte.

Da meine SpielgefährtInnen Beweise für diese gewagte Behauptung sehen wollten, traten wir zusammen an die Hainbuchenhecken, die die Grundstücke in unserer Siedlung umgaben, und nach kurzem Suchen tauchte der rote Lui mit den schwarzen Punkten jedes Mal tatsächlich im Blättergewirr auf! Er schien immer dort zu sein, wo ich war.

In Wahrheit war er einfach der am meisten gedoubelte Marienkäfer, der je gelebt hat.

Als ich dann mehr als nur ein paar Buchstaben schreiben lernte, entdeckte ich schon bald die ungeheuren Möglichkeiten, die darin schlummerten.

Als Kind haben wir alle ja nur relativ begrenzte Möglichkeiten, Kontrolle zu übernehmen. Wir spielen zwar *Raumschiff Enterprise* oder *Flipper rettet Boot aus Seenot*, aber zu sagen haben wir im wirklichen Leben doch eigentlich nichts.

Das war ganz anders beim Geschichtenschreiben!

Hier war ich plötzlich Herrin über ein komplettes Universum. Nicht nur die Figuren, die ich erfand, waren allein meinem kindlichen Willen unterworfen. Ich konnte auch vollkommen selbstständig entscheiden, was geschah, wie, wann und warum.

Im Schreiben lag die Welt!

Als ich in die vierte Klasse ging, erfand ich die Geschichte eines Geschwisterpaars, das mit seinen Eltern (Forschern und Biologen) in Afrika lebte und dort ein verlassenes Löwenbaby im Busch entdeckte. Die beiden zogen den Löwen groß, und die drei wurden zu tollen Freunden. Die erwachsene Raubkatze revanchierte sich für die Lebensrettung bei den jungen Helden, indem sie sie vor einem bösen Ranger rettete, der sie entführen wollte, um die Naturschützereltern zu erpressen.

Das Ganze war natürlich mit den Mitteln einer Viertklässlerin geschrieben, die verständlicherweise nicht zu großem Ruhm gereichten, aber es war eine komplette Geschichte – mit Anfang, Mittelteil und Schluss.

Und es ging bereits damals schon um mein großes Thema: Freundschaft.

Über deren Entstehung aus scheinbar unmöglichen Verbindungen (Wer ist schon mit einem Löwen befreundet?), harmonische Entwicklung ebenso wie krisengeschüttelte Phasen bis hin zur endgültigen Erkenntnis: dass dies der Schatz in unser aller Leben ist.

Was sich im Einzelfall als Liebesgeschichten tarnte, war meist nichts anderes als ein großes Plädoyer für die Freundschaft. Das war es, was meine jugendlichen Leserinnen, meine Klassenkameradinnen, meine Freundinnen in meinen Geschichten fanden: den Beweis dafür, dass es wahre Freundschaft gibt. Dass sie zu den höchsten Gütern im Leben zählt. Und dass es Menschen gibt, die das genauso empfinden.

Wenn ich keine Geschichten über Freundschaft schrieb, schrieb ich lange Briefe an (Brief-)Freundinnen.

Wenn ich weder das eine noch das andere schrieb, schrieb ich Tagebuch. Die einzige schriftliche Form, die ich heute immer noch mit der Hand forme und zu der das äußere Kleid von außergewöhnlichen Büchern mit (zunächst) noch leeren Seiten ebenso gehört wie die Geheimhaltung.

Ich begann dieser Leidenschaft zu frönen, als ich dreizehn war.

Anfangs waren es nur die Alltäglichkeiten, die ihren Weg aufs Papier der stinknormalen Schulhefte fanden. Doch als ich entdeckte, dass speziell zu diesem Zweck eine Vielzahl von wunderschönen Büchern auf dem Markt zu haben war, wurde mir klar, dass dort hinein nicht nur gehörte, was in der Schule passiert war und was es zu Mittag gegeben hatte. In diese schönen Bücher gehört alles Phantastische, Philosophische, Erfundene und Geheime, das jedem unserer Leben anhaftet.

Schöne, witzige, außergewöhnliche Bücher mit glattem, seidigem Papier zu kaufen ist so ziemlich das heiligste Shoppingerlebnis, das ich mir vorstellen kann.

Ein Bummel durch einen Schreibwarenladen kann mich auch heute noch in tiefste Trance oder echte Raserei versetzen, je nach Tagesstimmung, Sortierung des Ladens und Füllmenge meines Portemonnaies.

Meine Tagebücher, von denen es inzwischen weit über einhundertzwanzig gibt, sicher verwahrt im Überseekoffer neben meinem Sofa, sind nicht nur Zeugen meines Lebens, Spiegel meines Alltags über mehr als fünfundzwanzig Jahre.

Die simplen Schulhefte, dicken Kladden, Poesiealben und handgearbeiteten Notizbücher, die mein Tagebuch beherbergen, dienen auch als Aufenthaltsort für vielseitigste Geschichten.

Ich erfinde in ihnen. Mein Leben.

Das Schreiben bedeutet für mich schon lange mehr als nur eine Möglichkeit, mich auszudrücken. Schon als Kind, später als Teenager und dann als junge Frau war Schreiben für mich die alltäglichste Form der Magie.

Eine Art des Zauberns, die sich tarnt in Pelikan-Füllern, Computertastaturen und auf zerstreuten, losen Blättern.

Fast jede und jeder kann es. Schreiben.

Es lässt sich sogar lernen, denn es liegt auch viel Handwerk darin.

Und doch … sobald es dazu führt, dass ein Buch daraus entsteht, wird diese simple Aneinanderreihung von Buchstaben, wird aus schlichten, erdachten Sätzen Magie.

Ich schreibe nicht aus diesem Grund, aber mitunter denke ich doch daran: Bücher machen unsterblich. Zumindest für eine kleine Weile.

Große SchrifstellerInnen werden noch nach Hunderten von Jahren gelesen, erinnert und ihre ureigenen Gefühle dadurch wieder lebendig.

Wenn ich darüber nachdenke, dann spüre ich auch in mir diesen größenwahnsinnigen Wunsch, selbst nach meinem Tod mit meinen Worten noch etwas zu bewirken.

Menschen werden – hoffentlich – meine Bücher lesen und dabei etwas empfinden. Freude. Spannung. Erwartung. Mitgefühl. Und hoffentlich nur selten Ärger, wieso sie das Geld für dieses Buch ausgegeben haben.

Alle SchriftstellerInnen haben zu Beginn ihrer kreativen Arbeit etwas gemeinsam. Und darin unterschied ich mich natürlich nicht von ihnen: Anfangs schreiben wir alle erst mal über uns selbst.

Ada und Eva, mein erster veröffentlichter Roman, spielt in der Bochumer Lesbenszene. Die Lokalitäten von Frauenschwoof, Cafés und Stadtbild sind für Einheimische recht einfach zu erkennen.

Die handelnden Figuren sind aus der Szene der Neunzigerjahre herausgegriffen. Einige bemühen sich in erster Linie, politisch der Frauenbewegung hinterherzuhinken, und nebenbei verlieben sie sich. Andere bemühen sich in erster Linie um ihr eigenes Amüsement, was das Verlieben nicht unbedingt ausschließt, aber politisch weniger korrekt dastehen lässt.

Es ist die Geschichte einer Clique junger Lesben, in deren Leben die Liebe(n), die Exen, die Partys und das Für und Wider von polischem Engagement im Sinne von »Das Private ist politisch« im Mittelpunkt stehen.

Genau das bestimmte mein eigenes Leben, als ich dreiundzwanzig Jahre alt war – denn so alt war ich, als ich das Buch schrieb.

In meinem zweiten Roman, *Flug ins Apricot*, sind die beiden Protagonistinnen erst sechzehn Jahre alt. Sie leben in einer winzigen Kleinstadt, die bei autorinnenimmanenter Textanalyse durchaus im Sauerland vermutet werden könnte. Franziska und Alex sind mit allem beschäftigt, was Sechzehnjährige für gewöhnlich beschäftigt: dem Übergang von der Kindheit zum Erwachsensein, mit Zukunftsplänen, Unsicherheit über den eigenen Platz im Leben, der ersten Liebe …

Eine lesbische Ausgabe von *Hanni und Nanni*? Nicht ganz vielleicht.

Als Franziska das erste Mal auf einer großen Frauenparty ist, dämpft die Exfreundin ihrer Angebeteten die Euphorie, indem sie vor Franzi hinrotzt, dass der Stolz der Frauen dort oft ein »ziemlich teuer erkaufter Stolz« sei, dessen Ursprung nicht selten im Missbrauch aller Art liegt.

Im Grunde müsste René das der vielleicht etwas naiv wirkenden Franziska aber gar nicht erzählen. Denn Franzi hat selbst ihre eigene Geschichte zu tragen. Als sie dreizehn Jahre alt war, brachte sich ihre beste Freundin um …

Es war das erste Mal, dass ich über Silke schrieb.

Ich tat es auf dezente Weise, an der nicht zu erkennen war, was von dieser Nebenhandlung ich tatsächlich selbst erlebt hatte. Das war nach wie vor viel zu privat.

Aber ich widmete Silke dieses Buch in besonderer Weise und besiegelte damit ein weiteres Mal das Versprechen, das ich ihr als Teenager kurz vor ihrem Tod gegeben hatte: Ich würde ganz sicher niemals aufhören zu schreiben.

In der viel geforderten Fortsetzung zu diesem Buch, *Apricot im Herzen*, nimmt diese Geschichte ein wenig mehr Raum ein.

Und zehn Jahre später schrieb ich dann endlich ein Buch, das sich mit dem Kern dessen beschäftigte, was mich nachhaltig an meine tote Freundin band: Schuld.

Welchen Sinn hat die Zuweisung von Schuld?, ist der erste Satz in diesem Buch. Frei nach dem Thomas Mann'schen Prinzip: Im ersten Satz muss der gesamte Roman stecken.

Unversehrt erschien im Frühjahr 2007 und ist mein bisher bestes Buch – das ist mir genauso klar wie meinen LeserInnen.

Zum ersten Mal behandle ich einen größeren Zeitraum, nämlich mehr als drei Jahrzehnte, die ich in diesem Buch schildere.

Unversehrt ist die Geschichte einer außergewöhnlichen jungen Frau mit einem außergewöhnlichen Rufnamen: Cornelia Jochheim wird David genannt. Den Grund für diesen irreführenden Spitznamen erfährt die Leserin/der Leser natürlich im Buch. Auch wie liebenswert und lebensbejahend David von Natur aus ist. Sie strahlt eine Warmherzigkeit und Menschlichkeit aus, der sich niemand entziehen kann. Alle Leserinnen verknallen sich in sie. Und das ist wirklich kein Wunder. Es scheint wie ein grässlicher Irrtum des Schicksals, dass ausgerechnet diese wunderbare David eine solche Last auf sich lädt: Bei einem Autounfall, den David durch zu hohe Geschwindigkeit verschuldet, kommt die beste Freundin ihrer Partnerin Maya ums Leben. Der Unfall stellt einen gravierenden Wendepunkt ins Davids Leben dar.

Mit einem Schlag verliert sie alles, was ihr wichtig war. Ihre erste und große Liebe. Strahlende Zukunftsaussichten. Den Glauben an die eigene Gutherzigkeit. Ihre ganze Zuversicht ins Leben.

Das war es, was ich mit dreizehn Jahren erlebte, als meine Freundin starb. Es waren die gleichen Vorwürfe. Das gleiche bewusstlose Hindämmern. Die Lähmung, die auf eine Katastrophe folgt, für die wir uns selbst verantwortlich machen.

Ich war als Kind überzeugt davon, dass ich meine Freundin hätte retten können.

Hätte ich ihren Worten nur mehr geglaubt. Hätte ich nur Hilfe bei Erwachsenen gesucht. Hätte ich nur …

Ich war überzeugt davon, Schuld daran zu tragen, dass Silke nicht mehr weiterwusste und auf der verzweifelten Suche nach dem Glück diesen letzten Weg ohne Umkehr wählte.

Natürlich trug ich diese Bürde nicht wirklich. Ich war ein Kind. Ich konnte nicht helfen. Ich konnte ja nicht mal die Ursachen erkennen. Das weiß ich heute. Aber damals war ich überzeugt davon, dass mich zumindest ein Teil von Schuld traf.

Wie aber kannst du weiterleben mit solch einer Gewissheit?

Wie kannst du jemals wieder lachen und Glück empfinden?

Wie kannst du für dich selbst Pläne schmieden oder dich gar auf irgendetwas freuen?

Die Erfahrungen, die ich selbst machen musste, bis zu dem Moment, in dem ich begriff, dass ich mir offenbar selbst verziehen hatte, flossen in meine Arbeit zu *Unversehrt* ein.

Sie liegen eingebettet zwischen den Zeilen, aus denen so viel Gefühl dringt, dass ich beinahe täglich Zuschriften zu speziell diesem Buch erhalte.

Wenn du ein Buch liest, in dem so viel steckt, dann spürst du das.

Ich selbst liebe diesen Roman auf eine unnachahmliche, zärtliche Weise. Denn für mich bedeutete er im Schreiben noch einmal die Auseinandersetzung mit sehr schmerzhaften Phasen in meinem Leben. Durch das Schreiben wurde das Buch zu einem Teil des Verstehens und Akzeptierens. Dennoch ist mir darin etwas gelungen, das genauso gut hätte danebengehen können: Aus meinem eigenen Thema ist eine herrliche, eigenständige Geschichte geworden – ohne dass der Eindruck einer aufdringlichen Nabelschau entsteht.

Wenn jemand mich fragt, welches meiner Bücher sie oder er als Erstes lesen soll, werde ich immer *Unversehrt* nennen.

Zwischen dem stark postpubertär wirkenden *Ada sucht Eva* und dem wesentlich reiferen *Unversehrt* liegen exakt fünfzehn weitere Bücher, die in diesen neun Jahren das Licht der Buchhandlungen erblicken durften.

Zunächst baute ich die mit *Ada und Eva* begonnene Serie bei Bastei Lübbe aus. Ich könnte schlau sein und behaupten, das Ganze sei von Anfang an als Serie geplant gewesen. Aber das wäre eine glatte Lüge. Vielmehr war es meine Anhänglichkeit an meine Figuren, die dazu führte, dass im zweiten Band in diesem Verlag, *Die schönen Mütter anderer Töchter*, die beiden Protagonistinnen aus meinem ersten Roman als Nebenfiguren wieder auftauchten. Ich wollte mich von Karolin und Frederike einfach nicht endgültig verabschieden, und so hatten sie hier, neben den neuen Protagonistinnen Angela und Michelin, noch ein paar schöne Szenen.

Das brachte mich auf die Idee zur Serie.

Denn im dritten Band bei Bastei Lübbe, *Das Gegenteil von Schokolade*, darf wiederum Frauke, Michelins Arbeitskollegin, ihrem eigenen Happy End entgegenstolpern. Und so ging es weiter …

In jedem Buch fanden sich vielversprechende Nebenfiguren, die geradezu danach schrien, als Protagonistinnen im nächsten Roman ihren großen Auftritt zu feiern.

Emma, die aus einer Dreierkonstellation am Ende übrig bleibt und dumm aus der Wäsche schaut, bekommt in *Emmas Story* ihre eigene Geschichte. Im fünften Band, *Jetzt zu dritt*, stehen wieder Michelin und Angela im Mittelpunkt – diesmal jedoch, wie sich schon mittels Titel erraten lässt, mit einem ganz neuen Thema.

Und wer weiß, wie viele Bände sich hieraus noch ergeben werden – immer wenn ich Lust zu einer Fortsetzung dieser Cliquengeschichten habe.

Dass aus Nebenfiguren Hauptfiguren werden können, ist nicht selbstverständlich. In meinen Schreibworkshops weise ich stets darauf hin, dass jede Figur – ob nun Haupt-, Nebenfigur oder Platzhalter, Statist – eine gewisse Weise der Erscheinung benötigt.

Nicht jede Nebenfigur hat das Zeug, selbst einen ganzen Roman zu füllen. Nicht jeder Statist kann durch einfache Namensgebung so mir nichts, dir nichts zur Nebenfigur werden.

Das Nachdenken über hauptfigurengeeignete Nebenfiguren führte mich zu einem Roman, dessen Konzept dann wieder den Piper Verlag begeisterte: *Luna und Martje*. Eine herrlich versponnene Geschichte, in der die sympathische Nebenfigur Martje durch »Blitzeinschlag« zur Protagonistin wird. Eigentlich war sie von der fiktiven Autorin nur als Schwester des Hauptakteurs Erik vorgesehen, die den Wandel ihres Bruders vom geldgeilen Charakterekel zum liebevollen Ehemann und Familienvater in einigen kleinen Auftritten dokumentieren sollte.

Doch nach dem Wendepunkt in der Geschichte hat Martje nicht nur plötzlich ganze Kapitel für sich zur Verfügung, sondern verliebt sich auch noch in die Frau, die die Autorin des ursprünglichen Romans eigentlich für Bruder Erik eingeplant hatte.

Ach, es ist ein Drama. Aber ein lustiges.

Die LeserInnen können live dabei sein, wenn das geschieht, was jeder Autorin mal passiert: Die Figuren setzen ihren eigenen Kopf durch und handeln so, wie sie selbst es für richtig halten.

So was geschieht hin und wieder, wenn wir zu zaubern versuchen, und obwohl eine Schreibende dadurch mächtig in die Ecke getrieben werden kann, macht auch genau dieses Risiko den wahren Zauber beim Schreiben aus. Es ist eben nicht alles berechenbar.

Zum Zeitpunkt der Veröffentlichung von *Luna und Martje* waren im Piper Verlag bereits die Lizenzausgaben von *Flug ins Apricot* und *Apricot im Herzen* sowie die Originalausgabe vom Roman *Wenn es dunkel ist, gibt es uns nicht* erschienen.

Wenn es dunkel ist, gibt es uns nicht scheint wie eine Ode an die Freundschaft. Und ist als solche gemeint.

Wenn ich in diesem Buch blättere, das ich erst vor ein paar Jahren schrieb, werde ich jedes Mal wehmütig. Und zwar in einer Art und Weise, wie es alte Ranger aus John-Wayne-Filmen im Wilden Westen werden, wenn sie sich an die Zeit der großen Trucks erinnern. »Meine Güte, das waren Abenteuer! Wir hatten jede Menge Überfälle. Indianer. Goldsucher. Ihr wisst schon, das ganze Programm. Aber, was soll ich sagen (spucke im großen Bogen Tabaksaft aus), meine Männer und ich, wir haben einfach jede Herausforderung gemeistert! War 'ne tolle Zeit damals. Jo, man, jo …«

An meine Kinder- und Jugendbücher kam ich im Grunde durch puren Zufall.

Ich wäre nie auf den Gedanken gekommen, dass ich Kinderbücher schreiben könnte. Bis dtv junior bei mir anklopfte und Bezug nahm auf eine Kurzgeschichte, in der ich die beiden erwachsenen Protagonistinnen in ihre Kindervergangenheit schauen lasse. Hier war offenbar deutlich zu lesen, dass ich eine Schreibe besitze, die sich durchaus für Jugendliteratur eignet.

Ich versuchte es.

Mein erster reiner Jugendroman war *Katta@Frauenknast.de*, der bei dtv junior erschien. Das Buch handelt von der sechzehnjährigen Katta, die im Frauengefängnis inhaftiert ist.

Neben dem Alltag im Gefängnis, der in Wahrheit wohl doch eine ganze Ecke anders ist, als wir es aus diversen Fernsehserien vorgesponnen bekommen, spielt natürlich auch wieder Freundschaft eine Rolle in diesem Buch.

Katta darf mittels Internet Kontakt nach außen aufnehmen und auf diese Weise Bekanntschaften knüpfen. So lernt sie Judith kennen, mit der sie sich – den eigenen Erwartungen zum Trotz – nach und nach anfreundet.

Die LeserInnen lernen Katta gut kennen. Im Grunde ist es ein Unding, dass sie einsitzen muss. Aber das Leben hat seine eigenen Gesetze.

Eine Protagonistin für dieses Buch zu erfinden war nicht einfach. Schließlich muss Katta als Minderjährige etwas entsprechend Schlimmes getan haben, um im Gefängnis zu landen. Gleichzeitig muss sie aber so sympathisch sein, dass die jugendlichen LeserInnen sich mit ihr identifizieren wollen.

Um mit sechzehn Jahren in den Strafvollzug geschickt zu werden, musst du entweder bei klarem Bewusstsein deinen kleinen Bruder in der Badewanne ertränken – und hier wäre die Identifikation stark in Gefahr, egal, wie nervig kleine Brüder sein können –, oder du musst WiederholungstäterIn sein.

Für Letzteres entschied ich mich bei Katta, die mit einer Clique mehrmals Tankstellen und Kioske überfallen hat, beim letzten Mal sogar mit Schusswaffengebrauch.

Dieses Buch hat nicht sehr viel mit mir zu tun. Ich war zwar zu Recherchezwecken in der JVA in Köln, doch ich kenne niemanden, der/die tatsächlich »gesessen« hat.

Ich habe noch nicht mal Freundschaften übers Internet geknüpft, was bei anderen durchaus zu funktionieren scheint.

Es war ganz einfach so, dass dtv junior gern ein Buch zum Thema

Internet im Programm gehabt hätte. Und ich selbst hatte gerade fürs Fernsehen, für das ich damals noch arbeitete, über Jugendliche im Gefängnis recherchiert. So kamen beide Themen zusammen.

Dies war der einzige Auftragsroman, zu dem die Grundidee nicht von mir selbst kam.

Alle meine anderen Bücher entstammen ausnahmslos dem gewaltigen Dateiordner auf meinem Rechner, der den Namen *Romane* trägt. Hier tummeln sich wahnwitzige Einfälle zwischen spannenden ersten Seiten oder verwegenen Schlussformulierungen.

Alle Entwürfe zu möglichen Büchern schreibe ich hier nieder.

Ein Brutkasten in der Säuglingsstation, dem ich regelmäßig Besuche abstatte, um zu schauen, ob der eine oder andere Frischling nicht vielleicht doch schon schlüpfen möchte.

Da war zum Beispiel mein Roman *Ein Stück meines Herzens*, in dem Svenja mit dem Blindenhund Oswald von zu Hause ausreißt.

Oder die Trilogie *Verknallt in … Camilla, den Traumprinzen, Mister Perfekt*. Hier stehen drei vierzehnjährige beste Freundinnen im Mittelpunkt, von denen jede eine herzzerreißende Liebesgeschichte erleben darf. Eine von ihnen mit einem Mädchen, die beiden anderen mit Jungen. Auch hier habe ich das Serienprinzip wieder aufgegriffen. Und ich baue darauf, dass Mädchen, die sich ein Buch mit dem Titel *Verknallt in den Traumprinzen* aus dem Regal greifen, nicht nur in Dunjas und Elmers Geschichte eintauchen, sondern beim Lesen ganz nebenbei noch erfahren, dass es auch lesbische Liebe gibt. Denn Dunjas beste Freundin Femke ist mit Camilla zusammen.

Eine Selbstverständlichkeit, die ich mir in vielen Büchern wünschen würde. Egal, ob sie für Kinder oder Erwachsene geschrieben wurden.

Für die ganz Kleinen, dritte und vierte Schulklasse, habe ich bisher nur ein Buch geschrieben, an dem ich aber mit ganzem Herzen hänge: meine tollen *Grubenhunde*.

Wahrscheinlich ist es genau das Buch, das ich in der vierten Klasse selbst schreiben wollte, wozu mir aber damals einfach noch die Mittel fehlten. Eine echte Kinderabenteuergeschichte mit spannendem Showdown, der auch kein erwachsenes Auge trocken lässt – darauf wette ich.

Eva und Moritz streunen gern mit ihren beiden Hunden zusammen durch den Wald. Doch eines Tages verschwindet plötzlich Moritz' kleine Hündin Luzi spurlos. Die vorlaute Nachbarstochter Tami weiß sofort Bescheid: Da sind die Hundediebe im Spiel! Gemeinsam machen sich die drei auf die Suche nach Luzi …

Hunde. Freunde. Wald. Geheimnisse. Falsche Verdächtige und gerissene Unschuldslämmer. Hach, ich habe es geliebt, dieses Buch zu schreiben. (Ich glaube, so was muss ich bald mal wieder tun.)

Die Lesungen zu diesem Buch sind das Irrste, was einer Autorin so passieren kann.

Man stelle sich vor: Dreißig Kinder im Alter zwischen neun und zehn sitzen vor mir auf ihren Zwergenstühlen und sperren Mund und Ohren auf. Sobald der schwarze Mann seinen Auftritt im ersten Kapitel hat, wird es totenstill im Klassenraum.

Blaue, braune, grüne, graue Augen werden fünfmarkstückgroß. (Komme mir jetzt bloß niemand damit, dass es keine Mark mehr gibt! Sie wissen, wie ich das meine!) Mundwinkel werden nach unten gezogen. Auf kleinen glatten Stirnen entstehen Falten.

Und dann spekulieren wir gemeinsam, wer denn jetzt was mit Luzis Entführung zu tun haben könnte.

Im zweiten Kapitel taucht der schwarze Mann dann wieder auf, ein kleiner Junge vorn in der ersten Reihe haut sich klatschend auf den Schenkel und ruft: »Hab ich's mir doch gedacht!« Und wenn ich den staunenden ZuhörerInnen später mit leiser Stimme erzähle, dass sie auf der falschen Spur sind, dass vielleicht alles ganz anders ist, dass nämlich alles noch viel spannender ist, als sie die letzten beiden Kapitel über angenommen haben … ja, dann hab ich mein junges Publikum am Haken.

Sie wollen dringend einen Lesezirkus veranstalten, bei dem jeder im Kreis eine Seite vorlesen muss, bevor er das Buch weitergibt. Eine lesefördernde Idee, die ich natürlich geschickt ins Klassenzimmer streue und die von den gebeutelt dreinblickenden und kapitulierend lächelnden LehrerInnen notgedrungen umgesetzt werden muss.

Während in der Klasse ein *Grubenhunde*-Exemplar von Schülerhand zu Schülerhand wandert, befinde ich mich bereits wieder selig grinsend auf dem Heimweg, um mit meinen eigenen Hunden den Wald zu erobern oder auf dem Trainingsgelände einer Gruppe Lerneifriger das Apportieren näherzubringen.

Einige meiner Kinder- und Jugendbücher, die sämtlich einem stark flukturierenden Markt unterworfen sind, sind bereits schon nicht mehr im Handel zu erstehen.

Da ich aber immer wieder per *Feedback* über meine Homepage nach diesen Büchern gefragt werde, plane ich, sie in Kürze in einem kleinen Verlag wieder auflegen zu lassen – um zumindest der Nachfrage gerecht zu werden. Und um den Kindern, die bei den Schullesungen an meinen Lippen hängen, zu ermöglichen, zu Hause oder im Klassenlesezirkus weiterlesen zu können.

Eine Weile wechselten sich die Kinder- und die Erwachsenenbücher auf meinem Schreibtisch ab.

Das war sehr fruchtbar, denn für Kinder oder für Erwachsene zu schreiben sind für mich zwei Paar Schuhe.

Die letzten Manuskripte, die ich schrieb, waren jedoch alle für Erwachsene gedacht. Und während ich gerade von den Grubenhunden und Camilla erzählte, überkam mich eine vage Sehnsucht, die ich bestimmt nur werde stillen können, wenn ich mir demnächst mal wieder etwas Schönes, Spannendes und Abenteuerliches für Kinder ausdenke.

Ursprünglich auch für Kinder und Jugendliche gedacht, jedoch mittlerweile sehr viel von Erwachsenen gelesen, ist mein Sachbuch *Hund ist in!*.

Hierin findet sich alles Wissenswerte zum Thema Hundehaltung und Grunderziehung. Illustriert mit witzigen Zeichnungen des Grafikers Andreas Neuhaus, enthält *Hund ist in!* alles, was ein gutes Hundesachbuch haben muss – und noch mehr: Witz.

Ein Sachbuch zu schreiben ist natürlich etwas komplett anderes, als einen Roman zu entwerfen. Und auch wenn Sachbücher eine besondere Herausforderung darstellen, gehört mein Herz doch ganz eindeutig den erfundenen Geschichten, die Raum zum Fabulieren lassen.

Mit dieser Art zu schreiben höre ich nie ganz auf. Wenn ein Buch zu Ende geht, schiebt sich bereits das nächste in den Vordergrund und drängelt alle anderen Entwürfe zur Seite.

Zu meinem neuen Roman gibt es bereits erste Szenen. Einige Figuren sind zum Leben erwacht. Sie scharren ungeduldig mit den Hufen, um endlich richtig loslegen zu können. Aber sie müssen sich gedulden, bevor sie endlich auf die Bühne können. Ich habe mir diesmal einen Rahmen für ihre Geschichte ausgesucht, über den ich momentan noch viel zu wenig weiß. Eine Welt, über die ich mich erst detailliert informieren muss, die neue Möglichkeiten und neue Ideen bietet.

Das ist der einzige Nachteil an den Romanen: die notwendige Recherche – sobald ich mich auf ein Gebiet hinauswage, das ich nicht bereits in- und auswendig kenne.

Während ich ein Hundesachbuch lässig runterschreiben kann, weil ich dabei mein vorhandenes Wissen abrufe, muss ich für den Thriller, den ich derzeit entwerfe, heftig surfen (durchs Internet), dicke Bücher wälzen und mit Experten sprechen. Ich kann es aber nicht ausstehen, wenn ich nicht sofort losschreiben kann. Deswegen kommt es nie vor, dass ich ausschließlich recherchiere. Ist das nötig, schreibe ich garantiert nebenbei an einem anderen Buch, das mir nicht diese lästige, den Fluss behindernde Arbeit aufdrückt.

Aufs Schreiben selbst freue ich mich mehr als Kinder auf Weihnachten.

Das hat sich in all den Jahren, die ich diesem schönsten aller Hobbys und Berufe inzwischen fröne, nicht geändert.

Was sich geändert hat, ist meine Art zu schreiben.

Es wäre ja wohl eine echte Pleite, wenn ich mich seit der Veröffentlichung meines ersten Romans 1998 nicht weiterentwickelt hätte.

Ich wage mich mehr und mehr hinaus auf Land, das mir nicht so vertraut ist wie mein eigenes Spiegelbild.

Der Schritt hinaus in Fremdes und Unbekanntes lockt immer mehr.

Von dem kleinen, engen Radius der Lesbenszene aus gesehen warten noch etliche Welten darauf, schreibend erobert zu werden.

Worauf ich jedoch nicht verzichten will, sind meine lesbischen Protagonistinnen. Denn auch wenn es im Plot womöglich um etwas ganz anderes als das Coming-out geht (das gewiss eine tolle Sache ist, aber eine Autorin nun mal nicht ein Schreibleben lang beschäftigen kann), spricht doch nichts dagegen, diese Geschichte eine Lesbe erleben zu lassen.

Es wird sich überraschenderweise herausstellen, dass eine lesbische Frau im Krimi, Thriller, Fantasybuch, Western, historischen Roman sage und schreibe genau den gleichen Part erfüllen kann wie eine heterosexuelle.

Und irgendwann muss doch zu erreichen sein, was mir vorschwebt: dass Lesben und Schwule als Protagonisten oder Nebenfiguren ganz selbstverständlich sind – ohne dass ihre Entscheidung, mit jemandem vom eigenen Geschlecht glücklich (na ja, manchmal auch unglücklich …) zu sein, groß thematisiert werden muss oder gleich ein reines Lesben- oder Schwulenbuch entsteht.

Wenn wir in der Literatur und im Film so weit sind, dann sind wir wieder ein gewaltiges Stück vorangekommen. Unsere Kultur ist der Spiegel unserer Gesellschaft.

Aber bis wir in Literatur und Film so weit sind, werde ich weiterhin alles mir Mögliche tun, um es zu erreichen. Schreiben, schreiben, schreiben.

Was mir immer wieder passiert, ist Folgendes: Anlässlich von Hochzeiten, Geburtstagen oder sonstigen Ereignissen werde ich von Menschen, die gerade im Begriff sind, mich kennenzulernen, oft gefragt, was ich beruflich mache. Wenn ich dann erwähne, dass ich Unternehmerin und Schriftstellerin bin, sind meist die Bücher interessanter. Die Person kramt in ihrem Gedächtnis und fördert irgendeine entfernte Bekannte zutage, die malt oder musiziert, die also »auch Künstlerin« ist. Und sofort fühle ich mich verkannt.

Ich bin keine Künstlerin. Ehrlich nicht. Und das schreibe ich nicht aus Koketterie, weil ich möchte, dass Sie nun beteuern, dass ich es doch und ganz gewiss bin.

Ich finde, das Wort Künstlerin passt einfach nicht zu mir. Es beschreibt nicht das, was ich tue. Nicht weil es zu viel sagen würde, weil es meine Arbeit zu hoch bewerten würde. Sondern weil es das, was ich tue, das Schreiben, einfach ganz anders darstellt, als ich es tatsächlich empfinde. Und außerdem klingt es so exaltiert.

Ich schreibe meist am Vormittag, manchmal auch am späten Abend.

Ich schriebe gern ohne jede Unterbrechung und würde mich dabei so richtig künstlerisch fühlen. Aber das ist rein objektiv betrachtet so gut wie gar nicht möglich.

Meine morgendlichen Schreibstunden werden häufig unterbrochen vom Klingeln des Telefons. Als Unternehmerin kann ich es mir nicht leisten, den leise gestellten Anrufbeantworter rangehen zu lassen. Das muss er schon oft genug, wenn ich tatsächlich mit den Hunden unterwegs bin, auf dem Platz stehe oder Hausbesuche mache.

Wenn ich am Schreibtisch sitze und das Telefon klingelt, gehe ich ran.

Und dann startet ein Gespräch, das im besten Fall mit den Worten beginnt: »Guten Tag, wir haben einen kleinen Welpen und wüssten gern, wann bei Ihnen die Welpenspielgruppe stattfindet.« »Im besten Fall« sage ich deswegen, weil ich dann recht problemlos und ohne groß nachzudenken unsere Trainingszeiten, den Ablauf und die Regeln für die Teilnahme mitteilen kann.

Ertönen aus dem Hörer jedoch die Worte »Guten Tag, ich hab mal eine Frage. Und zwar haben wir da ein kleines Problem mit unserem Hund …«, ist klar: An flottes Weiterschreiben ist die nächsten fünfzehn Minuten nicht zu denken.

Denn schließlich ruft hier ein Mensch an, der in großer Not ist. (Leider sind viele Hundebesitzer jenen Menschen sehr ähnlich, die furchtbare Angst vor dem Zahnarzt haben. Sie suchen erst Hilfe, wenn ihr Problem – Loch im Zahn oder um sich beißender Hund – so groß, so heftig geworden ist, dass es ihre Lebensqualität in erheblichem Maß einschränkt.)

In diesem Fall höre ich mir an, wie das unerwünschte Verhalten des Hunds im Allgemeinen aussieht. Und wie es aussah, als es just am Morgen nach etlichen Ankündigungen, die seitens des Menschen leider ignoriert wurden, letztendlich eskalierte.

Ich höre zu, während der Mensch, der seinen Hund sehr liebt, mit stockender Stimme davon spricht, dass er den Hund abgeben muss, wenn sich das Verhalten nicht bessert. Ja, vielleicht muss er den Hund sogar … Hier brechen die meisten ab. Sprechen darüber, wie schwer es ihnen fiele, von ihrem Tier Abschied zu nehmen – und davon, was die Kinder dazu wohl sagen würden. Sprich: Vor mir entrollt sich die gesamte Dramatik einer Familie, die eines ihrer geliebten Mitglieder einfach nicht mehr unter Kontrolle hat.

Jetzt heißt es: Emotionen deckeln! Sachlichkeit raus!

Ich leiste Erste Hilfe, indem ich zu gewissen Sofortmaßnahmen rate, die meist den Schutz von Mensch und Tier beinhalten. Im Erste-Hilfe-Paket steckt außerdem immer eine große Portion Zuversicht, die sehr dankbar angenommen wird. Dann blättere ich hektisch in meinem Terminkalender, der mir zwar sagt, dass in den nächsten zwei Wochen unmöglich noch ein Hausbesuch ins Programm passt, welchen ich dann jedoch mit Schieben und Quetschen und vorausgeahnter Zeitnot doch irgendwann in den nächsten Tagen unterbringe.

Ich versichere dem Hundebesitzer, dass ich mein Bestes tun werde, um ihm und seinem Hund zu helfen. Er versichert mir an dem Kloß im Hals vorbei, wie froh er ist, dass wir uns so bald sehen. Dann legen wir auf.

Und jetzt schreiben Sie bitte mal weiter an einem Roman!

Wäre ich eine Künstlerin, bräche ich jetzt, direkt am Schreibtisch, die Hände vor dem Gesicht, weinend zusammen. Denn der Zauber des Schreibens, der Fluss der Kreativität sind leider verpufft und versiegt. Gestrandet an den alltäglichen Sorgen eines Menschen oder existenzieller Angst um einen Vierbeiner.

Weil ich jedoch keine Künstlerin bin, stehe ich kurz auf, streichle meine Hunde, die mir niemals nie Ärger machen und derentwegen ich auf solch eine Weise nie unglücklich sein muss. Dann hole ich mir aus der Küche eine frische Apfelschorle, setze mich an den Schreibtisch und schreibe weiter.

Fazit des Ganzen: Ich bin Handwerkerin! Und zwar eine professionelle.

Das sage ich auch immer in meinen Schreibworkshops, in denen ich dann im Kreis von acht oder neun Frauen sitze, die alle mehr über das Schreiben lernen möchten.

Kunst kannst du nicht wirklich lehren, ist meine feste Überzeugung.

Kunst ist das Tüpfelchen auf dem i, wenn wir das Handwerk verstehen und uns darin geübt haben.

Dieses Handwerk habe ich bereits in der Grundschule als meines erachtet. Ich habe es in den Teenagerjahren durch Briefe, Tagebuch und unendlich viele begonnene und nie beendete Geschichten geschult. Habe als Erwachsene in Schreibworkshops, VHS-Kursen und Hochschulseminaren zu Filmanalyse und Drehbuchschreiben weiteres Wichtiges erfahren dürfen.

Als ich 2003 meinen ersten eigenen Schreibworkshop im Frauengästehaus Villa Bonheur in der wunderbaren Provence organisierte, ahnte ich noch nicht, was in dieser Woche Schreiburlaub alles geschehen würde.

Ich wusste nur, dass ich schreiben kann und dass ich mich in der Lage sehe – ähnlich wie in der Hundeerziehung –, mein eigenes Wissen anderen zu vermitteln.

Als dann die sieben Frauen dort eintrafen, wurde mir mit einem Schlag klar, was für einen Wahnsinn ich veranstaltet hatte.

Ich hatte sieben sich fremde Frauen aus den Altersklassen von dreiundzwanzig bis sechzig mit den unterschiedlichsten Hintergründen eingeladen, um eine Woche lang miteinander zu schreiben.

Hatte ich denn in den Jahren meiner eigenen Ausbildung zur Romanschriftstellerin nicht gelernt, dass gerade der Beginn des Schreibens immer mit Aufarbeitung eigener Themen zu tun hat? Dass in jeder Zeile Herzblut steckt, das bei noch so sensibler Kritik schmerzhaft zu verströmen droht?

Hatte ich nicht daran gedacht, dass eine gemeinsam verbrachte Woche unter Urlaubsbedingungen, umgeben von der Wärme und den Farben der Provence, unweigerlich ihren Anteil zum Verlauf des Schreibkurses beisteuern würde?

Anfangs dachte ich, mein Versuch würde in einer echten Katastrophe enden.

Ich nahm Sympathien und Antipathien unter den Frauen wahr.

Ihre Texte waren so unterschiedlich wie die Menschen selbst.

Ebenso die Art, feinfühlig und vorsichtig oder schonungslos ehrlich mit den eigenen Texten und denen der anderen umzugehen.

Eigentlich hätte es ein geschichtsträchtiges Gemetzel geben müssen. Ein Desaster, das später in Form eines Splattermovie verfilmt worden wäre. (Titel: *Ich weiß, was du letzten Sommer geschrieben hast!*)

Doch nachdem alle sich zwei Tage lang vergeblich darum bemüht hatten, sich gegen die anderen abzugrenzen, waren wir am dritten Tag plötzlich eine Schreibgruppe.

Kaum zu begreifen, wie das geschehen konnte. Aber mit einem Schlag saßen nicht nur wir acht im Kreis bei unseren Arbeitseinheiten, sondern wir waren sechzehn – denn neben jeder von uns saß noch ihre frisch erfundene Romanfigur.

Ich weiß bis heute nicht, was ich bei diesen Workshops richtig mache. Ich weiß nur: Es gelingt!

Indem wir miteinander schreiben und uns unsere Texte vorlesen, werden aus Fremden Vertraute.

Menschen, die wir nie zuvor gesehen haben, begreifen schneller, was wir sagen wollen, als diejenigen, die wir für diese Woche daheim gelassen haben.

Anhand der Texte wird neu Maß genommen an uns. Und wir selbst können uns neu erschaffen.

Es ist ein unglaublich faszinierender Vorgang, den ich unter der Rubrik Selbsterfahrungswoche verbuchen würde, wären da nicht die Geschichten.

Denn am Ende der Woche sind – sage und SCHREIBE! – auch Geschichten entstanden. Für jede Frau eine.

Die Zahl der geschriebenen Seiten spielt im Verhältnis zur Dichte und Überzeugungskraft dieser Geschichte keine Rolle. Nur die Tatsache, dass die frisch erfundene Figur und ihre ganz eigene Story lebendig geworden sind.

Einen tollen Nebeneffekt hat diese Urlaubswoche, in der wir faszinierende Menschen und uns selbst neu kennenlernen: Das Erlernen von Handwerk zeigt seine Wirkung. Die Texte werden täglich besser.

In den fünf Schreiburlauben, die ich seitdem organisiert und geleitet habe, habe ich eine Menge interessanter Menschen getroffen.

Viele dieser Frauen wären an mir und ich an ihnen gewiss in jeder Szenekneipe und auf jeder Party ohne einen zweiten Blick vorbeigegangen. Doch wenn uns das Schreiben zusammenführt, stellen wir fest, dass Altersgrenzen verschwimmen, dass das Punkmädel der Büroangestellten den entscheidenden Tipp zum Spannungsbogen und die scheinbar schüchterne graue Maus der extrovertierten Doktorin wertvolle Hinweise zum perfekten Aufbau des atmosphärischen Settings geben kann.

Das Schreiben verfügt über den Zauber, uns trotz der darin verankerten, selbst gewählten Einsamkeit mit Menschen zusammenzubringen, die uns nahekommen. Wertvolle Bekanntschaften, aus denen Freundschaften wachsen.

Mein erster Workshop führte mich mit Elena zusammen, einer tollen Frau mit argentinischen Wurzeln jenseits der sechzig, die nicht nur schön schreiben, sondern auch famos kochen kann. Und so wurden alle weiteren bisherigen Schreiburlaube begleitet von einer geschichtenbegeisterten Profiköchin, die aus Liebe zum Schreiben und guten Essen unsere Gäste mit perfekt abgestimmter Gaumenfreude unterstützte.

Eine Geschichte zu erfinden hat auch etwas damit zu tun, möglichst alle Sinne anzusprechen.

Das funktionierte in der farbenprächtigen Provence natürlich besonders gut. Aber auch an der Nordsee, wo wir uns zwischen den Arbeitseinheiten den rauen Seewind um die rauchenden Köpfe pusten lassen, klappt es hervorragend.

Wie sonst wäre zu erklären, dass aus den Schreibworkshops inzwischen auch einige fertige Manuskripte herausgewachsen sind?

Wenn Sie jetzt meinen, dass es tatsächlich nichts Besonderes auf sich hat mit dem Schreiben und dass das wohl jede(r) kann, hat sie oder er nur das Handwerk gelernt, muss ich jedoch verneinen.

Ganz so einfach ist es nicht.

Denn ich hege seit ein paar Jahren eine Vermutung. Dass nämlich das, was manche Menschen an meinen Büchern als »Kunst« bezeichnen, in Wirklichkeit etwas ganz anderes ist: Liebe.

Denn egal, wie gut du Stilmittel, Beschreibung von Atmosphäre, Dialogführung und Cliffhanger beherrschst, wenn du ohne Gefühl eine Geschichte erfindest, dann wird sie nie leben.

Ich liebe. Und habe es immer getan.

Ich liebe das Schreiben als solches. Den kreativen Prozess des Erfindens, Ausdenkens, Organisierens, Pläneschmiedens. Wie herrlich, wenn ich selbst – gleich einer Göttin – Wesen und ganze Leben entwerfen kann. Ich nehme zwar keine Tonerde, mir reichen mein Computer und mein Laserdrucker. Aber ich hauche Leben in etwas, das es ohne mich nicht gäbe. Ist das nicht phantastisch?

Ich liebe auch meine Figuren, die ich zum Leben erwecke. Ihre kleinen Ticks, ihre Spleenigkeit, ihre Individualität, ihre Herzenswärme und Liebenswürdigkeit. Sie sind meine Freundinnen und Weggefährtinnen für ein paar Monate, manchmal für Jahre.

Am Ende eines Buchs bedaure ich immer, wenn ich von ihnen Abschied nehmen muss.

Genau dieses Bedauern sehe ich auch in den Mienen vor mir im Publikum, wenn ich irgendwann – meist etwa nach einer Stunde des Vorlesens – das Buch zuklappe und mit den Worten »Und hier schließe ich mal für heute« aufschaue.

Wenn ich am Ende der Lesung auf diese Art und Weise aus meiner Geschichte auftauche, sind da immer noch die gleichen Gesichter, in die ich schaute, als ich zu lesen begann.

Und doch. Sie wirken verändert.

Haben sie vor über einer Stunde noch die Spuren des eigenen Tags gezeigt – Ärger mit dem Chef, zu viel Hetze mit Einkauf und Putzen, ein nur langsam abheilender Liebeskummer, Zahnschmerzen –, so blicke ich nun in Bruchstücke meines eigenen Lebens.

Was in meinen Büchern steht, kommt aus mir.

Wenn ich es vorlese, ist es das Persönlichste, was ich in der Öffentlichkeit tun kann. (Na ja, oder tun will …)

Ein paar Sekunden lang sitzen wir alle da und lauschen meiner Stimme nach, die noch im Raum hängt.

Die Figuren, die ich irgendwann einmal erfunden habe und die ich durch mein Vorlesen auf der Bühne des heutigen Abends lebendig werden ließ, die gerade noch mitten unter uns saßen, mal hierhin, mal dorthin gingen, verblassen mit jedem Atemzug ein wenig mehr, werden durchsichtig wie Nebel, schlendern durch die Stuhlreihen davon, verschwinden.

Der kleine Zauber, den ich durch Lesungen zu bewirken verstehe, verfliegt und lässt uns alle ein wenig betäubt zurück.

Wenn ich selbst im Publikum säße, fiele es mir auch schwer. Jetzt eine Frage zu stellen.

Trotzdem biete ich es den Menschen an, die mir zugehört haben.

»Ihr könnt alles fragen, was euch in den Sinn kommt«, sage ich, natürlich mit dem dazu passenden verschmitzten Grinsen. »Ob ich die Fragen beantworte, entscheide ich dann.«

Daraufhin wird wohlwollend gelacht.

Wir schütteln uns leicht, lösen die letzten Fetzen, die uns noch mit der eben gehörten Geschichte verbinden, und sortieren unsere Gedanken.

Was könntest du eine Autorin fragen?

Das ratlose Schauen und verlegene Schweigen hier in München kenne ich aus vielen anderen Städten.

»Wann hast du mit dem Schreiben begonnen?«, fragt als Erste eine Mutige ganz hinten laut über die Köpfe der anderen hinweg.

Ich erzähle von mir als Grundschulkind und den Lieblingsaufsätzen. Ich erzähle von mir als Teenager und den ersten Texten, die wirklich unter die Haut gingen. Ich erzähle von der Zeit, als ich für ein paar Jahre meine Sprache verlor und das Schreiben als ein Mittel entdeckte, um mich auszudrücken, mich mitzuteilen, mich selbst zu retten.

»Wie lange brauchst du für so ein Buch?«, will eine andere wissen.

»So lange, wie das Geld reicht …« (Unsichere Lacher, denn sie wissen nicht, ob ich das ernst meine.) »Nein, im Ernst: Meistens ist es ein halbes Jahr etwa. An einem Buch habe ich mal zwei Jahre geschrieben – aber zwischendrin habe ich auch noch ein Jugendbuch geschrieben.«

Es gibt Fragen danach, ob ich mit der Hand schreibe oder ob ich sofort am Computer arbeite. Natürlich Letzteres. Ich führe ein Hundeschulunternehmen, muss täglich etliche Anrufe entgegennehmen, meine Kolleginnen über Neuzugänge informieren, Kurse logistisch betreuen, selbst Unterricht geben, Hausbesuche bei schwierigen Fällen machen, Fortbildungen besuchen, meine eigenen Hunde bewegen und mit ihnen arbeiten, essen, schlafen, eine Beziehung und mehrere Freundschaften pflegen UND nebenbei in sechs Monaten ein dreihundertfünfzig Seiten starkes Manuskript konzipieren und niederschreiben. Das kann ich einfach nicht handschriftlich erledigen.

Obwohl ich natürlich weiß, dass es einen Unterschied macht. Es macht tatsächlich einen Unterschied, ob ich einen Text mit dem Pelikan-Kolbenfüller oder auf meiner schnurlosen Tastatur schreibe. Ich hätte gern einmal so viel Zeit, um einen kompletten Roman mit der Hand zu schreiben. Und dann zu schauen, inwiefern er sich von den anderen unterscheidet.

Auch in München gibt es Fragen, die so gut wie immer gefragt werden, und solche, die eher ungewöhnlich sind.

Eine Frau möchte wissen: »War es schwer, das erste Buch an den Verlag zu bringen?«

Und eine Vorwitzige, die glaubt, die Antwort bereits zu kennen, wirft noch rasch hinterher: »Hat Ihnen Ihr Name bei der Veröffentlichung geholfen?«

Vorsichtshalber siezt sie mich. Denn schließlich schwingt in ihrer Frage eine nicht zu überhörende Unterstellung mit. Und berechtigterweise nimmt sie an, dass ich diese Frage nicht gern höre.

Trotzdem erzähle ich den Neugierigen vor mir, wie sich das verhielt, damals.

Diese wahre Geschichte geht nämlich so: Als mein erster Roman, *Welche Farbe auch immer*, bei dem kleinen Lesbenverlag in Berlin angenommen wurde, schwebte ich auf Wolke sieben. So was kann nur verstehen, wer selbst schreibt und in seinem Herzen den sehnlichsten Wunsch hegt, ein Buch zu veröffentlichen – und zwar seit sie oder er denken kann.

Ich war also so ziemlich die glücklichste Frau Deutschlands, hörte mit Begeisterung von den ersten Vorbestellungen per Buchhändler und konnte mich nicht sattsehen an den Postkarten, die das Cover meines allerersten Buches zeigten.

Doch dann. Kam ja die Pleite. Der Verlag verschwand in wenigen Wochen von der Bühne, mein Roman mit ihm. So kurz vor der Veröffentlichung! So kurz vor dem Ziel!

Kein anderer Lesben- beziehungsweise Lesben-und-Schwulen-Verlag wollte meinen Erstling haben. Dabei wusste ich doch genau, dass er es wert war! Ich wusste es so genau, wie es tausend andere Autorinnen und Autoren jedes Jahr wissen – und trotzdem nicht verlegt werden.

Dann geschah die Sache mit der Ausschreibung des Lübbe Verlags, und alles wendete sich zum Guten.

Eine Weile war meine Freude über den Erstling davon getrübt, dass ich ihn so gern in homosexuellen Händen hätte groß werden sehen. Doch mit der Zeit gewöhnte ich mich an den Gedanken, bei einem der etablierten Verlage eben nur ein kleines Licht zu sein. Und ich entdeckte Vorteile, die so ein großes Verlagshaus zu bieten hat: Mein Buch war günstig zu erstehen. Einen so guten Preis hätte ein kleiner Verlag den interessierten KäuferInnen nicht bieten können. Außerdem hatte das Buch ein Format, das auch in die kleinen Regale der Bahnhofsbuchhandlungen passt, und war demnach nicht nur in den großen Buchhandlungen, sondern auch dort vertreten.

Nur der Titel, der musste geändert werden – so wollte es das Lektorat. Wir entschieden uns gemeinsam für *Ada sucht Eva.*

Ich war entzückt über das Cover. Ein gemaltes Frauengesicht, das mit zuckersüßem Augenaufschlag zu einem verlockend roten Apfel blickt. Das passte wie die Faust aufs Auge!

Als das Buch Ende 1998 endlich erschien, lud mich das Verlagshaus – das heißt, eine kleine Abordnung von Damen aus Lektorat und Presseabteilung – zwecks Kennenlernen zu einem gemeinsamen Mittagessen ein.

Ich war neunundzwanzig Jahre alt und kam mir sehr wichtig vor, als ich das Verlagshaus gezeigt bekam und allen wichtigen Leuten vorgestellt wurde.

Beim Essen herrschte aufgeräumte Stimmung, und wir machten uns gemeinsam Gedanken darüber, wie wir meinen kleinen Erstling am besten vermarkten sollten.

Ich versprach, alle meine Kontakte zur Szene zu aktivieren und selbstverständlich für Lesungen bereitzustehen.

Eine der Pressedamen betrachtete kritisch das Wiener Schnitzel auf ihrem Teller und seufzte auf die tadellose Panade: »Schade, dass Sie nicht mit diesem Bundespolitiker verwandt sind … Daraus könnten wir natürlich eine Menge machen.«

Ich zögerte.

Blitzartig schossen Bilder aus meiner Schulzeit heran.

Im Politikunterricht: »Mirjam, das müsstest DU doch wissen …«

In der großen Schulpause, am Montagmorgen nach einer Wahl: »Na, habt IHR mal wieder verloren?!«

Auf einem Stadtteilfest: »Toller Mann, dein Papa, Kleine, toller Mann, aber sein Schal hat die falsche Farbe … harr harr harr.«

Andererseits stand mein erstes Buch kurz vor der Veröffentlichung. Und ich hatte vor, noch ein weiteres rauszubringen. Und dann noch eins und dann noch eins.

Wäre das aber möglich, wenn das erste nicht einschlug? Würde mein Verlag das zweite Buch überhaupt in Erwägung ziehen, wenn das erste nicht der absolute Hammer würde?

Ich will nicht behaupten, dass ich alle diese Überlegungen tatsächlich in den wenigen Sekunden anstellte, die zwischen dem Pressedamenseufzen und meiner Antwort lagen.

Aber ich bin sicher, dass sie irgendwo in meinem Bauch und Kopf abgespeichert waren – bereit für diese eine, besondere Situation, in der alles von einer einzigen Entscheidung abhing.

Ich hob also den Kopf und sagte: »Aber Franz Müntefering ist mein Vater.«

Zuerst wurde es sehr still am Tisch.

Dann machte es *klirr*, weil eine Gabel aus einer Hand gerutscht und gegen den Teller geschlagen war.

Dann brach ein Stimmengewirr aus. Und mir war klar, dass mein Besuch im Verlag etwas länger dauern würde als geplant.

Es gab eine Pressemitteilung. Daraufhin erschien besagter winziger Artikel in der *Marie Claire*. Alles Weitere ist bekannt.

Bei all dem Trubel hatte ich zwischendurch immer mal wieder ein ungutes Gefühl.

Ich wollte doch, dass mein Buch um seiner selbst willen gekauft, gelesen, gemocht wurde. Und nicht weil ich Tochter war.

Doch plötzlich ließ sich das nicht mehr trennen.

Hin und her gerissen zwischen dem Wunsch, ganz ohne »großen Namen« einen Durchbruch zu schaffen, und der Notwendigkeit, für mein erstes Buch so gut wie möglich zu werben, traf ich einen Entschluss.

Ich baute darauf, dass manche Menschen sich meinen ersten Roman eben kaufen würden, um zu sehen, ob »die Tochter von …« denn schreiben könne. Dass dieselben Menschen dann aber meinen zweiten Roman kaufen würden, weil ihnen der erste so gut gefallen hatte.

Dies war mein Plan.

Dass der Bastei Lübbe Verlag, der *Ada sucht Eva* herausbrachte, dann mein zweites Manuskript ablehnte, hatte einen profanen Grund: Die beiden Protagonistinnen darin waren erst sechzehn Jahre alt. Das Lektorat stufte *Flug ins Apricot* als Jugendbuch ein. Und hierfür gab es beim Verlag keine Zielgruppe. Die Geschichte passte nicht ins Programm.

So was war ich ja schon gewohnt. Irgendwie »nicht ins Programm« zu passen.

Also krempelte ich die Ärmel hoch und begab mich erneut auf die Suche nach einem veröffentlichungswilligen Verlagshaus.

Ich fand es in einem kleinen Wiener Frauenbuchverlag.

Das Ganze war mir sympathisch, da es eine Art Kommune zu sein schien.

Die Frauen dort hatten den Anspruch, gute Literatur für Frauen zu verlegen, und schreckten nicht davor zurück, dass es sich hierbei auch um sehr junge Frauen handeln konnte.

Sie brachten im Jahr 1999 also meinen zweiten Roman *Flug ins Apricot* heraus. Später sollte dort auch die Fortsetzung der Geschichte rund um Franziska und Alex erscheinen: *Apricot im Herzen.*

Wiederum etwas später erschienen beide Bände in der Lizenzausgabe beim Piper Verlag.

Diese beiden Bücher wurden zu echten Klassikern. Noch heute

bekomme ich viele E-Mails von jungen, aber auch von älteren Frauen, die mir schreiben, wie berührt sie von dieser zarten und aufwühlenden Liebesgeschichte sind.

So gern ich den damaligen Frauen des kleinen Wiener Verlags das auch zutrauen würde – ich vermute wohl nicht zu Unrecht, dass sie damals eine Menge mit ihrer eigenen, seltsam rechtslastigen Politik zu tun hatten und daher diesen einen gewissen Verkehrsminister im deutschen Bundeskabinett (der den gleichen Nachnamen trug wie ich) nicht unbedingt kannten.

So habe ich heute die Gewissheit, dass meine ersten beiden Romane in Verlagen veröffentlicht wurden, die im Moment des Vertragsabschlusses keinen blassen Schimmer davon hatten, dass sie gerade eine Politikertochter verpflichten.

Und auf einer Lesung diese Geschichte als Antwort auf obige Frage zu erzählen bereitet mir jedes Mal eine ordentliche Portion Genugtuung.

Vor allem weil die darauf folgenden fünfzehn Bücher ein deutliches Zeichen dafür setzen, dass meine ersten beiden Bücher wohl tatsächlich gefallen haben.

Wenn ich mir das vor Augen führe, bin ich jedes Mal so erleichtert, dass ich regelrecht strahle.

Manchmal werden mir auf Lesungen auch Fragen gestellt, die viel mit dem jeweiligen Buch zu tun haben, aus dem ich gerade gelesen habe.

Gibt in einer Geschichte eine Protagonistin eine Kontaktanzeige auf, lautet die Frage:»Hast du schon mal selbst auf eine Kontaktanzeige geantwortet?«

Darauf ich: »Ja …« Ich schaue genauer hin, mustere die Fragende ganz genau, dann, mit einem Aufleuchten in meinem Gesicht: »Hey, wow! DU bist das! Jetzt erkenn ich dich erst. Hättest mal ruhig ein schärferes Foto mitschicken sollen!«

Bemühen sich meine Protagonistinnen im Buch um ein gemeinsames Baby, will natürlich eine aus dem Publikum wissen: »Wie sieht dein eigener Kinderwunsch aus?«

Und ich erwidere: »Oh, keine Ahnung. Ich hab ihn noch nie zu Gesicht bekommen.«

Solche Fragen, die sich auf das Thema des Buches beziehen, liegen natürlich nahe. Aber die Art und Weise, wie sie gestellt werden, erweckt bei mir oft den Eindruck, als stehe dahinter eine gewisse Erwartung.

Vielleicht, so mutmaße ich, verschwimmen bei den LeserInnen und ZuhörerInnen manchmal einfach die Grenzen zwischen Autorin und Protagonistin.

Ein Risiko, das wir als Schreibende eingehen, wenn wir eine ICH-Erzählerin als Protagonistin wählen.

Auf einer Lesung – ausgerechnet in meinem Heimatort Sundern im Sauerland, bei der meine Mutter auch noch im Publikum saß! – fragte einmal eine Frau: »Wie steht denn eigentlich Ihre Mutter heute zu Ihrem Lesbischsein? Ich meine, Sie haben doch gerade vorgelesen, dass Ihre Mutter Ihnen eine Postkarte geschickt hat, auf der stand, dass Sie hoffentlich bald einen netten jungen Mann kennenlernen. Das fand ich ziemlich ignorant von ihr.«

Das Mitgefühl dieser Zuhörerin in Ehren, musste ich doch klarstellen, dass es sich bei dieser erwähnten Mutter keineswegs um MEINE Mutter handle, sondern um die der Protagonistin, die in der Tat ignorant genannt werden könne.

Die weitere Beantwortung der Frage überließ ich der angesprochenen Renate, die sich auf ihrem Sitz umdrehte und zwischen Lachen und Empörung erklärte, dass sie mich genau so liebe, wie es nun mal einer von zwei Töchtern gebühre, nämlich unermesslich, und vor Stolz auf mich, meine Arbeit und mein Leben beinahe platze. Jawoll.

Publikumsfragen wie diese weisen allesamt in eine Richtung, deren mannigfaltige Beantwortung ich kurz zusammenfassen kann:

Meine Romane sind nicht autobiografisch. Aber sie sind emotionalautobiografisch.

Was bedeutet, dass ein Stückchen von mir in jeder meiner Figuren steckt. Ihre Gefühle sind die, die ich schon einmal gefühlt habe. Ihre Blickwinkel sind die, die ich kenne.

Was mir fremd ist, darüber kann ich nicht schreiben, weil es eine Geschichte ohne Herz wäre.

Tatsache ist jedoch: Die Geschichten selbst sind alle erfunden.

Keine einzige entspricht einer wirklichen Begebenheit. Und dennoch sind sie alle wahr.

Ein Paradoxon? Das kann nur finden, wer selbst nicht liest.

Besonders interessant wird es, wenn ich Lesungen an Schulen halte.

Die Kinder trauen sich nämlich – mit einem verlegenen Grinsen zwar, aber die Neugierde ist doch zu groß –, Dinge zu fragen, die die Erwachsenen höflicherweise lieber nur mutmaßen.

»Sind Sie eigentlich reich?«, heißt es da zum Beispiel.

Die Frage kommt auf, weil Joanne K. Rowling dank ihres großartigen Harry mittlerweile zu einer der reichsten Frauen der Welt geworden ist.

Jedes Mal, wenn mir diese Frage von einer Zehnjährigen gestellt wird, rührt mich der Gedanke, dass dieses Kind davon ausgeht, ich selbst täte als Milliardärin an diesem Vormittag nichts lieber, als vor sechzig mit großen Augen lauschenden präpubertären Jungs und Mädels aus meinem spannenden Kinderkrimi *Grubenhunde* vorzulesen.

Dann erkläre ich ihnen in kindgerechten Happen, was ein Nettoladenpreis ist.

Und ich rechne ihnen mal schnell aus, wie viel etwa sechs Prozent vom Nettoladenpreis eines Buches sind. Dann überschlage ich grob, wie viele Bücher ich verkaufen muss, um von so einem Buch ein paar Monate lang leben zu können.

Und in null Komma nichts habe ich ein paar junge Schreibtalente, die eigentlich Schriftstellerinnen und Schriftsteller werden wollten, desillusioniert, und sie beschließen, doch lieber die Beamtenlaufbahn anzustreben. Ein Gesinnungswandel, für den mir ihre Eltern bestimmt dankbar sind.

Hin und wieder passieren auch mir Dinge, die sonst nur den echten Literaten Deutschlands vorbehalten sind: Meine Texte werden analysiert. Sie werden nicht nur im Schulunterricht durchgenommen, sondern gelegentlich tatsächlich auch in Uniseminaren referiert oder tauchen in Diplomarbeiten auf.

Wenn ich darüber nachdenke, erstarre ich jedes Mal selbst vor lauter Ehrfurcht.

Als ich an einem Bild- und Essayband eines Literaturbüros beteiligt war, in dem es um geschichtsträchtige Orte in NRW ging, erklärte ich mich selbstredend auch zu einer Lesung bereit. Diese fand statt im angemessenen Rahmen einer öffentlichen Bücherei. Das Publikum bestand zu einem großen Prozentsatz aus distinguierten Herrschaften mit würdevollen Gesichtern, die gehobene Literatur unbedingt der schlichten Geschichte vorziehen und sich gern hin und wieder einen guten Essay über Kapellen im Sauerland oder Bergarbeitersiedlungen in Gelsenkirchen reinziehen.

Die Lesung wurde moderiert von einem offensichtlich literaturbegeisterten promovierten Deutschlehrer, der sich im Vorfeld bereits eine Menge Gedanken zu den vorzutragenden Texten gemacht hatte.

Dies stellte sich jedenfalls so dar, als ich mit meiner kurzen Lesung geendet hatte.

In meinem Text kamen an verschiedenen Stellen blaue Wegweiserpfeile vor, die den Geschichtsinteressierten beim Spaziergang durch die beschriebene Siedlung den rechten Weg zu den entsprechenden Informationstafeln weisen sollten.

Auf diese Pfeile hatte es unser Dr. Moderator abgesehen, als er sich eifrig an mich wandte und mich aufforderte: »Sehen Sie sich bitte mal hier im Raum um. Sehen Sie hier ein Blau, das vielleicht dem Blau der beschriebenen Pfeile entspricht?«

Ich sah mich verwirrt um und schüttelte dann den Kopf. Es gab das eine oder andere Blau im Raum, aber keines erinnerte mich an das Blau, auf das ich beim essayinspirierenden Gang durch besagte Siedlung wiederholt gestoßen war. Und nicht nur das: Ich wusste auch nicht, wohin diese Frage uns führen sollte.

Unser Moderator fuhr emphatisch fort: »Ich habe nämlich beim Lesen Ihres Essays gedacht: Kann es nicht sein, dachte ich, kann es nicht sein, dass Sie mit den blauen Pfeilen, die Sie im Text mehrfach erwähnen, dass Sie damit die blaue Blume der Romantik meinen?«

Ich saß für einen Augenblick sprachlos da und starrte ihn an.

Der Begriff der blauen Blume der Romantik war mir nicht fremd. Schließlich hatte ich Deutsch-Leistung belegt und an der Uni im Nebenfach Germanistik studiert.

Ich war auch geradezu gerührt, dass er mir eine derartige metaphorische Leistung zutraute. Doch die Wahrheit war nun mal eine andere, und die sagte ich dann auch, recht nüchtern: »Nein. Die Pfeile waren einfach blau.«

Hinten im Publikum, wo einige versprengte Lesben saßen, wurde verhalten gekichert.

Dieses Erlebnis ließ mich einen neuen Blickwinkel gewinnen auf unsere in Deutschland so verbissen betriebene Textanalyse, in der wir uns gern zu den wahnwitzigsten Theorien zur Intention der Autorin / des Autors versteigen. Schlimmer noch als unser Wahn, jeden noch so kleinen Text in seine Bestandteile zerlegen zu wollen, ist jedoch die Gewissheit: Texte, die einer solchen mutwilligen Zerstückelung nicht standhalten, denen wir keine wie auch immer geartete hoch intellektuelle Intention unterstellen können (egal, ob die Autorin / der Autor es ursprünglich so gemeint hat oder nicht), werden in Deutschland niemals Literaturpreise erhalten.

Das ist eine unumstößliche Tatsache.

In Amerika liegt die Sache ein bisschen anders. Und obwohl ich weit davon entfernt bin, sämtliche importierten US-Schlager zu bejubeln, frage ich mich doch, ob die Amis in dieser einen Hinsicht nicht auch mal einen Denkanstoß geben könnten.

Eine meiner Lieblingsautorinnen, Marge Piercy, in Deutschland nur einer kleinen Fangemeinde bekannt, durfte sich in den Staaten an etlichen Preisen zu ihren Büchern erfreuen. Und zwar zu Recht. Ihrem faszinierenden Romanwälzer *Menschen im Krieg* merkt die Leserin / der Leser die zwölf Jahre akribische Recherchearbeit an. Aber nicht deshalb, weil mit für die Geschichte unwichtigen Fakten herumgeworfen wird. Statt dieser üblichen »Methode« der »gut recherchierten« Bücher hat Marge Piercy es geschafft, aus zahllosen Biografien und Briefen von Soldaten oder Daheimgebliebenen und Dokumentationen zum Kriegsgeschehen eine packende Story zu machen, die die Leserin von Anfang an fest im Griff hat. Sie erzählt eine fesselnde Geschichte mit gleich mehreren Handlungsbogen und lebensechten ProtagonistInnen. Ein echter Traum für eine Autorin. Und in Deutschland weitgehend unbekannt. Weil dieses Buch Geschichten erzählt.

In unserem Land können wir uns also nicht darauf verlassen, dass uns die Literaturpreise zu Geschichten führen, mit denen wir uns wohlig grunzend auf dem Sofa niederlassen wollen. (Ausgenommen seien hier die Kinder- und Jugendbücher! Denn bei denen stehen auch in Sachen Preisverleihungen tatsächlich die Geschichten im Mittelpunkt des Interesses.)

Ich bin sicher, dass ich für meine Bücher nie irgendwelche Literaturpreise erhalten werde. Und wenn ich daran denke, wie ich selbst in der Buchhandlung mit spitzen Fingern und einer gehörigen Portion Misstrauen (genährt durch jede Menge schlechte Erfahrung mit dieser Spezies) jene Neuerscheinungen in die Hand nehme, die durch kleine Aufkleber darauf hinweisen, irgendwo von irgendwem ausgezeichnet worden zu sein, empfinde ich diesbezüglich auch kein Bedauern.

Ich werde nie für KritikerInnen schreiben.

Und deswegen gibt es für mich auch nur eine Möglichkeit, den Wert dessen zu erkennen, was mir aus der Feder … na ja, eher aus der Tastatur fließt:

Sie treffen beinahe täglich ein. Die Zuschriften per E-Mail, die mich über meine Homepage erreichen.

Das Tolle daran ist, dass sich nur diejenigen die Mühe machen, mir zu schreiben, die mir etwas Schönes sagen wollen.

Deswegen erfüllt mich schon allein die Betreffzeile *Feedback* in meinem E-Mail-Postkasten, die besagt, dass eine Nachricht über meine Website an mich verschickt wurde, mit jäh aufglühender Herzenswärme.

Die E-Mails drücken auf viele verschiedene Arten aus, was meine Bücher den AbsenderInnen wert sind.

So was funktioniert sogar in einer einzigen Zeile.

In der mir zum Beispiel Sylke aus Essen schreibt: *Auf diesem Wege wollte ich Dir schreiben, wie supermegastark Deine Bücher sind. Genial! Weiter so!*

Oder in sehr vielen Zeilen. Die ich hier jedoch nicht zitiere, weil es wie Selbstbeweihräucherung wirken würde. Die ich jedoch selbstredend gern lese, weil es einfach guttut, mal etwas so Schönes zu lesen über etwas, das ich geschrieben habe.

Einige Frauen schreiben aber nicht nur zu meinen Büchern, sondern sie erzählen sogar selbst eine kleine Geschichte. So wie Inga: *Ich wollte Ihnen einfach mal Fanpost schreiben und Ihnen für die vielen schönen, spannenden, interessanten und auch kribbeligen Lesestunden danken, in denen ich, wie Sie selbst auch erhofften (stand auf Ihrer Internetseite), Teewasser und alles Weitere um mich herum vergessen konnte. Mein erstes Buch von Ihnen war* Ada sucht Eva. *Ich kann mich noch genau daran erinnern, wie ich mit ca. 25 Jahren das erste Mal in einer Frauenbuchhandlung stand, als Zugezogene mitten im hoch konservativen Stuttgart, und aufgeregt und mit schwitzigen Händen nach diesem Buch griff. Ich hatte mir zu diesem Zeitpunkt so sehr ein dunkles Kellerloch ohne Fenster gewünscht, um bloß nicht von den Leuten, die an dem Schaufenster vorbeizogen, gesehen oder – noch schlimmer – erkannt zu werden.*

Wahnsinn!

Da entsteht doch gleich ein Film im Kopf! Ich könnte augenblicklich losschreiben und aus dieser Situation heraus eine ganze Geschichte spinnen.

Ich frage mich, ob Frauen, die auf solche Art den Kauf ihres ersten Lesbenbuchs beschreiben können, nicht auch selbst schreiben. Es wäre schade, wenn sie es nicht täten, oder?

Mir schreiben aber nicht nur Leserinnen, die selbst schreiben könnten, sondern sogar auch Lesemuffel auf eine Art und Weise, die nur als Kompliment zu verstehen ist. So nämlich Katharina: *Ich wollte mich noch mal kurz zu Deinem Roman* Unversehrt *äußern, der für mich sehr wenig Lesende ein absoluter Hochgenuss war und ich mit den Protagonisten gelebt habe während und nach dem Lesen.*

Manchmal geht es nicht nur um meine Bücher, sondern auch um das lesbische Leben, das darin immer wieder vorkommt – direkt im Mittelpunkt der Handlung oder zumindest am Rande.

Dann erhalte ich bewegende Zuschriften wie zum Beispiel die von Simone: *Keine Ahnung, warum ich das schreibe, aber seit einiger Zeit versteh ich eigentlich gar nichts mehr und die Bücher »so gut wie alle« (welche ich in 3 Tagen – 4 Stück – einfach verschlungen habe und mich verdammt wohlgefühlt habe und außerdem noch das Bedürfnis habe, nicht nur zu lesen, sondern eine von »ihnen« zu sein). Weiß net, ob mich das alles wirklich in die richtige Richtung lenkt oder ob ich nur eine von denen bin, die einfach nur neugierig sind – aber ich kann aus den Geschichten so viel entnehmen, was mich ebenfalls beschäftigt und interessiert und was ich so wahnsinnig faszinierend finde.*

Ich lese diese Zeilen und bin jedes Mal aufs Neue berührt. Davon, dass meine Worte, die von mir erdachten Geschichten in der Lage sind, Menschen derart zu fesseln, zu bewegen und auch zum Nachdenken über sich selbst anzuregen. Davon, dass meine Bücher diese Menschen letztendlich dazu veranlassen, diesen Gefühlen Ausdruck zu verleihen, indem sie einen kleinen Brief an die Autorin verfassen und ihn per E-Mail verschicken. Mit der bangen Hoffnung, die Autorin möge antworten.

Und das tut die echt!

Ich beantworte alle E-Mails, die über meine Homepage eingehen.

Manchmal kann es ein paar Wochen dauern. Aber ich habe das ehrgeizige Ziel, jeder Leserin und jedem Leser, die sich die Mühe gemacht haben, mir Schönes zu meinen Büchern zu schreiben, ebenso ein paar Zeilen zu senden, in denen ich mich für die Freude bedanke, die sie mir bereitet haben.

Diese besondere Freude kann ich sonst nur bei Lesungen empfangen. Und heute wird sie mir wieder in großem Maße bereitet.

Es ist toll, in Buchläden zu lesen.

Es ist toll, in Frauenbuchläden zu lesen.

Es ist toll, in München zu lesen.

Und in München gefragt zu werden.

»Sind die Figuren rein erfunden?« – »Jein …«

»Wie konzipierst du so ein Buch?« – »Mit einem Zettel, auf dem an einer langen Linie alle wichtigen Stationen aufgeschrieben sind, wie Haltestellen auf dem U-Bahn-Plan. Ich schreibe mich aber nicht von Haltestelle zu Haltestelle, sondern springe auch hin und her. Am Ende verknüpfe ich alles miteinander wie bei einem Flickenteppich.«

»Schreibst du immer, oder kennst du Phasen, in denen dich keine Geschichte beschäftigt?« – »Mich hat immer eine Geschichte beschäftigt. Eigentlich so lange ich denken kann.«

Auch Kirsten und Vera lassen sich von der allgemeinen Neugierde mitreißen. Aus dem Augenwinkel bekomme ich mit, wie Vera wiederholt durch leichtes Anstoßen und eifriges Zusprechen Kirsten dazu zu bringen versucht, eine bestimmte Frage zu stellen. Die interessiert mich natürlich brennend, und als Vera schließlich selbst die Hand hebt, nicke ich ihr sofort zu.

Sie räuspert sich kurz, um sicher zu sein, dass sie auch die gesamte Aufmerksamkeit im Raum besitzt – nicht nur meine, sondern auch die des restlichen Publikums. Ich wette, Vera ist es gewohnt, sich eine Bühne zu suchen.

»Welche Bücher liest du selbst gern?«, fragt sie dann und lässt sich mit einem charmanten Lächeln gegen die Stuhllehne sinken.

Ich sehe Kirsten an. Sie erwidert meinen Blick, wie ein Kaninchen eine Schlange anschauen würde.

Klar, dass sie diejenige ist, die das eigentlich wissen möchte.

Eine Leseratte, die wissen will, was ihr Autorinnenidol selbst liest. Warum? Will sie mir nacheifern? Will sie selbst lesen, was ich gern lese? Um zu erfahren, in welche Welten ich abzutauchen liebe? Oder will sie einfach bestätigt haben, dass wir den gleichen Geschmack besitzen, falls ich Bücher nennen werde, die sie selbst gern gelesen hat?

Sammy sieht auch zu Kirsten hinüber.

Ich kann mir vorstellen, was sie sieht. Aber ich weiß, dass sie sich irrt. Sie sieht in Kirsten etwas, das die nicht ist. Und das sie wohl auch nie sein wird.

»Ich kenne keine Regeln, was meine eigenen Vorlieben für Bücher angeht«, antworte ich und sehe dabei von Kirsten zu Vera zu Sammy. Nach dieser Einführung habe ich die Möglichkeit, die Frage ganz kurz und knapp zu beantworten oder aber mir etwas Zeit zu lassen und damit viel mehr zu sagen. Ich entscheide mich für Letzteres. »Ich lese, was mir auffällt, manchmal auch das, was andere mir empfehlen – wenn sie es gut genug empfehlen. Buchhandlungen ziehen mich magisch an. Ich muss mir ständig vorstellen, dass dort viele Hunderte Geschichten in den Regalen stehen und nur darauf warten, von mir entdeckt zu werden. Ich suche sie aus nach dem Titel, nach dem Cover, nach dem, was das Lektorat sich als Klappentext ausgedacht hat. So anders bin ich da nicht als ihr.

Es gibt natürlich bestimmte Autorinnen, die ich besonders mag und deren Bücher mich anziehen. Marge Piercy, Jeannette Winterson, Sarah Schulman, Jane Austen, um nur ein paar zu nennen. Ich lese frisch erschienene Bestseller und alte, unbekannte Romane. Und ich lese Kinder- und Jugendbücher sehr gern, weil sie so wenig künstlich sind. Kinder, insgesamt junge Menschen, lassen sich nicht in die Irre leiten durch anspruchsvolle Sprache oder mühselig an den Haaren herbeigezogene Stilmittel. Sie reagieren auf spannende, mitreißende, berührende Geschichten. Wie ich auch. Deswegen mag ich viele der Bücher, die für junge Menschen geschrieben sind, und schreibe sie auch selbst gern. Ich liebe Harry, Hermine und Ron, weil sie die besten Freunde unter der Sonne sind. Ich liebe Zauberzunge Mo und seine Tochter Meggie. Aber auch Anne, George, Julius und Dick mit Timmi. Momo, Bastian und Atréju, die kleine Hexe, den ausgebrochenen Löwen, Dolly, Pippi Langstrumpf und alle, alle, die mir meine Kindheit versüßt haben.«

Ja, das war eine ausführliche Antwort.

Und ich stelle fest, dass meine Zuhörerinnen verstehen. In diversen Augenpaaren sehe ich es bei dem einen oder anderen Namen aufblitzen, den ich erwähne. Kirsten hängt an meinen Lippen, als verläse ich hier vorn den neuen Apostelbrief.

Niedlich. Mit ihren geröteten Wangen und dem scheuen Blick sieht sie genauso aus, wie sie aussehen muss, damit eine wie Sammy ihr alles, aber auch alles verzeiht.

Sammy sieht zu Kirsten hinüber, und ihre Miene ist ebenso verklärt wie die ihrer Freundin. Aber nicht deshalb, weil sie der Zauber der geschriebenen Geschichten gefangen hält. Es ist wohl eher der Zauber der herbeigesehnten Berührungen.

Vera, die durch ihren Einsatz, Kirstens Frage an mich zu formulieren, diesen Dominoeffekt in Bewegung gesetzt hat, hängt ganz hinten an der Reaktionskette dran.

Ihre Blicke wandern zwischen Kirsten und Sammy und mir hin und her.

Als ich nichts weiter sage, sondern nur fasziniert starre, fragt eine andere Frau: »Woher nimmst du eigentlich die ganzen Ideen zu deinen Büchern?«

Wenn ihr wüsstet, denke ich, was hier gerade mitten unter euch geschieht. Ein Drama erster Güte.

Eine junge Frau liebt eine andere. Die wird jedoch von einer dritten ebenso begehrt. Die erste und die dritte geraten in Konkurrenz, während sich die Begehrte scheinbar zurückhält. Sie wiederum hat ein Faible für eine Person aus der Öffentlichkeit. Die ihrerseits eine erst kurze, aber durchaus vielversprechende Bekanntschaft mit Frau Nummer eins verbindet.

Wer bitte will da noch wissen, woher ich meine Ideen nehme? Ich mache einfach die Augen auf. Und mein Herz. Auch wenn's kitschig klingt.

Langsam tröpfeln die Fragen aus. Alle sind satt an Antworten, aber noch hungrig auf Geschichten. Also kaufen diejenigen, die das neue Buch noch nicht haben, das neue Buch. Diejenigen, die das neue Buch schon haben, kaufen ein anderes. Die meisten lassen sich ihr erstandenes Exemplar signieren.

Ich versuche mir vorzustellen, in wie vielen Büchern in wie vielen Bücherregalen Deutschlands inzwischen meine Unterschrift schlummert.

Vor meinem Lesesessel bildet sich eine kleine Traube von Frauen, die alle Bücher in den Händen halten. Durch das Gewusel hindurch kann ich leider die Vorgänge in den hinteren Reihen nicht weiter verfolgen. Verflixt.

Da ist eine Frau an der Reihe, die mich durch ihre randlose Brille mit neugierigen Augen anschaut. »Für Elisa, bitte!«, sagt sie, und ich merke, dass sie noch etwas fragen möchte.

»Noch was?«, will ich wissen, während ich »Für Elisa« und meinen Namen plus Ort und Datum vorn ins Buch schreibe.

»Ich schreibe auch«, sagt Elisa zögernd.

»Tatsächlich? Wie schön!«, freue ich mich und strahle sie an, damit sie den Mut fassen kann, mit ihrer eigentlichen Frage herauszurücken.

»Ja, und ich wüsste gern ... Also, mir ist es neulich mal passiert ... Wie gehst du selbst damit um, wenn jemand deine Texte kritisiert?«

Ihr ist diese Frage offensichtlich schon allein deshalb grottenpeinlich, weil sie damit zugeben muss, dass ihre eigenen Texte kritisiert wurden und sie damit offenbar nicht umgehen konnte. Keine Frage, so etwas widerfährt hin und wieder jeder Schreibenden. Gerade wenn wir mit dem Schreiben beginnen, fließt so viel Herzblut mit hinein, dass jedes noch so vorsichtig formulierte kritische Wort wie ein feiner Nadelstich wirkt. Ein echter Verriss löst womöglich eine abgrundtiefe Depression aus oder den Entschluss, nie wieder auch nur eine Zeile niederzuschreiben.

Wir fühlen uns persönlich angegriffen, von besten Freunden verraten, in unserem innersten Sein bedroht.

Es ist nicht leicht, mit Kritik umzugehen. Aber es lässt sich lernen. Und dann lässt sich auch entspannt zugeben, dass Texte durch eine konstruktive Kritik gewinnen können.

»Na ja«, antworte ich jetzt, da mir bei der langen Schlange hinter Elisa nicht die Zeit bleibt, ausführlich darauf einzugehen. »Es kommt ein bisschen darauf an, wer meine Texte kritisiert und in welcher Form, nicht? Am liebsten ist mir die Kritik von Menschen, die mich wirklich mögen. Denn die verpacken die Kritik immer irgendwie nett. Am wenigsten mag ich die Kritik von selbst ernannten Literaturkennern. Denn die haben am aktuellen Buch meistens kein anderes Interesse, als sich selbst durch eine möglichst giftspritzige Rezension zu profilieren. Findest du nicht?«

Elisa nimmt das signierte Buch von mir entgegen und nickt langsam.

»Aber weh tut es trotzdem«, sagt sie, gerade so laut, dass ich sie verstehen kann, aber sonst niemand.

»Das stimmt«, raune ich zurück. »Ich habe mal einen tollen Spruch gelesen, den ich mir über den Schreibtisch gehängt habe. Er ist von Sam Goldwyn und heißt: *Don't pay any attention to the critics. Don't even ignore them.*«

Elisa sieht mich noch einen Augenblick lang verwundert an, dann hat sie kapiert. Sie grinst und macht der nächsten Frau in der Schlange Platz.

Ich hoffe, sie merkt sich den Spruch.

Ich selbst fahre damit schon eine ganze Weile ziemlich gut.

Die Reihe der Frauen, die sich ein signiertes Buch wünschen, wird immer kürzer, da steht mir plötzlich Sammy gegenüber. Sie hält zwei Exemplare des Buchs in der Hand, aus dem ich heute gelesen habe.

»Ich fand's toll«, sagt sie schlicht und grinst mich etwas verlegen an. Vielleicht fremdelt sie ein bisschen, nachdem sie mich so ganz offiziell erlebt hat. »Würdest du ... ehm ...« Sie hält mir die beiden Exemplare hin.

»Hey«, sage ich und tue beeindruckt. »Es hat dir so gut gefallen, dass du es gleich zweimal lesen willst?«

Sammy rückt ein bisschen näher und flüstert durch die unbewegten Lippen: »Das eine ist für Kirsten.«

»Sag bloß, sie traut sich nicht her«, wispere ich zurück.

Sammy lächelt nachsichtig. Sie kann nicht verhindern, dass ihr Blick zu Vera und Kirsten hinüberhuscht, die an einem Bücherregal stehen und so tun, als sähen sie ihrerseits nicht her.

»Kann sein«, grinst Sammy.

Ich greife nach den Büchern und schreibe in das erste: »Für Sammy, mit der ich jederzeit wieder eine Fahrgemeinschaft gründen würde! Pass auf Dich auf, Küken!«

In das zweite schreibe ich: »Gute Freunde müssen wir uns verdienen. Trau Dich!«

Sammy zieht selig ab und überreicht Kirsten das eine Exemplar, in das ihre Angebetete gleich gespannt hineinspäht.

Wie sie das findet, was sie dort liest, kann ich leider nicht erraten, denn Christine und Marta sind aus der sich zerstreuenden Menge aufgetaucht.

»Die Sammy will nicht mit zu uns und auf der Luftmatratze schlafen«, berichtet Marta mit missbilligendem Zug um den Mund. »Sie will lieber mit ihren Freundinnen in der Jugendherberge übernachten.«

Wir sehen zu den dreien hinüber.

Kirsten blättert verzückt im gerade überreichten Buch. Sammy sieht ihr strahlend dabei zu. Vera steht gelangweilt und kaugummikauend mit verschränkten Armen daneben.

»Das wird bestimmt sehr lustig«, kommentiert Christine ironisch.

Marta schüttelt den Kopf. »Lustig? Lustig! Pah. Die Kleine hat noch nicht mitbekommen, was da läuft. Ist viel zu gutherzig. Zu jung und zu gutherzig! Sie erinnert mich an mich, als ich in ihrem Alter war.«

Christine und ich wechseln einen kurzen Blick. Lächelnd wende ich mich wieder ab und angle nach meiner Tasche. Du brauchst einen Menschen nicht jede Woche zu sehen, um ihn durch einen einzigen Blick zu verstehen.

Von wilden Frauen mit braven Hunden

Hach, es ist toll, bei Freundinnen zu wohnen und nach einem gemeinsam verschwatzten Frühstück ganz entspannt wieder loszufahren!

Hotels in Innenstädten stressen mich immer ein bisschen. Zum einen mag ich es nicht, mich in fremden Räumen zu bewegen und in fremden Betten zu liegen, die in etwa so viel Privatatmosphäre zulassen wie ein Kaffeeautomat am Flughafen. Zum anderen drängt sich mir stets der Eindruck auf, dass alle anderen Menschen, die in diesem Hotel übernachten, permanent damit beschäftigt sind, wiederum allen anderen Hotelgästen zu demonstrieren, dass sie in immens wichtigen »geschäftlichen Dingen« unterwegs sind und es ihnen im Grunde völlig egal ist, wo sie schlafen, wie sie ihr Frühstück zu sich nehmen (Hauptsache, es gibt eine Zeitung, hinter deren Börsenteil sie sich verschanzen können) und wem sie im Fahrstuhl begegnen.

Mir fällt es aber schwer, so zu tun, als hätte ich es mit einer anonymen Masse zu tun, weshalb ich mich auch durch meinen freundlich verbindlichen Umgang mit dem »Personal« stets als eine Hotelreisenunerfahrene zu outen scheine – egal, wie oft ich tatsächlich schon in den lokalen Residenzen abgestiegen bin.

Heute bin ich also heilfroh, dem üblichen Spießrutenlauf zwischen beanzugten Geschäftsherren und durch meinen wohl zu freundlichen Gutenmorgengruß irritierten Zimmermädchen zu entgehen.

Nachdem meine beiden Münchnerinnen und ich uns mehrmals versichert haben, diesmal aber nicht so lange mit einem weiteren Besuch zu warten (was aufgrund der oben genannten Umstände sowieso nicht haltbar ist), fahre ich beschwingt zum nächsten Highlight dieses Tages.

Wenn ich in Bayerns Hauptstadt weile, mache ich natürlich auch einen Geschäftsbesuch, den ich aber nie als solchen empfinde. Der Piper Verlag ist in genau solch einem Haus untergebracht, wie ich es mir als bibliophile Autorin für die Wiege meiner Bücher wünsche. Kein sachlicher Betonklotz. Auch kein hypermoderner Glasbaustein. Sondern eine wunderschöne alte Villa in der Georgenstraße beherbergt den Verlag.

Ich bin eine der Autorinnen, die keinen Wert darauf legen, von einer Agentin oder einem Agenten vertreten zu werden. Das zahlt sich durch ein entspanntes Miteinander aus – ich kenne die Menschen persönlich, die nach dem eigentlichen Schreiben am Entstehungsprozess meiner Bücher beteiligt sind.

Obwohl es eine Menge Menschen im Verlag gibt, angefangen beim Verleger selbst über die Programmchefin, die Damen und Herren der Presse- und Marketingabteilungen und diejenigen, die sich um meine Lesungstermine kümmern, ist für mich als Autorin natürlich meine Lektorin die wichtigste Ansprechpartnerin.

Michaela Kenklies ist ein echter Traum von Lektorin: engagiert, immer verständnisvoll, mit geschultem Blick und der richtigen Portion »Pfeffer im Hintern«, die wir alle brauchen, um aufgeschlossen für Neues zu sein.

Sobald ich angekommen bin, schleust sie mich unter munterem Erzählen beiderseits durch die Büros aller wichtigen KollegInnen, belädt meine Arme mit neuen Büchern, frei nach dem Motto »All you can carry«, und schleppt mich dann in ein nahe gelegenes sympathisches Restaurant. Hier können wir entspannt über neue Buchprojekte plaudern. Das sieht so aus, dass ich eine oder mehrere Ideen umreiße und wir dann gemeinsam überlegen, wo die Goldader und wo die Schwachstellen in diesem Projekt liegen könnten.

Mit Michaela über neue Ideen zu sprechen ist für mich deswegen so fruchtbar, weil sie hier zum ersten Mal eine Spur von »wahr« werden. Denn wenn sie angetan ist von einer Idee, mögliche Zweifel auf meiner Seite zerstreuen kann und sogar eine Schätzung wagt, wie die Vorstellung dieses Buchs in der Verlagskonferenz angenommen werden könnte, ist das Manuskript doch schon so gut wie geschrieben. Ich habe bereits das erreicht, was viele ErstautorInnen sich sehnlichst wünschen: Ich habe jemanden von meinen Einfällen überzeugen können, der sich in einem angesehenen Verlag für genau dieses Buch stark machen wird. Und das ist doch bereits die halbe Miete.

Nach so einem Gespräch fahre ich mit ihren Worten im Ohr heim, die da lauten: »Du schreibst jetzt erst mal ein Exposé und dazu zwanzig Seiten. Und dann stell ich das in der Konferenz vor. Mein Gefühl sagt Ja.«

Ihr Gefühl trügt sie selten.

Diesmal dauert es eine Weile, bis ich mit meinen aktuellen Plänen rausrücke. Irgendwie zögere ich doch ein bisschen. Vielleicht ist es ja eine vollkommen verrückte Idee.

»Ich dachte mir, ich könnte ... Na ja, meinst du, es interessiert die Leserinnen, etwas über mich persönlich zu erfahren?«, bringe ich schließlich die Sache auf den Punkt.

»Du meinst, etwas Autobiografisches?«, hakt Michaela nach.

Ich wiege den Kopf hin und her. »Etwas, das nicht nur emotional autobiografisch ist.«

Wir sehen uns ein paar Sekunden lang an. Sie nachdenklich. Ich erwartungsvoll.

Schließlich lächelt sie.

»Wieso nicht? Du hast doch viel zu erzählen! Woran hast du dabei gedacht? Doch keine Liebesgeschichte?« Schmunzeln.

Ich denke kurz an die Beste Lebensgefährtin von allen, die meine Bücher immer zuerst liest und Liebesgeschichten genauso wie Geschichten über Freundschaft ebenso gern mag wie ich.

»Ach was, darüber schreibe ich doch sonst schon immer«, sage ich lachend. »Es soll etwas persönlicher werden. Ein paar Fragen aufgreifen, die ich auf Lesungen und für Zeitungsartikel gefragt werde. Wie bin ich aufgewachsen? Wie war es, in meiner Familie groß zu werden? Wie kam ich an meine beiden Berufe? So was eben.«

»Aha ...« Da zeigt sich genau jene Unsicherheit auf ihrem Gesicht, mit der ich gerechnet habe. »Du willst also an Sachen, die du sonst eher vermeidest?«

Ich grinse etwas schief. »Ach, weißt du, sie fragen mich doch sowieso ständig nach meinem Vater. Vielleicht wird es Zeit, dass ich aufschreibe, was ich auf all die wissbegierigen Fragen gern mal antworten möchte. Dann kann ich allen Neugierigen zukünftig sagen: ›Hier! Lesen Sie mein Buch. Da steht alles drin, was ich zu erzählen bereit bin. Und nun können wir uns auf Ihre Fragen zu meinem aktuellen Buch konzentrieren.‹«

Wir kichern darüber. Aber natürlich weiß Michaela als Lektorin genauso wie die Damen aus der Presseabteilung bei Piper und alle meine Freundinnen, dass Interviews nicht immer nur lustig für mich sind – insbesondere dann, wenn deutlich wird, dass das Interesse der JournalistInnen in erster Linie meiner Tochterrolle gilt.

»Und wie hast du dir das vorgestellt? Eine alphabetische Abhandlung? H wie Hunde. V wie Vater?«, fragt Michaela skeptisch und mustert mich. »Nein, das würde nicht zu dir passen. Das wäre viel zu abstrakt. Dann vielleicht Kapitel mit aussagekräftigen Titeln? Ich und die Hunde? Ich und die Frauen? Ich und die Väter?«

Diesmal lachen wir beide laut auf.

»Ich weiß es noch nicht«, gestehe ich ihr schließlich. »Ich könnte mir eine Rahmenhandlung vorstellen. Aber es sollte schon etwas sein, das zu mir passt. Ich lese selbst gern Autobiografien, die anhand einer Reise erzählt werden, die die Autorin unternimmt. Aber leider kann ich es einfach nicht ausstehen, zu verreisen.«

Wir blicken etwas ratlos auf unsere mittlerweile restlos leer geputzten Teller. Büchermachen macht hungrig.

»Na, dann kommt das ja schon mal nicht für dich infrage. Dir wird schon etwas einfallen«, tröstet Michaela mich zuversichtlich.

Und ich weiß genau: Diese Aufgabe wird mich für den Rest meines Bayerntrips beschäftigen.

Nachdem ich Michaela wieder im Verlag abgeliefert und die überaus verheißungsvolle Portion frischer Bücher sicher in meinem Auto verstaut habe, geht es weiter.

Ich fahre auf der Leopoldstraße in Richtung Autobahn. Ein bisschen staut es sich stadtauswärts. Aber ich bin nicht in Zeitnot. Wenn ich nicht von daheim aufbreche, von wo ich mich nur ungern wegbewege, bin ich immer pünktlich.

Also höre ich Musik von einer meiner mitgeführten CDs, singe halbherzig mit, probiere einen Schokoriegel und frage mich mit zunehmender Unruhe, wieso mein Wagen mir so verdammt leer vorkommt.

Ich fahre einen Kombi, aber auch den kann ich normalerweise ganz gut mit mir allein füllen. Allerdings wohl nur dann, wenn ich nicht die ersten Etappen einer Reise in Begleitung einer unglücklich verliebten, aber dennoch fröhlich-unterhaltsamen Junglesbe verbracht habe. Denn in diesem Fall ist mein Auto plötzlich einfach zu groß für mich.

Ich halte an der ersten Autobahnraststätte und hole das Handy raus.

»Ist was passiert?«, keucht mir die Beste Lebensgefährtin von allen bereits nach dem zweiten Freizeichentuten ins Ohr.

»Nein«, sage ich. »Ich wollte nur …«

»Aber du hast doch heute Morgen schon mal angerufen. Irgendwas ist doch passiert!«

Ich denke, ich sollte mal überprüfen, wie vorausschaubar mein Anrufrhythmus ist. Auch für eine ideale Beziehung ist es nicht gut, in jeder Situation berechenbar zu sein.

»Nein, es ist nichts passiert. Es ist nur ein bisschen einsam so allein im Auto. Da dachte ich, ich ruf mal an und flirte 'ne Runde mit dir.«

Einige wenige Sekunden lang ist es still. Dann säuselt die Spontanste Lebensgefährtin von allen: »So ist das also! Na, da hast du ja Glück, dass ich zufällig grad ein paar Minuten Zeit habe.«

Wir beteuern uns gegenseitig glaubwürdig, wie sehr wir uns vermissen. Ich berichte von dem gerade stattgefundenen Gespräch mit Lektorin Michaela und ihrer Meinung zum neuen Projekt. Die Beste Lebensgefährtin von allen erzählt vom Waldspaziergang mit den Besten Cockerspaniels von allen, und diesbezüglich gibt es immer eine ganze Menge mitzuteilen.

Wahrscheinlich benehmen wir uns in solchen Gesprächen nicht anders als junge Ehepaare bei der Schilderung des täglichen Spielplatzbesuchs. (Vorausgesetzt, der junge Vater ist kein »ganzer Kerl«, der in diesem Fall die Mutter seiner Kinder mit Gleichgültigkeit traktieren würde und auf diese Weise zur Weißglut brächte. Nein, er muss weiblich genug sein, um über die Schilderung von Abenteuern auf Rutschen und Schaukeln und spannenden Begegnungen im Sandkasten zu staunen und zu lachen.)

»Hast du noch was von Sammy gehört, oder ist sie tatsächlich wieder mit den beiden anderen unterwegs?«, erkundigt sich die Aufgeschlossenste Lebensgefährtin von allen am Ende noch.

Über den Verlauf des gestrigen Wiedersehens zwischen meiner Beifahrerin und ihren abtrünnigen Freundinnen habe ich sie bereits im Gutenachttelefonat unterrichtet.

»Nein, sie scheint wirklich wieder bei den beiden untergekommen zu sein. Ich habe ihr extra noch meine Handynummer gegeben. Nur für den Fall, dass sie wieder irgendwo stehen gelassen wird.«

»Ich hoffe, Kirsten hat das mitbekommen!«

»Natürlich! Das habe ich extra so eingerichtet.«

»Brav!«

Wir schmunzeln durch die Leitung.

»Ich kann nur hoffen, dass Sammy ihr Versprechen hält und nicht allzu viel ausplaudert von dem, was ich ihr so anvertraut habe«, setze ich schließlich nachdenklich hinzu.

Die Toleranteste Lebensgefährtin von allen lacht. »Ach, du hast ganz sicher keine spannenden Details erzählt! Nichts Aufsehenerregendes aus deinem Liebesleben. Ich meine, wie wir uns kennengelernt haben oder so.«

Meine Antwort lässt ein paar Momente zu lange auf sich warten.

»Hast du doch nicht, oder?«, hakt die Vertrauensvollste Lebensgefährtin von allen nach.

»Du, ich glaub, ich muss mal fix starten. Hier will so ein großer LKW vorbei. Dem steh ich im Weg …«, sage ich rasch und drehe den Zündschlüssel im Schloss.

»Ehm …«

»Bis später!«

Bis ich in Nürnberg bin, wird sich die Beanspruchteste Lebensgefährtin von allen bestimmt wieder daran erinnert haben, dass Autorinnen einfach nicht anders können, als gute Geschichten – insbesondere, wenn sie ihnen selbst passiert sind – zu erzählen.

In Nürnberg kenne ich niemanden, bei dem ich übernachten könnte. Also haben die Veranstalterinnen mich in einem Hotel einquartiert, von dem aus ich den Veranstaltungsort zu Fuß erreichen kann.

Ich lümmle mich eine Weile auf dem Fremdbett im Fremdzimmer vor dem Fremdfernseher und denke wehmütig an den fröhlichen Abend, den ich gestern mit Freundinnen verbringen durfte.

Da ich, wie bereits erwähnt, auch kein großer Fan vom Zappen durch die Kanäle bin, kommt mir der Gedanke, aufzubrechen und im Lesbenzentrum einen ordentlichen Schwatz mit einem bislang noch ahnungslosen Opfer zu halten.

Kurz entschlossen schlüpfe ich in meine Jacke, verstaue das lebensnotwendige Leseexemplar in meiner Tasche und mache mich auf den Weg.

Als ich aus der hinteren Tür des Hotels trete, sehe ich sie sofort.

Zwischen den Büschen des Parkplatzes steht eine rehfarbene kleine Hündin und sieht mich an. Als hätte sie nur darauf gewartet, dass ich hier auftauche.

Mir ist schon auf den ersten Blick klar, dass es eine Hündin ist.

Ich wette, es gibt Menschen, die behaupten, man könne bei Tieren das Geschlecht nur erkennen, indem man das Vieh rumdreht und von unten anschaut. Ich wette ebenso, diese Menschen machen das mit ihren eigenen Artgenossen genauso.

Ich selbst habe jedenfalls die Erfahrung gemacht, dass es eklatante Unterschiede gibt zwischen einer Katze und einem Kater, einer Stute und einem Wallach, einer Hündin und einem Rüden.

Den BesserwisserInnen unter den LeserInnen, die meinen, genau zu wissen, welches Geschlecht ich bei Tieren bevorzuge (immerhin bin ich eine Lesbe – und dass Lesben keine männlichen Säugetiere in ihrer Nähe dulden, ist doch meilenweit bekannt), kann ich jetzt eine lange Nase machen.

Ich habe selbst Katzen gehabt, kannte und kenne etliche weitere persönlich, einige sogar innig-freundschaftlich – was an sich ja schon eine kleine Auszeichnung ist. Und ich muss sagen, dass bei mir persönlich Kater eindeutig höher in der Gunst stehen. Sie sind irgendwie geradliniger und mitteilsamer und – für eine Katze – einfacher zu beeinflussen. Ich bin eben im Grunde meines Herzens eine Leaderin. Dazu muss ich stehen.

Deswegen werden solche Persönlichkeiten wie Nordwaldkater

Moritz und der winzigste Komiker der Welt, Willrich Klein, immer einen warmen Platz in meiner Erinnerung haben.

In Sachen Pferd kenne ich sowohl den klassischen Wallach (sind verfressen, berechenbar und schmusebedürftig) als auch die klassische Stute (werden rossig, keilen dann gern nach Menschen, die mit pferdeäpfelbeladenen Schubkarren den hormonumnebelten Weg kreuzen, und sollten besagte Menschen dann auch noch beim Putzen eine bestimmte Stelle am Bauch – die bei jeder Stute natürlich woanders liegt – berühren, kann auch mal gebissen werden). Hier bestimmt einfach das Individuum, ob uns innige Liebe verbindet, da ich sowohl mit Wallachen als auch mit Stuten so positive Erinnerungen verbinde.

Die rothaarige Pamela und ich hatten eine wunderbare Zeit miteinander, auch wenn sie das Pferd war, von dem ich am häufigsten sehr rasch und unfreiwillig abstieg. Außerdem lernte ich von ihr, dass Pferde sehr wohl wissen, dass sie im Wald ihren Reiter dadurch ärgern können, indem sie tief hängende Zweige ansteuern. (Na, klingelt's grad bei einigen ReitschülerInnen?)

Und Gustaf, ach, Gustaf, mein Brauner – das mit uns, das sollte irgendwie nicht sein. Aber es wäre so schön gewesen …

Auf der Koppel hinter unserem Haus stehen gleich sieben junge westfälische Schönheiten, die allesamt göttlich scheinen und deswegen von mir mit den Namen Ariadne, Artemis, Hera, Diana, Xantippe, Cassiopeia und Olympia beschenkt wurden.

In ihrer Gegenwart stehe ich oft am Zaun, sitze im Gras, spreche mit ihnen und genieße die Ausgeglichenheit und die Neugierde, die ihnen eigen ist.

Nun bin ich bei den Hunden angekommen.

Mein erster Hund war ein Rüde. Ich bekam Ronny mit insgesamt vierzehn Jahren (ich war zwölf, er zwei), und ich war einfach nur glücklich, dass sich mein Traum vom eigenen Hund endlichendlich erfüllte. Ich hatte keinen blassen Schimmer, was es bedeutet, einen kraftstrotzenden Hormonprotz an der Leine zu führen, der allen anderen Rüden das Fell abziehen und jede Hündin flachlegen will. Rüden besitzen das Geradlinige der Kater und das Berechenbare der Wallache – doch sie sind schließlich keine Katzen (Solitärjäger) oder Pferde (tut mir leid, Gustaf, Pamela, Alanya, aber es ist so: Beutetiere). Hunde sind Hunde. Göttin Diana sei Dank.

Und beim Hund, dem sozialen Jagdraubtier, schätze ich die differenzierte Kommunikation, die eigenbrötlerischen Ideen, die Begeisterung an gemeinsamen Aktionen. Hier kommt mir das etwas Diffizile einer Hündin gerade recht. Sie sind möglicherweise etwas sensibler, etwas zickiger, etwas einfallsreicher. Deswegen hatte ich seit Ronnys Ableben auch nur noch Hundemädels.

Und hier, auf dem Parkplatz eines Nürnberger Hotels, stehe ich einer ebensolchen gegenüber.

Hat sie etwa den Quantensprung geschafft und beherrscht die menschliche Sprache in Schriftform? Dann fühlte sie sich ganz sicher von meiner Autobeschriftung angezogen, die mit einem fetten Knochen und der Aufschrift *HUNDherum fit! Hundeerziehung im Ruhrgebiet* wirbt.

Ein Blick auf die Uhr sagt mir, dass noch massig Zeit bleibt. Also wage ich den ersten Schritt zum Kennenlernen.

Ich schlage langsam einen Bogen um ihr dürftiges Versteck, wobei ich darauf achte, mich ihr nicht zu nähern, und verharre dann, indem ich ihr meine Seite zuwende.

»Na, Kleine, was treibst du dich denn hier so ganz allein herum?«, frage ich sie und strecke meine Hand ein wenig in ihre Richtung aus.

Ich blicke sie nicht direkt an, sehe aber dennoch in ihrer Miene Interesse aufblitzen. Sie betrachtet meine Hand.

Da ist nichts drin. Ich trage normalerweise immer Leckerchen mit mir herum – aber wenn ich ohne meine eigenen Hunde auf Lesungen unterwegs bin, dann grad nicht. Schade.

Trotzdem überlegt die junge Dame es sich und kommt ein paar Schrittchen näher.

Ob sie zum Hotel gehört? Warum ist sie so scheu? Ob sie sich verlaufen hat? Zu wem gehört sie?

Ich bin ein Mensch, der mit Tieren in null Komma nichts Verbindlichkeiten eingeht.

Kaum habe ich Blickkontakt aufgenommen, fühle ich mich verantwortlich.

Wenn ich sie so weit ranlocken könnte, dass ich sie zu fassen bekäme, könnte ich vom Hotel aus die Polizei anrufen oder das Tierheim oder beide. Wir würden klären, wo das Mädel hingehört, damit sie sich nicht mehr verschüchtert auf Hotelparkplätzen herumdrücken müsste.

Aber die Kleine kann offenbar nicht nur die Schrift auf meinem Auto lesen, sondern auch Gedanken. Sie kommt gerade so nah heran, dass sie an meiner ausgestreckten Hand schnuppern kann. Ich mache nicht mal den Versuch, sie von dieser Position aus zu greifen. Sie trägt kein Halsband. So bekloppt, einen fremden, ängstlichen Hund am Fell festhalten zu wollen, wäre wahrscheinlich niemand – am wenigsten eine Hundetrainerin.

Ein kleines bisschen kann ich sie an der rauhaarigen Wange kraulen, und wir tauschen einen etwas ratlosen Blick von Braunauge zu Braunauge.

Doch dann klappert im Haus eine Tür, und sie zuckt erschrocken zurück.

Ein letzter Blick, dann wendet sie sich um, trabt zu den Büschen hinüber und verdrückt sich.

Ich sehe ihr eine Weile hinterher. Als ich gerade so gut wie sicher bin, dass sie tatsächlich verschwunden ist, fährt ein Wagen auf den Parkplatz, und ein Mann steigt aus. Er trägt die tintenblaue Uniform, die hier im Hotel grad Mode ist. Sie erinnert ein bisschen an den Fummel von Flugkapitänen.

»Entschuldigen Sie«, spreche ich ihn an, als er grüßend an mir vorbeigehen will.

»Meine Dame?«

»Sie gehören hier zum Hotel?«

»Sicher. Ich bin der Nachtportier«, erklärt er mit sichtlichem Stolz. In einem Gedankenflash sehe ich ihn vor mir: siebenjährig vor einer Riege von Großmutters Freundinnen, die alle von ihm zu wissen begehren, was er denn mal werden will. ›Nachtportier!‹, sagt der Kleine, und alle nicken andächtig. Nachtportier ist ein anständiger Beruf. Dagegen kann man nichts sagen.

Sanft schüttle ich den Kopf, um die Vision zu vertreiben.

»Hier war gerade eine kleine braune Hündin auf dem Parkplatz. Ungefähr fünfzig Zentimeter hoch, recht dünn, aber gepflegtes Fell.

Klappohren. Kein Halsband. Kennen Sie die vielleicht? Kommt sie öfter hierher?«

Der Nachtportier schaut sich nach allen Seiten um und mustert mich dann mit gerunzelter Stirn.

»Sie ist schon wieder weg«, erkläre ich ihm. »Aber gerade war sie noch hier. Ich frage mich nur …«

»Nein, tut mir leid. Hab ich noch nie gesehen«, erwidert er höflich.

»Na dann …«, sage ich und zucke ratlos die Achseln.

»Einen wunderschönen Abend«, wünscht er mir und schreitet beschwingt seiner Nachtschicht entgegen.

Ich drehe mich um und mache mich auf den Weg zur Lesung.

Was eigentlich dahintersteckt, dass ich mich so von Hunden angezogen fühle, konnte ich lange Zeit nicht wirklich erklären.

Es war stets ein fundamentales Gefühl von Liebe und Zusammengehörigkeit, das womöglich nicht einmal aus meiner Ontogenese, sondern eher aus der Phylogenese des Menschen an sich stammen könnte. Schließlich sind Hunde wirklich die einzigen Tiere, die mit dem Menschen eine derart enge Bindung eingegangen sind. Sie sind nicht nur die Tiere, die am frühesten mit unseren Vorfahren zusammenlebten. Sie sind womöglich auch die einzigen Haustiere, die sich selbstständig domestiziert haben. Natürlich ohne ihr bewusstes Zutun, versteht sich. Aber auch ohne das Zutun des Menschen – zunächst.

Wir müssen uns vorstellen, dass vor Tausenden von Jahren die Vorfahren unserer heutigen Hunde und Wölfe in den gleichen Territorien lebten wie unsere eigenen Vorfahren.

Mensch und Urwolf waren zwar Nahrungskonkurrenten, aber keine Feinde.

Unter den Urwölfen gab es solche, die extrem scheu waren und Menschen lieber mieden. Das waren wahrscheinlich die Urmütter und Urväter der heutigen Wölfe. Andere – und gar nicht so wenige – hatten keine solchen Probleme mit der Nähe zu den Typen auf zwei Beinen. Sie entdeckten sogar, dass es enorme Vorteile hatte, in der Nachbarschaft menschlicher Siedlungen zu leben: Überall, wo wir Menschen uns aufhalten, produzieren wir Abfall. Oft sogar solchen, den andere Lebewesen noch verwerten können – als zusätzliche Nahrungsquelle. Das nutzten die Urwölfe. Sie zogen ihre Jungen unweit der menschlichen Lager auf, hatten weniger Mühe mit der Versorgung des Nachwuchses und mussten sich auch weniger darum sorgen, dass andere (menschenscheue) Raubtiere die Kleinen kaltmachten.

Die Juniors hatten dann ihrerseits von Anfang an den Geruch des Menschen in der Nase. Er machte ihnen zusehends weniger Angst. Klar, dass es irgendwann so weit kam, dass man sich gegenseitig »beschnupperte«. Wann der Urwolf zum Hund wurde, kann bis heute keiner sagen. (Ich bin mir sicher, dass die Wissenschaft auch das noch rausfinden wird.) Aber irgendwann war der Zeitpunkt gekommen, dass Mensch und Hund nicht nur nebeneinander, sondern auch miteinander lebten. Der Mensch half dem Hund, regelmäßig Nahrung zu finden, seine Jungen aufzuziehen, und schützte ihn vor tierischen Feinden. Der Hund stand seinerseits mit seinen Fähigkeiten des Jagens, Hütens und Warnens zur Verfügung. Es war eine einzigartige Allianz zwischen zwei unterschiedlichen Arten.

Als Kind wusste ich um diese Zusammenhänge natürlich noch nicht. Und ich bin mir auch nicht sicher, ob meine Gefühle zu den Tieren überhaupt beeinflusst worden wären, wenn ich sie gekannt hätte. Tatsache war, dass mein Herz den Hunden gehörte. Und das ist bis heute so geblieben.

Dabei wäre es gar nicht verwunderlich, wenn ich mich vor Hunden eher fürchten würde. Jedenfalls wenn wir den Menschen glauben, die behaupten, vor Hunden Angst zu haben, weil sie mal »gebissen« worden seien.

Das Ganze geschah, als ich ungefähr fünf Jahre alt war.

Meine Eltern, meine Schwester, meine Großeltern und ich gingen gern an den Sonntagen gemeinsam spazieren. Oft nahmen wir den Weg durch die Siedlung und waren sofort im Wald hinter den Häusern verschwunden. Um dort Wildschweinspuren zu suchen, riesige Farne zu bestaunen oder Tannenzapfen für die Weihnachtsdeko zu sammeln.

Manchmal stopften wir uns aber auch zu sechst in den kleinen Simca meiner Eltern und fuhren in eines der umliegenden Dörfer.

Zum Beispiel um uns anzuschauen, wo Oma und Opa als junge Leute gelebt hatten.

An so einem Sonntag spazierten wir außerhalb eines kleinen Dorfs an vereinzelt liegenden Gehöften entlang.

Es sah dort ganz ähnlich aus wie jetzt gerade da draußen vor meiner Windschutzscheibe.

Feldwege kreuzten zwischen Äckern hindurch. Von den Misthaufen dampfte es. Auf den immer ein bisschen schmuddelig wirkenden Höfen war an diesem wöchentlichen Feiertag niemand zu sehen.

Unsere Familie unterschied sich zwar in so mancher Hinsicht von anderen Familien, aber in einer sicher nicht: Beim Spaziergang gingen die Männer vorweg, quasi um den Weg auszukundschaften, die Frauen schlenderten in eine Plauderei (oder Klatsch über eine Nachbarin) vertieft etwa zwanzig Meter hinterher. Diese Reihenfolge scheint gewissermaßen seit der Steinzeit im menschlichen Instinkt verankert. Wir können den Beweis hierfür auch heute noch immer wieder in Parks und auf Promenaden beobachten.

Meine Schwester, die nachweislich wirklich immer brav und folgsam war, hing an der Hand meiner Mutter. Ich selbst favorisierte an diesem Tag für mein übliches Rollenspiel die Darstellung von Black Beauty. Da ein so temperamentvolles Pferd unmöglich während des ganzen Spaziergangs neben zwei Frauen und einem kleinen Mädchen hertrotten konnte, galoppierte ich mit wehender Mähne schnurstracks den Weg entlang, nach vorn zu den Kundschaftern.

Zur gleichen Zeit, als wir auf diese Weise an einem Bauernhof vorüberkamen, hatte der gebrechliche Altbauer beschlossen, seinem Sohn das Füttern des Hofhunds abzunehmen.

Der kräftige Schäferhund, der – wie damals leider üblich – in Isolationshaft (sprich: Zwinger) gehalten wurde, interessierte sich jedoch weniger für den gefüllten Futternapf als für seine Freiheit und schlüpfte dem alten Mann zwischen den Beinen hindurch.

Den lauten Rufen trotzend, strebte er fort und rannte ziellos um die Hofecke, vielleicht um endlich mal die eingerosteten Knochen bewegen zu können und einen Sprint über das nahe Feld zu wagen.

Als der Hund aber um die Ecke bog, bot sich ihm folgendes Bild: sechs fremde Individuen, verteilt auf etwa zwanzig Meter Wegstrecke direkt an der Territoriumsgrenze, die zu bewachen schließlich seine Aufgabe war.

Zwei rechts, schon fast vorbei. Drei links, noch nicht ganz heran. Und eines, hüpfend, springend, wiehernd … direkt vor ihm!

Der Hund zögerte keine Sekunde lang und tat, was aus seiner Sicht getan werden musste.

In wenigen Sekunden hatte er das fremde Individuum angesprungen, fest gepackt und mit sich in den Graben gerissen.

Was er genau dort vorhatte, sollte nie jemand erfahren, denn mein Großvater, bewaffnet mit einem Sauerländer Krückmann (= Spazierstock), schlüpfte nun seinerseits in die Rolle des Rächers Zorro und nahm die Verfolgung des Täters auf, während mein Vater einen auf Robin Hood machte und die verschüttgegangene Prinzessin aus dem Graben fischte.

Der Hund preschte ob solcher Übermacht davon.

Derweil war der Rest der Familie (Florence Nightingale und Frau Holle sowie Ronja Räubertochter) heran, und es ging im Schweinsgalopp zum Auto. Denn Black Beauty scherte sich nicht mehr darum, schön, kraftvoll und ungezähmt zu sein, sondern schrie aus Leibeskräften und blutete zudem aus mehreren schlimmen Wunden im Gesicht. Mit beiden Händen das rechte Auge zuhaltend, wo das meiste Blut hervorströmte, brüllte ich, was das Zeug hielt.

Damit hörte ich auch beim Notarzt nicht auf, der meine Wunden klammerte und später beteuerte, die bleibenden Narben gingen zulasten meines ununterbrochenen Gezappels.

Sicher war das der traumatischste Unfall, den meine Familie neben allen anderen fabrizierten Schreckensgeschichten mit mir erleben musste. Und er sollte Folgen bis heute haben.

Der junge Bauer besuchte uns zu Hause, versprach der quengelnden Prinzessin mit den kurzen hellblonden Haaren und dem verpflasterten Auge, dass dem Hund kein Haar gekrümmt werde, und klärte mit meinen Eltern die Frage der Haftung.

Ich war einfach nur erleichtert, dass der Hund nicht erschossen wurde – so wie mein Großvater es forderte.

Schon als Fünfjährige war mir klar, dass das Tier nicht wirklich böse sein konnte. Die Umstände seines geknechteten Lebens, Tag für Tag einsam und eingepfercht auf drei Quadratmeter Betonboden, erschlossen sich mir natürlich nicht – doch ein untrügliches Gefühl in mir bestand darauf, dass nicht er den größten Fehler bei diesem Unglück begangen hatte.

Was alle wunderte: Diese schmerzhafte und schockierende Erfahrung tat meiner offensiven Tierliebe keinen Abbruch.

Meine Mutter, die Tierfreundin in unserer Familie, förderte dies, indem sie Hundebesitzer darauf ansprach, ob ihr Hund sich von mir streicheln ließe.

Also hatte eine möglicherweise herannahende traumatische Angst erst gar keine Chance, sich in mir festzusetzen.

Mein Vater traute den Vierbeinern weit weniger. Bei einem Bekannten ankommend, wies er mich an, auf keinen Fall zu nahe an den hauseigenen Bernhardiner heranzugehen. Ich solle mich lieber an den schwanzwedelnden Dackel halten. Der biss mir prompt in die Hand. Was den herbeieilenden Besitzer dazu veranlasste zu jammern: »Hätte sie doch bloß den Großen gestreichelt, der hätte ihr nix getan!«

Womit mal wieder bewiesen wäre, dass Körpergröße allein nichts über die Aggressionsbereitschaft eines Lebewesens aussagt – seien es nun Hunde oder unsere eigenen Artgenossen.

Ob groß oder klein, für mich stand sowieso fest: Ich wollte einen Hund als Haustier!

Für meine Eltern stand fest: Das kommt gar nicht in die Tüte!

Aber je älter ich wurde, desto heftiger wurde der Wunsch.

Mein Vater redete sich fein raus, indem er darauf verwies, dass er durch seinen Beruf als Abgeordneter oft nur an den Wochenenden zu Hause sei und sich daher in der Woche nicht um ein Tier kümmern könne.

Meine Mutter, die wähnte, dass die ganze Arbeit – selbstverständlich auch an den Wochenenden – dann an ihr hängen bliebe, wehrte sich mit aller Kraft gegen das Drängen ihrer Kinder.

Meine Schwester stimmte nämlich auch in den Tenor mit ein. Allerdings gingen unsere Wünsche bezüglich der Hunderasse etwas auseinander. Beatrix wollte einen Collie wie Lassie mit langer, kluger Nase. Ich wollte einen Cockerspaniel mit lustigen Schlappohren und wippendem Gang.

Zunächst galt es jedoch, das maßgebliche Hindernis Eltern zu nehmen, und so schlossen wir uns vorerst zusammen und stellten unwesentliche Fragen wie die nach der Rasse zurück.

Nun muss ich dazu sagen, dass der Hundewunsch bei uns, wie bei vielen Kindern, schon lange schwelte.

Was zur Folge hatte, dass unsere Eltern – maßgeblich unsere Mutter, denn unser Vater hatte ja das ausschlaggebende Argument beruflicher Aushäusigkeit in die Waagschale geworfen – in ihrer Verzweiflung Zuflucht zu anderen Tiergattungen nahmen, die weniger pflegeaufwendig erschienen.

So bezogen bei uns vier Goldfische ihr Aquarium. Zwei Kaninchen wohnten so lange im Stall, bis sie dick genug zum Schlachten waren. (Dank dieses erlittenen Traumas habe ich noch nie in meinem Leben Kaninchen gegessen, weil mir das kannibalisch vorkäme.) Katzen zogen bei uns ein – und aufgrund der einsetzenden Katzenhaarallergie meiner Mutter und zum Leidwesen von uns Kindern wieder aus. Der Kanarienvogel Pitty beschenkte uns täglich mit André-Rieu-fähigen Konzerten. Und die Meerschweinchendamen Nicki und Friederike durften bei Spaziergängen im Garten den Hundeersatz mimen.

Unser kleiner Zoo schenkte mir immer nur für jeweils kurze Zeit Befriedigung. Dann begann es erneut: Ich schrieb Zettelchen, die ich meiner Mutter unter der Küchentür durchschob und auf denen zum Beispiel stand: »Wenn ich einen Hunt bekomme verschbreche ich das ich jeden Tahg abschbülen helfe und mein Zimma immer gut aufreume! Unterschrieft Mirjam: ____________ Unterschrieft Mama: ____________ «

Aber ich kam und kam damit nicht durch.

Meine Schwester hatte inzwischen die Fronten gewechselt und wollte viel lieber als einen Hund: ein Pferd!

Da die Erfüllung dieses Wunsches in meinen Augen noch viel unwahrscheinlicher war als mein eigener, versuchte ich immer wieder, Beatrix auf meine Seite zu ziehen. Aber ohne Erfolg.

Bis zu einem folgenschweren Tag im Sommer 1981.

Obwohl ich bereits zwölf Jahre alt war und ein paar enge Freundinnen hatte, hielten die alten Bolzgemeinschaften aus Kindertagen noch immer. Und so verbrachte ich in den Sommerferien auch einige Zeit mit den Jungs der Nachbarschaft. Wir spielten im Garten Fußball. Und mit einem besonders gut platzierten Schuss gelang es einem meiner Freunde, Pittys Kanarienvogelkäfig von der kleinen Mauer zu schießen, auf der er gestanden hatte.

Der Käfig fiel zu Boden, das Badehäuschen zerschellte, und Pitty entkam durch das nunmehr offene Törchen in die sauerländische Freiheit.

Heute empfinde ich das Halten von Vögeln, egal, welcher Art, in kleinen Käfigen als echte tierschutzrelevante Angelegenheit. Vögel haben Flügel und sollten damit fliegen dürfen.

Als ich damals jedoch sah, wie Pitty sich mit ungelenken – weil nie richtig trainierten – Flügelschlägen in den Pflaumenbaum schraubte, sank mir das Herz in die Hose.

Jedes Kind weiß doch, dass freie Kanarienvögel im Sauerland nicht überleben können.

Also gab ich Alarm.

Mein Vater, der friedlich schlummernd im Liegestuhl auf der Terrasse seinen wohlverdienten Urlaub genossen hatte, war sogleich zur Stelle.

Nach kurzer Beobachtung des Entkommenen schickte er mich los, um bei meiner Mutter ein Bettlaken zu ordern, während einer meiner Freunde aus der hinteren Gartenecke, wo mein Großvater Gemüse anbaute, eine zwei Meter sechzig lange Bohnenstange besorgen sollte.

Und so begab mein Vater sich, gemeinsam mit seiner den Tränen nahen jüngeren Tochter und einer halben Fußballmannschaft lärmender Jungs, auf die Jagd nach Pitty.

So einfach, wie er sich die Rettung vorgestellt hatte, war sie allerdings nicht. Pitty schien Gefallen am Fliegen gefunden zu haben und neckte uns damit, sich möglichst hoch in die Obstbäume unseres Gartens und der benachbarten Grundstücke zu setzen und erst dann weiterzufliegen, wenn eines der Kinder ihm nahe genug geklettert war oder mein Vater die Bettlaken-über-Bohnenstange-Konstruktion beinahe in Wurfbereitschaft gebracht hatte.

Auf diese Weise entfernten wir uns langsam immer weiter von unserem Haus. Hinüber auf die andere Straßenseite, durch die dort befindlichen Gärten und schließlich – das war eine magische Grenze – über die Arnsberger Straße.

Die Arnsberger Straße war eine Landstraße, die unsere Siedlung, den Brandhagen, von der unteren Siedlung, dem Spree, teilte.

Für uns Kinder war die Überquerung nur mit etlichen Vorsichtsmaßnahmen gestattet. Was zur Folge hatte, dass sich zwischen den Kindern des Brandhagens und des Sprees nur selten Freundschaften entwickelten.

Schließlich fuhren die Autos auf der Arnsberger Straße ziemlich schnell, mindestens siebzig, oft sogar noch schneller. Sie führte nämlich über den gefürchteten Ochsenkopp (sauerländisch = Kopf eines kastrierten männlichen Rinds. So nennt man dort einen Berg, der per Auto nur über eine serpentinenartige, kurvenreiche Strecke steil hinauf und steil wieder hinunter zu überqueren ist) zur nächstgrößeren Stadt Arnsberg, die um einiges wichtiger war als Sundern, denn schließlich war Arnsberg Sitz des Regierungsbezirks.

Dies erwähne ich nur, um zu erklären, wie es dazu kommen konnte, dass just in dem Augenblick, als unser Rettungstrupp an der Straße haltmachte, ein blank gewienerter, fetter Mercedes stadtauswärts herankam. Er sah nach einem teuren und wichtigen Auto aus. Wir hielten ungeduldig inne, um ihn vorbeizulassen, Pittys kanariengelbes Gefieder auf der anderen Seite fest im Blick. Doch der Wagen drosselte sein Tempo. Um genau vor uns anzuhalten.

Das hintere Fenster wurde elegant heruntergelassen (damals waren elektrische Fensterheber noch eine echte Sensation), und hinter der getönten Scheibe kam ein wichtig aussehendes Männergesicht über einem Anzugkragen und einer Krawatte zum Vorschein.

Mein Vater, in ausgefransten Boxershorts, knallrotem Netzshirt und bewaffnet mit einer Bohnenstange und einem Bettlaken, eine Schar aufgeregter Kinder im Schlepptau, war sichtlich verlegen, unvermutet einen Kollegen aus dem Bundestag hier zu treffen.

Leider weiß ich nicht mehr, wer in dem wichtig aussehenden Wagen saß.

Aber ich weiß noch, dass am Ende ich es war, die Pitty wieder einfing – und zwar mit der Hand, oben in einem Pflaumenbaum.

Und irgendwie bringe ich diese ganze Aktion in unmittelbaren kausalen Zusammenhang mit der Tatsache, dass unsere Familie nur wenige Wochen später ins Soester Tierheim fuhr und dort unseren Hund Ronny aussuchte.

Mein Glück kannte keine Grenzen.

Ich fühlte mich wie die Herrscherin über Ägypten.

Und das mit zwölf Jahren!

Leider hatte ich als Teenager keinerlei Anleitung zur Hundeerziehung, sodass Ronny sich in erster Linie dadurch auszeichnete, gar nicht erzogen zu sein.

Im Grunde benahm er sich wie die Wildsau im Walde. Aber ich liebte ihn inniglich und wähnte mich am Ziel aller Träume.

Die streben bei heranwachsenden Mädchen ja hin und wieder auch noch in andere Richtungen. Und so kam es, dass ein paar Jahre lang Hunde zwar immer noch meine liebsten Haustiere blieben, aber dennoch im Rahmen meiner Jungmädelträume nicht mit dem Schlagzeuger von *The Teens* oder gar Brooke Shields in *Die blaue Lagune* mithalten konnten.

Erst als ich aus meinem Elternhaus ausgezogen war und hormontechnisch in die ausgeglichenere Konsolidierungsphase einlief, war ich in der Lage, mich wieder intensiver mit den Kumpels auf vier Beinen zu beschäftigen.

Im Jahr 1990 zog Jule bei mir ein, meine erste English-Cockerspaniel-Hündin, schwarz mit Loh. An Jules Beispiel lernte ich nun ganz bewusst, wie immens wichtig gute Erziehung und Ausbildung für Hunde und Kinder sind. Ich nenne beide in einem einzigen Satz, damit auch die LeserInnen, die keinen Hund, aber vielleicht ein Kind zu ihrer Familie zählen, verstehen, von welch existenziellen Dingen ich spreche.

Ich gehe so weit, ohne Zögern den Standpunkt zu vertreten, dass Kinder- und Hundeerziehung mehr als nur eine Parallele aufweisen.

Hunde sowie Kinder brauchen klare Regeln und Grenzen. Beide

brauchen eine souveräne Führung. Für beide müssen wir Verantwortung tragen. Beide müssen wir schützen. Beide gedeihen am besten bei liebevoller Konsequenz, Warmherzigkeit und Verständnis für die kindlichen und hundlichen Bedürfnisse.

Wer jetzt meint, Hunde seien für mich – genau wie für einen Großteil der Hundebesitzer – ein Kindersatz, dem kann ich nur ein klares, entschlossenes »Jaein!« entgegenschmettern.

Natürlich sind Lotte und Maggie für uns so etwas wie Kinder. Sie sind Familienmitglieder, die wir gern knuddeln, mit denen wir spielen und denen wir selig lächelnd zuschauen, wenn sie miteinander irgendwas aushecken. Alle Hundebesitzer tun das.

Für unsere Hunde sind wir ja auch schließlich so etwas wie Eltern: Uns folgen sie, von uns lassen sie sich zurechtweisen, uns vertrauen, von uns lernen sie.

Ins Ungleichgewicht gerät die Hund-als-Kind-Geschichte immer dann, wenn mensch die Bedürfnisse des Tiers nicht mehr sieht.

Die bestehen nun mal nicht darin, sich in einer Hundewellnessoase shampoonieren und von einem fremden Menschen massieren zu lassen. Die bestehen auch nicht im Pralinenfressen, Tragen von strasssteinverzierten Halsbändchen oder in einer modischen Nacktarschfrisur, bei der mir schon vom Ansehen allein die Nierchen einfrieren. Die Bedürfnisse meines Hundes kann ich nur erfüllen, wenn ich zunächst hinschaue, was ich überhaupt für einen Hund habe. Besitze ich einen Hütehund, ist vielleicht Treibball eine tolle Sache für ihn (sofern sich keine freiwilligen Schafe zur Beschäftigung zur Verfügung stellen). Nenne ich einen Herdenschutzhund mein Eigen, ist er besonders glücklich, wenn er auf einer Anhöhe liegen und alles überschauen kann. Einen Dackel muss ich einfach mal buddeln lassen. Ein Retriever sollte apportieren dürfen (wenn auch bitte keine selbst gepflückte Ente aus dem Stadtparkteich). Ein Spaniel will stöbern. Und und und.

Über viele Generationen hinweg haben wir unsere Hunde durch Selektion zu Spezialisten gemacht. Und heute nehmen wir einen Welpen zu uns nach Hause, knutschen und kuscheln mit ihm und wundern uns ein Jahr später, wieso unser Weimaraner, Jack-Russell-Terrier oder Border-Collie völlig aus dem Ruder läuft, Jogger jagt,

Postboten anfällt oder den Sekundenzeiger der Küchenuhr nicht aus den Augen lässt.

Hunde haben mich mein Leben lang immer nur glücklich gemacht.

Ich finde einfach, wir sind es ihnen schuldig, auch sie glücklich zu machen.

Darüber nachzudenken, wie ich das am besten erreiche, und mein Wissen, meine Erkenntnisse an die Menschen weiterzugeben, die ich in meinem Beruf treffe, ist ein Ziel in meinem Leben.

So ganz nebenbei habe ich übrigens auch eine Theorie entwickelt, die von Frauen und Hunden handelt.

Denn sonderbarerweise bekommen wir schon als Kinder suggeriert: Männer haben Hunde, Frauen haben … Katzen.

Katzen?

Wieso sollen Frauen eher Katzen als Hunde haben?

Nur damit keine Missverständnisse entstehen: Ich mag Katzen!

Ich hatte selbst jahrelang Katzen.

Und ich finde, Frauen sind wunderbar geeignet, um Katzen zu halten. Die beiden können miteinander eine herrliche Symbiose eingehen. Katzen sind selbstständig, freiheitsliebend und zickig. Insofern passen Frauen und Katzen wunderbar zusammen.

Ich glaube jedoch, das Vorurteil, Frauen sollten besser Katzen halten, hat weniger damit zu tun, dass die Samtpfoten so gut zu ihnen passen, als damit, dass Hunde zu Frauen angeblich so gar nicht passen.

Das denken jedenfalls viele Männer.

Dieser wirre Gedanke stammt womöglich noch aus Zeiten, als die Männer mit den Hunden auf die Jagd gingen und die Frauen derweil daheim blieben, um das Feuer und die Kinder zu hüten.

Auf alle Fälle hat er was damit zu tun, dass Frauen und Hunde aus Sicht einiger Anhänger steinzeitlicher Arbeitsteilung einfach nicht füreinander bestimmt sind.

Manche Hunde sind nämlich bisweilen durchaus starrköpfig und brauchen ein Gegenüber, dessen Durchsetzungswille nicht beim ersten traurigen Blick aus braunen Augen mit einem lang gezogenen »Wie niiiiiedlich!« in sich zusammenfällt.

Mit einem Hund tatsächlich zu harmonieren bedeutet: Chef sein können! Initiative zeigen! Aktiv sein!

Hunde brauchen eine souveräne Führung, sie brauchen klare Ansagen, sie brauchen jemanden, der ihnen sagt, wo es langgeht im Leben, kurz: Sie brauchen einen Kerl! … Hüstl!

Bis auf den letzten Satz kann ich Obenstehendes komplett unterschreiben.

Wundersamerweise stellt sich in meiner Hundeschule jedoch die Realität so dar, dass ich es zu gut neunzig Prozent mit weiblichen zweibeinigen Kunden zu tun habe.

Offenbar ist nicht nur Kindererziehung Frauensache, sondern auch Hundeerziehung. Und das klappt hervorragend!

Meine Kundinnen loben viel, tadeln scharf, aber angemessen, bieten ihrem Vierbeiner eine freundliche, aber durchsetzungsfähige Chefin.

Vorbei die Zeiten, als in der Chappi-Werbung ganze Kerle in Anglerklamotten gemeinsam mit ihrem sie anhimmelnden Golden Retriever über Bäche sprangen. Jetzt sind es die Frauen, die mit ihrem Freund, dem Jagdraubtier, die Natur, die Städte und die Agilityplätze erobern.

Wilde Frauen mit braven Hunden gehören zu meinem Alltag.

Wie auch sonst?

Ich bin ja selbst eine.

In derlei Gedanken an meine Hundevergangenheit, -gegenwart und hoffentlich auch -zukunft vertieft, laufe ich zweimal am heutigen Veranstaltungsort vorbei, da er versteckt in einem Hinterhof liegt.

Vier offensichtlich lesbische Frauen, die mir begegnen und die ich nach dem Weg frage, nehmen mich hilfsbereit in ihre Mitte und lotsen mich so zur Lesung. Sie erkennen mich nicht, sondern halten mich für irgendeine Ortsfremde, die zu blöd ist, den Eingang zum Lesbenzentrum zu finden. Trotzdem sind sie nett zu mir und grinsen mich und sich gegenseitig an.

Auch bei dieser Veranstaltung ist es herrlich voll. Erwartungsvolle Gesichter wenden sich uns zu, als wir zu fünft den großen Raum betreten. Die meisten Frauen sind jedoch in Gespräche mit

Freundinnen, Liebsten und alten Bekannten vertieft. Überall summt und lächelt es. Offenbar haben sich alle vorgenommen, einen richtig schönen Abend zu erleben. Wunderbar!

Es sind nur noch wenige Plätze in den Ecken frei. Und natürlich der bequeme Korbsessel, der auf die Vortragende inmitten ihres Publikums wartet.

Direkt neben dem Sessel werden vier Plätze frei gehalten, von tapferen Frauen standhaft verteidigt. Offenbar sind die Stühle für meine Retterinnen von der Straße gedacht. Ich lasse sie mit einem letzten freundlichen Kopfnicken ziehen. Eine von ihnen lächelt mir entschuldigend zu (es sind eben nur vier Plätze!).

Ein kleiner Plausch mit den Veranstalterinnen stimmt mich ein und lässt mich strahlen, denn offenbar freuen sich alle riesig, dass ich da bin. Welche ist nicht gern so herzlich willkommen?!

Als ich mich lächelnd umschaue, bin ich jedoch auf einen Anblick so gar nicht gefasst …

»Sammy!«, schießt es mir verblüfft heraus.

Sie ist es wirklich! Lachend lehnt sie an der kleinen Theke und lässt sich gerade drei Getränke reichen.

Die muss sie natürlich noch mal fix abstellen, um mir um den Hals zu fallen.

»Hast du mich vermisst?«, grinst sie frech. Bestimmt wäre sie ziemlich baff, wenn sie wüsste, dass dem tatsächlich so war.

»Aber … aber was machst du denn hier?«, stammle ich. »Seid ihr denn nicht …?« Ich suche rasch den Raum mit den Augen ab. Hinter einer riesigen Pflanze fast versteckt, entdecke ich Kirsten und Vera, die beide hersehen und winken.

»Wir haben beschlossen, dir so richtig groupylike zu folgen«, erklärt Sammy und strahlt. Offenbar scheint die Dreiergang sich wieder prima zu verstehen. »Kirsten war natürlich begeistert, als ich das vorschlug. Nürnberg wollte ich immer schon mal kennenlernen. Ist echt hübsch hier. Hast du dir heute auch die Stadt angesehen?«

»Ohne Begleitung?«, ziehe ich sie ein bisschen auf und winke ab. Doch dann erzähle ich ihr, dass ich im Verlag zu Besuch war. Sammy sieht beeindruckt aus.

»Du besprichst mit denen richtig deine neuen Buchideen, echt?«, staunt sie.

»Hey, das ist nichts Besonderes«, antworte ich. »Du musst dir das vorstellen wie die Abteilung für Produktentwicklung in einer Firma …«

Als ich in Sammys vor Ehrfurcht geweitete Augen sehe, kommt mir der Verdacht, dass »Abteilung für Produktentwicklung« nicht gerade das passende Stichwort ist, um ihr zu erläutern, wie normal solche Besprechungen für eine Autorin sind.

Das ist es nicht, wenn du Anfang zwanzig bist und noch lässig rumstudierst. Wir verschieben unser Gespräch auf später, denn mittlerweile ist die Zeit schon fortgeschritten.

Durch Dutzende von verknäuelten Beinen wurschtele ich mich zum Korbsessel und lasse mich hineinfallen. Dabei lächle ich zu meinen Retterinnen von vorhin, die jetzt Seite an Seite mit mir sitzen.

Sie lächeln irritiert zurück. Offenbar sind sie beeindruckt von meiner Anhänglichkeit.

Diejenige, der es gerade unangenehm war, im Gegensatz zu mir einen reservierten Platz in Anspruch nehmen zu können, wagt es schließlich: Sie beugt sich ein Stückchen zu mir herüber und winkt vertraulich.

Ich beuge mich ihr ebenfalls entgegen.

»Ich will dich ja nicht frustrieren«, murmelt sie und verzieht entschuldigend das Gesicht. »Aber ich glaube, das ist der Platz für die Autorin.« Sie deutet auf meinen Sessel.

Ich sehe verwundert an ihm hinunter.

Dann flüstere ich zurück: »Ich weiß.«

Sie sieht mich kurz erstaunt an, doch dann weiten sich ihre Augen, und ihr Gesicht nimmt die Farbe eines Flamingos an: zartrosa.

»Oh nein!«, entfährt es ihr. »Oh nein, wie peinlich!« Ihre reizenden Freundinnen brechen in schallendes Gelächter aus.

Ich finde es erfrischend, wenn ich auch von den Fans meiner Bücher nicht unbedingt erkannt werde.

Wäre ich ein Popstar, würde mir das nicht passieren.

Meine Sitznachbarin macht den kleinen Fauxpas in der folgenden Lesung doppelt und dreifach wieder wett, indem sie an den richtigen Stellen besonders häufig und laut lacht.

Überhaupt wird viel gelacht in Nürnberg.

Manchmal wird sogar etwas eingeworfen. Das kommt nicht so häufig vor bei Lesungen, aber wenn die Stimmung gut ist, passiert es einfach, und das Publikum und ich werfen uns die Bälle zu.

Auffällig ist heute Abend eine junge Frau, die mir gegenüber in der dritten Reihe sitzt und sich als sehr redselig erweist.

Sie ist mit ein paar Freundinnen da, die bei jeder ihrer witzigen Bemerkungen amüsiert loskichern.

Sie ist es auch, die nach der Lesung die erste Frage stellt, nämlich wie mir Nürnberg gefällt.

Offenbar kann sie es nicht dulden, dass ich heute keine Zeit gefunden habe, mir ihre wunderschöne Stadt anzuschauen, denn sie bietet mir prompt für den morgigen Tag eine exklusive Führung zu allen besonderen Plätzen an.

Ich beobachte, wie die älteren Frauen im Publikum – sprich: mein Alter! – sich über die Unverfrorenheit dieses Frischlings amüsieren. Aber ich kann nicht behaupten, dass ihr durchschaubarer Versuch, ein Date rauszuschlagen, mir nicht schmeicheln würde. Immerhin, ich könnte wahrscheinlich fast ihre Mutter sein.

Der Witz ist: Wäre ich knapp zwanzig Jahre jünger und ohne Familie, wäre sie genau der Typ, auf den ich stände. Es gibt solche Frauen. Ob die das wissen? Oder ob sie ihr Selbstbewusstsein auf gut Glück in alle Ecken rotzen und sich dann wundern, wieso alle jungen Frauen im Raum nicht mehr wissen, ob sie nun sie oder mich beneiden sollen?

Aus den Fragen des Publikums wird heute ein richtiges kleines Gespräch. Daran beteiligt ist natürlich auch die junge Lesbe, die schon den ganzen Abend über so rege in meine Richtung flirtet. Das Gespräch fließt so unterhaltsam dahin, dass wir es schließlich abrupt und beinahe zwangsweise beenden müssen, weil irgendwo irgendein letzter Bus ohne die jetzt noch anwesenden Frauen abzufahren droht.

Wir beenden also den offiziellen Teil der Veranstaltung. Ich signiere Bücher, beantworte die eine oder andere Frage, plausche ein bisschen mit den Veranstalterinnen, die mir als Dankeschön eine große Packung echter Nürnberger Lebkuchen schenken.

Meine junge Flirtkanone, deren Freundinnen bereits gestiefelt und gespornt neben der Tür warten, startet noch einen letzten Versuch und lädt mich zu »einem Bier oder Tee oder sonst was« in eine Kneipe ein, deren Name allein schon so klingt, als tummelten sich dort lauter Lesben im Studiumseintrittsalter.

Ich lehne freundlich lächelnd ab. »Lieb von euch, aber ich denke, ich werd am besten gleich mein müdes altes Haupt aufs Hotelkissen betten. Sonst schaff ich's morgen nicht bis Regensburg.«

»Sollen wir dich vielleicht zum Hotel begleiten?«, fragt sie mit gekonntem Augenaufschlag und blickt mich durch dichte schwarze Wimpern verführerisch an. Wirklich der allerallerletzte Versuch.

»Danke, das ist sicher nicht nötig. Ist nicht weit von hier, 'n Kilometer die große Straße runter«, antworte ich.

In den Augen meiner Gegenüber blitzt es kurz auf.

Ich blinzle verwirrt.

Doch dann nickt sie nur lächelnd, wünscht mir einen schönen Abend und schließt sich ihren wartenden Freundinnen an.

»Na, du bist ja drauf!«, raunt mir Sammy zu, die plötzlich hinter mir steht.

Ich wende mich zu ihr um und muss ein Gähnen unterdrücken. Ich bin wirklich ziemlich müde. Drei Lesungen und diese Fahrerei. Irgendwann schlaucht das doch – egal, wie nett die Veranstaltungen sind.

»Was meinst du denn?«, will ich wissen und verstaue das Leseexemplar in meiner Tasche.

»Dass du ihr sagst, wo du wohnst. Am Ende lauert sie dir noch auf«, sagt sie und deutet mit dem Kopf zur Tür, wo die Junglesbenclique gerade verschwunden ist.

Ich grunze.

»Ich habe ihr nicht gesagt, wo ich wohne. Ich habe nur …«

Dann breche ich ab.

Mist. Ich habe ihr gesagt, wo ich wohne.

Sammy grinst.

»Wir sehen uns morgen!« Divenhaft wedelt sie mir mit der Hand zu. »Regensburg soll ja auch unheimlich hübsch sein!« Kichernd schiebt sie ab.

Ich frage mich, wieso die drei sich eigentlich um Geld gestritten haben. Offenbar verfügen sie alle über ausreichend davon. Sonst könnten sie es sich doch nicht leisten, tagelang durch Bayern zu reisen, Konzerte, Lesungen und Jugendherbergen zu bezahlen.

Morgen wartet also als letzte Etappe dieser Lesereise Regensburg auf mich.

Ich werde dort schon früh erwartet. Denn dort erhalte ich tatsächlich eine exklusive Stadtführung.

Also wäre es wohl das Beste, jetzt ins Hotel zurückzukehren.

Ich verabschiede mich von allen, werde mit großem Hallo zur Tür hinausbegleitet und mache mich dann auf den Weg die große Straße entlang.

Am Hotel werde ich sicher nicht vorbeilaufen. Das kann ich nicht verfehlen. Es liegt fast genau an dieser Straße, nur etwas zurückgesetzt.

Gleich werde ich mich todmüde und wohlig eingelullt von den Lobpreisungen und dem wohlwollenden Lachen in mein Hotelbett sinken lassen und mich für den morgigen Tag ausruhen.

Ich biege um die letzte Ecke und bleibe wie angewurzelt stehen.

Vor dem Seiteneingang des Hotels wartet jemand auf mich.

Das sehe ich schon von der anderen Straßenseite aus.

Okay. Offenbar haben auch Autorinnen Groupies.

Einige Sekunden lang zögere ich. Schließlich bin ich nicht mehr alleinstehend und kann in solchen Situationen also nicht unbeeinflusst entscheiden, was zu tun ist. Schließlich habe ich zu Hause Familie. Ich überlege, ob ich nicht besser ums Hotel herum zum Haupteingang gehen soll. Ich kenne mich. Ich bin anfällig für so was. Ehrlich gesagt ist mir »so was« noch nie passiert. Aber ich habe es zumindest in der Theorie schon mal im Kopf durchgespielt.

Was ist, wenn sie mir ein eindeutiges Angebot macht? Ich bin mir nicht sicher, ob ich standhaft bleiben könnte.

Ich bin leicht in die Verantwortung zu nehmen.

Kaum habe ich mit einer ein paar Worte gewechselt, tritt sie aus der anonymen Masse heraus, und ich fühle mich ihr schon verpflichtet.

Die Beste Partnerin von allen ist stets in allem sehr verständnisvoll – weil offenbar auch einiges gewohnt –, aber ich habe ehrlich gesagt nur eine vage Ahnung, was sie zu so etwas sagen würde. Denn das haben wir miteinander noch nicht erlebt.

Trotzdem. Ich kann doch jetzt nicht einfach so tun, als hätte ich sie nicht gesehen. Das kann ich vor mir selbst nicht vertreten.

Ich bin supermüde. Morgen steht mir ein anstrengender Tag bevor. Aber dennoch überquere ich die Straße und steure auf den Seiteneingang zu.

Eigentlich habe ich damit gerechnet (oder darauf gehofft), dass sie doch noch der Mut verlässt und dass sie im letzten Augenblick Reißaus nimmt. Aber leider beschränkt sich ihre Rückwärtsbewegung nur auf einen einzigen Schritt.

Ich bleibe mit etwas Abstand vor ihr stehen. Lieber nicht zu nah. Damit sie mich nicht missversteht.

»Na«, sage ich freundlich. »Im Grunde habe ich ja schon fast damit gerechnet, dass wir uns wiedersehen.«

Sie legt den Kopf schief.

Ihre braunen Augen sind ängstlich fragend auf mich gerichtet.

Aber es sind schöne Augen. Wissende Augen. Augen, die etwas verstehen von der Welt, da bin ich plötzlich sicher.

Ich bin mir im Klaren darüber, dass es jetzt sowieso schon zu spät für mich ist.

Ich hoffe nur, die Beste Lebensgefährtin von allen wird Verständnis haben.

Also öffne ich langsam meine Tasche und hole das hübsch verpackte Nürnberger Geschenk heraus.

Sie sieht mir zu, wie ich die Schleife löse, das Papier entferne und die Tüte öffne.

»Wie wäre es mit etwas Lebkuchen?«, frage ich.

Eine halbe Stunde später sitze ich frierend auf der Treppe zum Seiteneingang des Hotels und füttere die braune Hündin immer noch mit Lebkuchenstückchen, als von innen durch die Glastür ein Schatten auf mich fällt.

Ich wende mich um und entdecke zu meiner Erleichterung den Nachtportier.

Ich lege den Zeigefinger an die Lippen und bedeute ihm, leise die Tür zu öffnen.

Er lugt vorsichtig durch den Spalt zu mir heraus.

»Ich denke, wir haben hier eine Entlaufene«, sage ich mit möglichst ruhiger Stimme zu ihm. »Darf ich sie reinlocken, damit wir sie einfangen können? Langsam wird es etwas kalt hier draußen.«

Da ein Nachtportier grundsätzlich für alle Sperenzchen der Gäste Verständnis aufbringen muss, nickt er zaghaft und flüstert: »Sie kennen sich doch mit Hunden aus, oder? Nicht dass sie hier drinnen was anstellt!«

»Ich habe eine Leine im Auto. Aber ich traue mich nicht, rüberzugehen. Ich denke, sie läuft dann wieder weg. Sie ist in tadellosem Zustand. Sieht gepflegt aus und ist ganz lieb. Nur etwas hungrig scheint sie zu sein. Ich glaube kaum, dass sie irgendetwas anstellt«, setze ich hinzu.

Die Hündin späht misstrauisch zum Portier hinauf.

Er wispert: »Wie wollen wir es denn machen? Soll ich von der anderen Seite kommen und sie reintreiben?«

Fast muss ich lachen. Vielleicht mag der Typ Wildwestfilme.

»Ich hab eine bessere Idee«, lächle ich freundlich. »Sie schließen einfach die Verbindungstür, die vom Flur zur Rezeption führt, und ziehen sich dahinter zurück. Ich locke die Hündin dann in den kleinen Flur hier, husche schnell zum Auto hinüber und bin in null Komma nichts mit der Leine zurück.«

Genauso machen wir es.

Die Aktion verläuft unspektakulär, da meine kleine rehbraune Freundin inzwischen alle Scheu vor mir verloren zu haben scheint. Sie macht nicht mal den leisesten Versuch, auszubüxen, und schreckt auch nicht die Spur zurück, als ich ihr die rasch herbeigeholte Retrieverleine vorsichtig um den Hals lege.

Nachdem Nachtportier und ich die Sicherheitszone entschärft und die Verbindungstür wieder geöffnet haben, trabt Madame an lockerer Leine neben mir her, als würde sie mich immer auf meinen Lesetouren begleiten.

»Dürfen Hunde hier eigentlich mit aufs Zimmer?«, erkundige ich mich unverbindlich.

Aber er hat mich durchschaut und erwidert entsetzt: »Sie wollen den doch nicht etwa behalten? Wenn er hier irgendwo weggelaufen ist, dann vermisst ihn doch vielleicht jemand.«

Der Typ hat recht.

Wo habe ich mein Hirn gelassen? Im letzten Manuskript? Ich kann doch so einen Hund, mag er noch so charmant sein, nicht einfach mitnehmen. Vielleicht hat sie hier ja auch Familie! Vielleicht sorgt sich jemand um sie!

Ich seufze.

»Wären Sie so lieb und würden Sie eine Polizeistreife rufen? Jemand muss den Hund ins Tierheim bringen. Aber bitte ohne Tatütata!«

Der Himmel schenkt mir eine Polizistin. Marina, eine meiner lieben Freundinnen, ist Polizistin. Seit sie ihre Staatsprüfung gemacht hat und ich sie immer öfter in Uniform sehe, löst dieses Kostüm bei mir so etwas wie freundschaftliches Behagen aus.

Als die junge Frau auf mich zukommt, habe ich es mir inzwischen auf einem der Warteplätze im Foyer bequem gemacht. Meine hübsche Braune liegt entspannt unter dem Tisch und schläft ihren Lebkuchenrausch aus.

»Sind Sie sicher, dass die nicht zu Ihnen gehört?«, grinst die Polizistin und betrachtet die Bescherung mit hochgezogenen Brauen.

»Ich nähme sie ja mit. Aber was ist, wenn sie hier vermisst wird? Vielleicht ist sie gechipt, und über Tasso kann ihre Familie ermittelt werden.«

»Hatte sie ein Halsband um? Plakette dran oder so?«, fragt die Polizistin.

Ich schüttle den Kopf.

»Und die Leine?«

»Aus meinem Auto. Ich hab eine Hundeschule.«

Sie beugt sich runter, und die Dame unterm Tisch wird langsam wach, streckt und reckt sich, rollt die Zunge aus und wedelt die nette neue Bekanntschaft sogar zaghaft an.

»Was ist, wenn sich niemand meldet?«, frage ich.

»Sie meinen, beim Tierheim?«

»Ja, was ist, wenn niemand sie abholt? Wissen Sie, ich habe selbst Hunde. Also, bevor sie in die normale Vermittlung geht … also, ich könnte mir vorstellen, sie aufzunehmen.« Ein winzig kleines Stoßgebet schicke ich in Richtung Ruhrgebiet, wo die Beste Lebensgefährtin und Hunde-Co-Mutti von allen bestimmt eben just ein paar ganz merkwürdige Schwingungen aufnimmt.

Die Polizistin notiert sich meinen Namen, Adresse und alle Telefonnummern. Dann geleite ich meine Eroberung für den heutigen Abend persönlich hinaus.

Ganz gegen meine Erwartung steigt die kleine Braune problemlos in den Dienstwagen. Die Leine schenke ich ihr. Eigentlich sollten wir allen, die wir uns vertraut gemacht haben – und sei es nur für eine Stunde –, etwas schenken, finde ich plötzlich.

Muss sie denn auch noch so aus dem Seitenfenster gucken, als sie vom Hof fährt?

Ich schaue dem Wagen hinterher, bis er nicht mehr zu sehen ist. Dann schleiche ich durch die Hotelhalle zur Treppe, um endlich in meinem Zimmer anzukommen. Die Beste Lebensgefährtin von allen wundert sich bestimmt schon, dass ich noch nicht angerufen habe.

Der Nachtportier bedenkt mich mit einem mitfühlenden Lächeln.

»Gute Nacht«, wünsche ich ihm.

»Gute Nacht«, erwidert er. »Das war wirklich ein richtig netter Hund, nicht?«

Ich glaube, ab heute werden Nachtportiers grundsätzlich in meiner Gunst ziemlich weit oben rangieren.

Am nächsten Morgen bin ich schon früh unterwegs auf dem Weg nach Regensburg, als mein Handy klingelt. Auf dem Display eine fremde Nummer.

Ich nehme den Anruf an, und da ich keine Freisprechanlage

besitze, schreie ich ins Handy, das ich auf den Beifahrersitz lege: »Ich bin grad auf der Autobahn. Aber vor mir liegt ein Parkplatz. Ein paar Sekunden bitte!«

Wahrscheinlich eine Kundin aus der Hundeschule, die vergessen hat, dass ich für ein paar Tage nicht zur Verfügung stehe.

Doch als ich den Wagen rasch am Seitenstreifen des kleinen Parkplatzes abgestellt habe und den Apparat ans Ohr halte, höre ich zunächst etwas völlig Unerwartetes: Es klingt wie Schluchzen.

»Hallo!«, sage ich. »Jetzt kann ich sprechen. Wer ist denn da?«

Ein Nasehochziehen. Im Hintergrund ein undefinierbares Quietschen.

»Hallooo?«, versuche ich es noch mal.

»Oh ja ... ja! ... Hallo!«, kommt es aus dem Hörer. »Da sind Sie ja! Sie sind doch Frau ... Münter... Mürtel... Mürtelpfennig?«

Es klingt, als lese die Frau, mit der ich spreche, meinen Namen von einem Zettel ab, auf dem in offenbar sehr schmieriger Handschrift ebenjener notiert worden ist.

»Müntefering«, korrigiere ich gutmütig. »Ja, die bin ich.«

»Oh, mein Gott, wie kann ich Ihnen danken?!«, heult die weibliche Stimme wieder auf.

»Sie können mich ruhig weiter Frau Müntefering nennen«, erwidere ich zwischen Amüsement und Verwunderung. »Wofür wollen Sie mir denn danken?«

»Tessy!«, schluchzt es.

»Tessy?«, wiederhole ich.

Mir dämmert es. »Die Hündin, die ich gestern Abend am Hotel getroffen habe?«

»Ja. Tessy. Sie war drei Tage weg! Drei Tage!« Jetzt weiß ich auch, was ich im Hintergrund höre. Es ist Tessys Wiedersehensgeheul. Ziemlich deutlich kann ich darin sogar Worte verstehen: »Drraaaaaaiiiii Taaaahhaaaagääää!«

»Wir hatten einen Autounfall. Nicht wirklich schlimm, aber es hat so geknallt. Frau Mümfelring, das hat soo geknallt! Die Airbags sind aufgeflogen! Es hat gequalmt und alles! Ich dachte, das ganze Teil fliegt uns gleich um die Ohren. Und da sind wir einfach nur raus aus dem Auto. Hab den Kofferraum aufgerissen, und bevor ich gucken konnte, war die Tessy schon auf und davon. Einfach weggerannt, die dumme Nuss! Ich konnt ja auch nicht hinterher, wegen dem anderen Autofahrer. Der hätte ja gedacht, ich will abhauen. Ich hab gerufen und gepfiffen, aber da war nix zu machen. Ich dachte, die kommt schnell wieder. Schließlich ist die Tessy noch nie weggelaufen. Noch nie! Aber sie kam und kam nicht. Und … tja … drei Tage! Und dann immer diese Ungewissheit. Wir wussten ja nicht, ob sie sich vielleicht beim Aufprall was getan hatte. Hätte ja sein können. Und dann so ein verletzter Hund allein in der Stadt. Da kann ja alles Mögliche passieren. Deswegen, Frau Müntelling, ich kann Ihnen gar nicht genug danken. Und die Tessy wohl auch nicht. Was, Tessy? Na, komm mal her! Sag doch auch noch mal schön danke!« Im Hintergrund beginnt das infernalische Geheul erneut.

Ich wusste doch: Es war richtig, nicht vorbeizugehen.

Mein Name ist mein Name ist mein Name

In Regensburg treffe ich Karin.

Wir kennen uns noch nicht lange. Eigentlich erst seit einem knappen Jahr. Kennengelernt haben wir uns bei einer Lesung im schönen Weiden in der Oberpfalz, wo man dem damaligen Veranstalter der literarischen Lesewoche bei mehr als einer Gelegenheit eine ordentliche Portion Mut zuschrieb, weil er mich – die »Tochter« – als Autorin ins schwarze Bayern einzuladen gewagt hatte.

Karin hatte wohl als einzige Lesbe im interessierten Publikum meinem Vortrag gelauscht. Anschließend war sie von der Idee, für mich eine Lesetour durch Bayern zu organisieren, nicht mehr abzubringen.

Hierzu muss ich sagen, dass es immer mal wieder echte Fans meiner Bücher gibt. Aber nur selten welche, die mit solchem Engagement vorgehen und tatsächlich eine komplette Tour mit mehreren Veranstaltungen aus dem Hut zaubern, ehe die Autorin selbst auch nur Piep sagen kann.

Wenn eine derart viel für meine Geschichten übrig hat, dann kann sie doch nur nett sein!

Deswegen freue ich mich riesig, als wir uns auf einem Parkplatz nahe der Autobahn treffen und uns fröhlich begrüßen.

Karin leitet mich mit dem Wagen bis zum Hotel, in dem ich heute Abend mein erschöpftes Haupt zur Ruhe betten werde, und ich bin als Erstes bass erstaunt.

Das Hotel ist kein richtiges Hotel. Jedenfalls keines von denen, wie sie sonst von den VeranstalterInnen für mich gebucht werden. Das Künstlerhaus, wie es sich nennt, befindet sich in einem wunderschönen und nur etwa zweieinhalb Meter breiten Altstadthäuschen, in das unmöglich ein komplettes Hotel reinpasst.

Es stellt sich heraus, dass das Hotel etagenweise gemietet werden kann. Die Veranstalterinnen meiner Lesung waren so reizend, für mich die oberste Etage zu buchen, zu der nicht nur zwei wunderschön und gemütlich eingerichtete Zimmer gehören, sondern auch eine riesige, frei im ersten Raum stehende Badewanne mit extragalaktischem Whirlpool samt Unterwasserbeleuchtung. Ich bin hin und weg! Und beschließe, später auf alle Fälle ein sprudelndes Bad zu nehmen. Wahrscheinlich werde ich vor der Lesung keine Zeit dafür finden, aber offenbar scheint das Hotel etwas unterbelegt zu sein. Sprich: Ich bin wohl der einzige Gast, der hier einquartiert ist. Dann kann ich ja auch nach der Veranstaltung nach Herzenslust wannenbaden und whirlpoolen.

Jetzt ist aber erst mal eine Stadtbesichtigung dran.

Karin hat versprochen, mir Regensburg zu zeigen.

Und so darf ich die herrliche alte Stadt mit einer ortskundigen Führerin kennenlernen, die nicht nur zu allen Ecken und Plätzen etwas zu erzählen weiß, sondern auch den sympathischsten Buchladen und das Café mit dem leckersten Kuchen kennt.

In beiden müssen wir natürlich einen Aufenthalt einlegen.

Buchläden sind in etwa so gefährlich wie Schreibwarenhandlungen. Mein Herz gehört den kleinen Läden, die meist schon viele Jahre am Ort waren, bevor ein paar Straßen weiter die Filiale irgendeiner monströsen Großbuchhandelskette eröffnete. Die kleinen Buchhandlungen sind oft wahre Schatztruhen, in deren Ecken wir unvermutet auf Gold und Diamanten stoßen. Ich verlasse einen solchen Laden selten, ohne etwas gekauft zu haben.

Heute trage ich euphorisch einen Bildband über Frauenreisen zur Zeit der vorletzten Jahrhundertwende unter dem Arm. Ein famoses Mitbringsel für die Begeistertste Geschenkeschätzerin von allen, die daheim auf mich wartet.

Aus dem Café bringe ich vielleicht noch ein paar frische Pralinen mit. Falls die die Heimreise überleben, könnten sie sich gut als Dessert zum Wochenendmittagessen machen.

Zuerst müssen aber der Kuchen und die verschiedenen dargebotenen Geschmacksrichtungen des Kakaos getestet werden.

Karin ruft rasch ihre Freundin Birgit an, damit sie uns zur Unterstützung beispringt. So viele verschiedene Kakao- und Kuchensorten können wir unmöglich zu zweit testen.

Ausgelassen schwatzend und uns unseres lesbischen Lebens

freuend sitzen wir in dem kleinen Regensburger Café und denken an nichts Böses.

Da nähert sich plötzlich ein älterer Herr unserem Tisch. Er ist mir schon aufgefallen, da er öfter von der anderen Ecke des Raumes her zu uns rübergeschaut hat, wo er mit einem anderen älteren Herrn gesessen und Kaffee getrunken hat.

»Guten Tag, die Damen. Bitte entschuldigen Sie, wenn ich störe«, wendet er sich jetzt an mich.

»Guten Tag«, grüßen wir zu dritt wie aus einem Mund zurück.

»Kann ich Ihnen helfen?«, frage ich.

»Irre ich mich, oder sind Sie Frau Müntefering?«, erkundigt er sich höflich. »Ich meine, ich hätte Ihr Bild heute morgen in der Zeitung gesehen.«

Ich bin baff. Der Mann vor uns muss die siebzig bereits weit überschritten haben.

Nie hätte ich gedacht, dass sich auch bei den Männern in dieser Altersklasse Anhänger meiner Bücher finden, die mich dann auch noch in einem öffentlichen Café erkennen.

»Ja, die bin ich!«, strahle ich ihn an. »Sie haben die Ankündigung zu meiner Lesung gesehen! Heute Abend lese ich aus meinem neuen Buch.«

Er richtet sich zu seiner vollen Größe auf, nimmt Haltung an und sagt: »Wenn ich mich vorstellen darf: Toralga mein Name. Robert Toralga. Alter Westfale, den es in den Süden verschlagen hat.«

Er und ich lachen. Karin und Birgit staunen.

Aber leider bleibt auch mir gleich das Lachen im Hals stecken, als Herr Toralga sich höflich erkundigt: »Was war das noch, was Sie nach Regensburg führt, Frau Müntefering?«

Karin räuspert sich.

»Eine Lesung«, wiederhole ich. »Ich bin Schriftstellerin. Derzeit reise ich mit meinem aktuell neuesten Buch durch Bayern und lese abends daraus vor. Vor Publikum.«

»Oh! Aha! Eine Künstlerin! So, so. Fein, fein. Ja, Bücher sind schon was Feines.« Letzteres murmelt er eher zu sich selbst als an uns gewandt. Doch dann geht ein Ruck durch seinen Körper, und erneut scheint er mit Energie aufgeladen.

»Ich kannte früher Ihren Herrn Vater. Tadelloser Mann. Tadellos! Hab ihm damals schon gesagt, dass aus ihm mal was werden wird. Da war ich im Kreis. Mescheder Zeiten, wissen Sie. Hatte die Ehre, Ihren Vater damals wirklich gut zu kennen. Na ja, heute wird er sich wohl nicht mehr an mich erinnern. Bundespolitik … das ist was anderes, nicht?!« Wieder wird seine Stimme leiser und leiser.

Birgit schaut betreten aus dem Fenster. Aus Karins Räuspern wird ein Hüsteln. Ich habe den Eindruck, dass sie nicht weiß, ob sie jetzt lachen darf. Von mir aus dürfte sie. Auch wenn ich nicht sicher bin, wie Herr Toralga das fände.

Ich will gerade etwas Tröstliches sagen, irgendetwas Sozialdemokratisches im Sinne von »Wir ziehen alle am gleichen Strang, egal, ob auf Bundes- oder Kreisebene«, da hebt Herr Toralga die Hand und deutet mit dem Zeigefinger auf mich.

»Sie haben Köpfchen, meine Dame. Das hab ich schon auf dem Foto gesehen. Kein Wunder. Bei dem Vater. Sind Sie auch in der Partei?«

Ich schüttle freundlich lächelnd den Kopf.

Er hebt die Brauen. Vielleicht ist mein Vater in seinen Augen mit meiner Erziehung gescheitert.

»Nicht?«

Wieder Kopfschütteln.

Namenloses Erschrecken auf seiner Seite. »Aber doch auch in keiner anderen!?«

Jetzt muss ich einfach lachen. »Nein. Auch in keiner anderen. Ich sagte es ja schon. Ich bin Schriftstellerin.«

Karin schnaubt in ein Taschentuch, und das hört sich verdächtig nach unterdrücktem Kichern an.

Herr Toralga wirft die Hände gen Decke. »Ja, aber nun, liebe Frau Müntefering, das schließt sich doch nicht aus! Im Gegenteil! Schreiben ist intellektuelle Beschäftigung. Etwas für schlaue Köpfchen. Politik aber doch auch. Sagen Sie bloß, Sie interessieren sich gar nicht für Politik?«

Wenn ich darauf jetzt wahrheitsgetreu und in aller Ausführlichkeit antworten würde, würde ich vor lauter Diskutieren mit einem alten Sozi wahrscheinlich meine eigene Lesung am Abend verpassen. Also versuche ich mich in einigen geschickten Ausweichmanövern, lächle viel und schaue so oft entschuldigend zu Karin und Birgit hinüber, dass ein Mann mit Erziehung und Anstand wie Herr Toralga das nicht übersehen kann.

Er entschuldigt sich nochmals für die Störung, bringt so viel Taktgefühl auf, mir für die Lesung viel Erfolg zu wünschen, und geht mit steifen Schritten wieder zu seinem Kaffeegefährten hinüber, der bereits für beide die Mäntel bereithält.

Beim Hinausgehen grüßen wir uns noch mal überaus freundlich.

Dann tauchen die beiden Herren im Regensburger Altstadtgässchen unter.

»Puh!«, macht Karin. »Ich war knapp vorm Ersticken.« Erst jetzt fällt mir ihr hochroter Kopf auf.

»War das peeeeinlich!«, jammert Birgit. »Sag bloß, so was passiert dir öfter?«

»Ständig«, erwidere ich hilflos lachend. »Echt ständig.«

Gut, dass ich hier mal die Gelegenheit habe, mit einer sich offenbar hartnäckig behauptenden modernen Sage aufzuräumen: Interesse an politischer Arbeit wird definitiv nicht mit den Genen weitergegeben.

Das möchte ich mal ganz klar sagen.

Auch das Wissen um bestimmte Inhalte saugen wir nicht mit der Muttermilch ein beziehungsweise erhalten wir nicht ganz nebenbei, während Papi mit uns Monopoly spielt.

Warum also wurde ich jahrelang im Politik-, Geschichts- und Sozialwissenschaftsunterricht mit dem pädagogeneigenen Satz gequält: »Mirjam, du musst das doch wissen!«?

Als hätte mein Vater nichts Besseres zu tun gehabt, als beim Abendbrot vor versammelter andächtig lauschender Familie über die neuesten politischen Entwicklungen zu referieren oder mir beim freitäglichen Aldi-Einkauf mal so ganz nebenbei die Weimarer Republik zu erläutern.

Genauso wenig wie dieses selbstverständliche Voraussetzen, dass ich doch um Dinge wissen müsse, die für meinen Vater das tägliche Brot bedeuteten, begriff ich als Kind und Jugendliche jene Erwachsenen, die mir Botschaften für meinen Vater mit auf den Weg geben wollten.

Da gab es massenweise Anspielungen auf politische Zusammenhänge, die mir damaligem Teenager so wenig sagten wie einem heutigen Siebzigjährigen der Miniatursatz »Voll fette Beggys, ehy!« (Übersetzt: »Mann, der Typ da hat ja 'ne total coole Hose an!« Genau so bei einer etwa Zwölfjährigen in der Hattinger Innenstadt aufgeschnappt und in meinem Taschengarten verewigt am 9. Januar 2007.)

Da ich also erklärtermaßen genetisch nicht vorbelastet sein kann, können wir außerdem rasch klären, wieso Politik für mich nicht als berufliches oder ehrenamtliches Betätigungsfeld infrage kommt: Ich will keine negativen Energien in meinem Leben!

Negative Energien entstehen unter anderem, wenn ich mich mit gesundem Menschenverstand und ausgeprägtem Gerechtigkeitssinn für das Ausgleichen gewisser gesetzlicher Schieflagen einsetze, hierbei aber lediglich auf verholzte Starrköpfe treffe, die es unter Umgehung humanistischer Grundsätze schaffen, sich nach Altherrenmanier mal wieder durchzusetzen.

Es ist ja nicht so, dass ich es nicht mal versucht hätte.

Schauen wir uns doch mal ein Gesetz genauer an, das mir verständlicherweise besonders am Herzen liegt: das Gesetz zu eingetragenen Lebenspartnerschaften, im Volksmund auch gern Homoehe genannt.

Ursprünglich war es das Bestreben der politisch aktiven Lesben und Schwulen und deren SympathisantInnen, sämtliche Rechte und Pflichten, die zwei liebende Menschen mit dem Eintritt in den Stand der Ehe übernehmen, auch auf gleichgeschlechtliche Paare zu übertragen.

Das schien am einfachsten und am fairsten.

Wo lag das Problem?

Ich kann mich noch an eine Diskussionsrunde in Sabine Christiansens Turm erinnern, an der ich teilnahm – gemeinsam mit Volker Beck, Patrick Lindner, Herta Däubler-Gmelin kontra einen katholischen Bischof, einen CSU-Politiker und weitere verdrängungswürdige Meinungsvertreter der »gottgegebenen« Werte.

Der Titel der Sendung sagte schon alles: *Homoehe – Untergang des Abendlandes?*

Spätestens nach dieser Diskussion war auch mir klar, dass an eine Ehe zwischen Frau und Frau beziehungsweise Mann und Mann nicht im Traum zu denken war.

Dazu müssen wir Folgendes wissen: Die Ehe zwischen Mann und Frau untersteht dem besonderen Schutz des Staats. Und daran dürfen wir Lesben und Schwule nach gutem deutschem und christlichem Recht selbstredend nicht partizipieren.

Das mussten wir nun mal so hinnehmen und akzeptieren. Wir dürfen Steuern zahlen und für den Unterhalt unserer arbeitslosen LebensgefährtInnen aufkommen, aber eine Gleichberechtigung mit heterosexuell lebenden Menschen – nein, das ginge dann doch zu weit. Immerhin ist es inzwischen verboten, uns zu beschimpfen, zusammenzuschlagen und in Zuchthäuser oder Arbeitslager zu stecken. Das ist doch schon mal was.

Da also das Eheziel unerreichbar ist, musste eine Alternative her. Das Kind bekam einen Namen: Eingetragene Lebenspartnerschaft. (Daraufhin entstand ein typischer Szenewitz: »Guten Tag, darf ich Ihnen meine Eingetragene Lebenspartnerin vorstellen?« Wir haben sehr gelacht …)

Mit bestem Willen (den ich als eine, die an das Gute im Menschen glaubt, einfach mal voraussetze) wurde hier ein Gesetz geschaffen, das der Diskriminierung von lesbischen und schwulen Partnerschaften entgegenwirken sollte. Leider führten die vielen Benachteiligungen im Gegensatz zur Ehe jedoch dazu, dass das neue Recht zur Eingetragenen Lebenspartnerschaft den Unterschied zwischen hetero- und homosexuellen Lebensgemeinschaften nur noch hervorhob.

Ein paar Politiker (siehe oben) und Prominente machten sich dennoch für das Gesetz stark. Ich auch.

Denn ich war der Meinung, dass diese erste Hürde zunächst genommen werden müsse, damit in rascher Folge dann durch entsprechende Ausbesserungen eine tatsächliche Gleichbehandlung geschaffen werden könne.

Die Ausbesserungen ließen auf sich warten. Im Jahr 2005 trat dann das Gesetz zur Überarbeitung des Lebenspartnerschaftsrechts in Kraft, auf das wir alle Hoffnungen gesetzt hatten.

Au weh …

Zwar gelten verpartnerte Lesben und Schwule seitdem auch als Zugewinngemeinschaft, dürfen sich offiziell verloben, niemand anderen heiraten und haben bei der Scheidung (die jedoch irreführenderweise immer noch »Aufhebung« heißt) das gleiche Prozedere zu durchlaufen wie Eheleute. Aber – ein großes ABER – dennoch gelten zwei verpartnerte Frauen/Männer vor dem Gesetz nicht als Angehörige.

Die Beste Lebensgefährtin von allen und ich sind vor dem Gesetz zum momentanen Zeitpunkt Fremde. Würden wir einander zur Besten Verpartnerten von allen, würde sich das aber auch nicht ändern.

Welche Auswirkungen dies hat, können wir uns sehr anschaulich am Beispiel der Erbschaftssteuer anschauen.

Das Erbrecht wurde angeglichen. Das bedeutet: Bei bestehendem Testament zum Alleinerbe der Eingetragenen Lebenspartnerin sind die Eltern nur noch pflichtteilsberechtigt über ein Achtel.

Derartige Regelungen sind dann besonders wichtig, wenn in der Partnerschaft oder Ehe gemeinsam ein Vermögen erarbeitet und geschaffen wurde, zum Beispiel durch einen Hauskauf.

Wenn die Beste Partnerin von allen ein Mann wäre und ich weiterhin eine Frau und wir zusätzlich zu diesem Grauen auch noch verheiratet wären, gäbe es im Sterbefall eines Ehegatten einen Steuerfreibetrag (nicht zu versteuerndes Erbe) in Höhe von etwa 307 000 Euro. Unser gemeinsames Haus würde auf den hinterbliebenen Ehepartner überschrieben.

Nehmen wir jetzt mal an, dass die Beste Nichtverpartnerte von allen und ich aber doch ganz offiziell verpartnert wären, dann läge dieser Steuerfreibetrag aufs Erbe bei sage und schreibe 5200 Euro (in Worten: fünftausendzweihundert). Das ist nur fair, denn schließlich sind wir nicht »richtig verheiratet« gewesen und daher vor dem Gesetz keine Angehörigen, sondern Fremde!

Mal im Ernst: Wer hat sich diesen Schwachsinn unter der Fahne der »Diskriminierungsprävention« ausgedacht?

Dieser geringe Freibetrag führt zu einer existenzbedrohenden Situation für den/die Hinterbliebene/n.

Um die hohe Erbschaftssteuer bezahlen zu können, muss womöglich – zusätzlich zum schweren Verlust des geliebten Menschen – auch noch das gemeinsam geschaffene Heim veräußert werden.

Berlin ist, wenn man trotzdem lacht.

Da mir Bundespolitik also offenbar nicht liegt, wenden wir uns der Landespolitik zu.

Es war im Jahr 2000, als in Hamburg ein furchtbarer Unfall passierte: Ein Hund tötete einen kleinen Jungen.

Alarmiert von diesem Vorfall, hochgepeitscht und in Zugzwang gebracht durch die Medien (Danke mal wieder!), schossen von den Schreibtischen der überarbeiteten Minister der Länder die sogenannten Landeshundeverordnungen.

Die besagen zum Beispiel, dass Besitzer großer Hunde (über vierzig Zentimeter Schulterhöhe beziehungsweise über zwanzig Kilogramm Körpergewicht) ihrem zuständigen Ordnungsamt ihre Sachkunde in Hundehaltung beweisen müssen, indem sie eine schriftliche Prüfung ablegen (ähnlich der theoretischen Führerscheinprüfung fürs Auto).

Das ist eigentlich gar keine so dumme Idee. Aus meiner Hundeschulpraxis weiß ich, dass es etliche Hundehalter gibt, die keinen blassen Schimmer von Domestikation, artgerechtem Umgang, inner- und zwischenartlicher Kommunikation, richtiger Erziehung und so weiter haben. Also für die Hunde an sich gar nicht so schlecht, wenn ihre Menschen per Gesetz dazu gebracht werden, sich dieses Wissen anzueignen.

Aber wieso sollen nur die BesitzerInnen großer (oder schwerer) Exemplare diese Erkenntnisse zum Partner Hund erlangen? Haben kleine Hunde nicht auch das Recht, dass ihre Menschen das Notwendigste über ihre Bedürfnisse zumindest mal theoretisch kennengelernt haben?

Nun, bei diesen Verordnungen (welche NRW mittlerweile als Landeshundegesetz zementiert hat) ging es ja nicht um einen Vorteil für die Hunde. Weit gefehlt. Es ging um die Menschen. Die Menschen, die von dreihunderttausend gefährlichen Hunden angefallen und getötet zu werden drohen. Ebenjenen gefährlichen Höllenhunden, die nur darauf warten, die Weltherrschaft oder doch zumindest die Herrschaft über NRW an sich zu reißen.

So jedenfalls wollte uns Bürgern damals der Großteil der Presse glauben machen.

Es stellte sich jedoch schnell heraus, dass nicht alle Hunde gleich böse sind.

Bärbel Höhn, Grünen-Mitglied und damals zuständige Ministerin des Landes, ließ sich auch durch vielgestaltige Proteste von Hundehaltern und Fachleuten nicht davon abbringen, ihrer Landeshundeverordnung zwei Anlagelisten anzuhängen, denen zu entnehmen ist, welche Hunde gefährlicher sind als andere.

Die Annahme, dass manche Hunderassen von Natur aus eher dazu neigen, kleine Kinder totzubeißen, beruht auf einem gravierenden Irrtum. Dieser Irrtum gründet auf der Tatsache, dass manche Hunde größer und kräftiger sind als andere.

Das heißt: Sollte ein großer, beißkräftiger Hund beschließen, Amok zu laufen, wird er natürlich eher Schaden anrichten als ein kleiner Hund mit schiefen Zähnen.

Übertragen wir diese Theorie mal auf eine andere Bühne, zum Beispiel die der Automobile!

Hier müssten wir annehmen, dass ein Golf TDI gefährlicher ist als ein Audi 80 oder Opel Vectra. Das liegt daran, dass eine gewisse, auch am Alter auszumachende Klientel dazu neigt, den PS-starken Flitzer zum mächtig Angeben tieferzulegen, während die andere einen gemütlichen Wagen zum samstäglichen Einkaufen in der Garage verwahrt.

Ganz objektiv betrachtet muss ich jetzt zugeben, dass ein tödlicher Unfall mit dem TDI wahrscheinlicher ist als mit dem Audi 80. Wäre das anders, hätten die Versicherungen niemals die Typenklassenversicherung eingeführt.

Die Wahrscheinlichkeit, dass der Audi 80 einen selbst verschuldeten Unfall mit Schlimmerem als nur einem Lackschaden fabriziert, steigt allerdings augenblicklich sprunghaft an, wenn wir die Fahrer bitten, die Wagen zu tauschen.

Denn der hormongesteuerte Angeberwagentyp wird wahrscheinlich eher dazu neigen, risikoreich zu fahren, als der Senior mit Hut und selbstgehäkelter Klopapierrolle auf der hinteren Ablage – auch wenn der plötzlich 100 PS mehr unterm Schonsitzkissen hat.

»Natürlich ist das so. Schuld an dem Unfall ist doch schließlich nicht der Wagen«, werden jetzt alle kopfschüttelnd sagen. »Schuld an dem Unfall ist der Fahrer!«

Richtig.

Noch Fragen?

Wenn jedoch die Fabrizierer der Anlagelisten zur Landeshundeverordnung schon darauf bestanden, dass die sogenannten Beißstatistiken einen deutlichen Hinweis darauf geben, welche Hunde (wohl eher deren Halter) gefährlicher sind als andere, so mutet es seltsam an, dass die Hunderasse, die in den sowieso lückenhaften Statistiken über zur Anzeige gebrachte Beißvorfälle am häufigsten genannt wurde, nicht in der Verordnung auftaucht.

Die Mutmaßung liegt nahe, dass auch die Bewertung der Gefährlichkeit von bestimmten Hunderassen zu einer Lobbysache geraten ist.

Ja, so ist sie, die Politik.

Also, wenn ich Politik machen würde, dann würde ich als Entscheidungsträger vor der Erlassung von Gesetzen Leute fragen, die Ahnung von der Materie haben. Ich finde, wir können von unseren Politikern nicht verlangen, dass sie bei allem den Durchblick haben, was ihnen auf den Schreibtisch und den Medien vor die Kamera kommt.

Aber meine Meinung dazu ist irrelevant. Genauso wie die Meinung der zahlreichen Hundefachleute, die sich in geradezu demütigender Weise dem zuständigen Ministerium anboten, um bei der Ausarbeitung eines Hundegesetzes behilflich zu sein – wenn es denn schon unbedingt eines geben muss.

Ich spreche nicht von selbst ernannten, emotional herumkrähenden Besserwissern, die seit fünfundzwanzig Jahren stark übergewichtige Cockerspaniels halten. (Ich habe hier extra Cockerspaniels gewählt, damit niemand mir vorwirft, ich würde die an dieser Stelle genannte Hunderasse oder deren Halter nicht mögen!)

Ich spreche noch nicht mal von bestens ausgebildeten und nach modernstem Wissensstand arbeitenden HundetrainerInnen wie mir selbst und etlichen KollegInnen.

Vielmehr spreche ich von angesehenen und seit Jahrzehnten in dieser Thematik arbeitenden KynologInnen und SpezialistInnen, die trotz sachlichster Argumentation, der sich gesunder Menschenverstand eigentlich nicht verschließen sollte, nicht erhört wurden.

Verordnungen wurden losgelassen. Gesetze wurden beschlossen.

Diejenigen, die es tatsächlich besser wissen, stehen machtlos daneben.

Aber ich will nicht nur meckern. Politik machen ist nicht einfach. Und deswegen freute ich mich ganz besonders, als endlich über ein Nichtraucherschutzgesetz verhandelt wurde.

Ich darf es so nennen, weil es genau so ist: Dieses Gesetz sollte uns Nichtraucher endlich davor schützen, in öffentlichen Räumen wie Restaurants und Kneipen weiterhin den giftigen Einflüssen dieser Droge ausgesetzt zu sein.

Ich hechelte dem Tag der Umsetzung bereits entgegen. Viel zu lange hatte mir der blaue Qualm die Freude am Essen außer Haus oder an einem abendlichen Bistrobesuch verdorben. Doch dann fiel irgendjemandem auf, dass ein solches Gesetz gar nicht in die Zuständigkeit des Bundes gehört. Ob sich die RaucherInnen von nun an grämen müssen, weil sie uns nicht länger in aller Öffentlichkeit mit ihren krebserregenden Substanzen zunebeln dürfen, sollten bitte schön die Länder entscheiden. Und schon war das Gejammer der Gastronomen, die ihre rauchenden Kunden ausbleiben sahen, nicht mehr Sache der Bundesregierung.

Die zu erwartenden Klagen der Kneipenbetreiber, konträr geführte Diskussionen in allen Medien zu dem befürchteten Aus sämtlicher kleiner Lokalitäten wurden rasch an die Länder weitergereicht.

Im Ruhrgebiet hatten wir Glück, und unsere Landesregierung in NRW konnte an den Erkenntnissen der Krebsforschung aus den letzten Jahrzehnten einfach nicht vorbeisehen. Zur gleichen Zeit, zu der dieses Buch erscheint, tritt nun also das von mir herbeigesehnte Gesetz endlich in Kraft.

Bei all diesen Überlegungen kann ich irgendwie sogar verstehen, wieso annähernd neunzig Millionen MitbürgerInnen zum Thema Politik ein schwaches Lächeln und die Aussage parat haben: »Ich kann ja eh nix ändern!«

Mich selbst motiviert es auch nicht gerade, in einer Partei mitmischen zu wollen. Vereine jeglicher Art haben mich noch nie gereizt.

Ich halte es lieber mit den politischen Aktivitäten auf privater Ebene, auf der ich selbstverständlich für alle sichtbar eine lesbische Beziehung lebe, Hundehalter mit Staffordshire-Terriern freundlich grüße und mir mein Lieblingscafé ausgesucht habe, weil es dort nicht nur die weltbesten Kakaokreationen gibt, sondern auch schon lange vor dem entsprechenden Gesetz ein vom Geschäftsführer ausgesprochenes Rauchverbot.

Mit dem mir eigenen Gottvertrauen hoffe ich darauf, dass trotz so mancher Schieflagen im Paragrafendschungel alles einen verhältnismäßig guten Lauf nimmt.

Im Grunde geht's uns in unserem Land doch gut. Ich darf sagen, was ich will. Ich darf lieben, wen ich will. Es gibt die Pressefreiheit (leider …). Und um all das zu regeln, gibt es Menschen, deren Job genau das verlangt: Politiker.

Nur mein Beruf könnte das nie sein. Aus politischer Arbeit halte ich mich raus. Bitte keine negativen Energien in meinem Leben!

Nachdem ich mich in meiner Hoteletage enorm frisch gemacht habe, schreiten Karin, Birgit und ich zum Veranstaltungsort, dem *Café Schalander*. Als Karin gerade sagt »Da vorn siehst du es schon«, entdecke ich vor uns auf der Straße eine einsame Gestalt, die mir vage vertraut vorkommt.

»Sammy?«, rufe ich.

Sie dreht sich um und lacht, als sie mich sieht. »Hi! Da bist du ja wieder!«

»Das ist Sammy!«, stelle ich sie meiner kleinen Eskorte vor. Natürlich habe ich während des Stadtbummels von den vorherigen Lesestationen und auch von den Erlebnissen drumherum berichtet – da gehört Sammy schließlich dazu.

Die drei geben sich die Hand und lächeln freundlich.

»Was machst du denn hier so ganz allein? Wo sind Kirsten und Vera?«, will ich sofort wissen.

»Ehm, na ja…«, druckst Sammy herum. Wie sie es sagt, weiß ich sofort, was jetzt kommen wird. »Ich denke, sie sind wahrscheinlich schon fast wieder zu Hause.«

»Oh nein! Sammy! Nicht schon wieder!«, entfährt es mir. Ein paar Frauen, die gerade das *Café Schalander* betreten wollen, mustern uns neugierig.

»Vera ist eine Schmeißfliege«, brummt Sammy. »Einfach nicht totzukriegen.«

Ich hake mich bei ihr ein. »Na, dann komm erst mal mit rein! Wo wirst du schlafen?«

»Jugendherberge«, nuschelt sie. Im Licht des Cafés finde ich plötzlich, dass ihre Augen gerötet wirken.

Dass die Liebe uns aber auch immer so zu schaffen machen muss!

Wir suchen für meine Begleiterinnen erst mal günstige Plätze aus. Sie landen direkt neben einer Gruppe junger Lesben, die gute Stimmung verbreiten.

»Ist hier noch frei?«, erkundigt sich Sammy höflich bei einer von ihnen.

»Klar, setz dich!«, lautet die lockere Antwort. Dann fügt die Kurzhaarige mit leuchtend hellen Augen hinzu: »Ich bin Nina.«

»Sammy«, sagt Sammy und sieht mich etwas verloren an.

»Ich richte mich da oben schon mal ein«, murmele ich rasch und verdrücke mich in Richtung Bühne. Ich nehm sie gern morgen in meinem Auto mit. Aber ihre sozialen Kontakte muss Sammy schon selbst regeln.

Das tut sie nach anfänglichen Startschwierigkeiten offenbar auch. Denn immer, wenn ich aus Gesprächen mit der Frau hinter dem Büchertisch, einer Leserin aufschaue, die sich schon jetzt ein signiertes Exemplar sichern will oder den Veranstalterinnen, scheint Sammy sich da unten nicht mehr verloren zu fühlen. Im Gegenteil. Sie unterhält sich derart angeregt mit ihrer neuen Bekanntschaft Nina, dass die beiden den Beginn der Veranstaltung zunächst gar nicht mitbekommen. Karin muss Sammy sanft in die Rippen stoßen.

Ich stelle mich kurz vor, erzähle etwas über das Buch, aus dem ich lesen werde, und dann lege ich los.

Ich lese die Zeilen, die ich die letzten Abende auch gelesen habe. Und auch schon anlässlich einiger Veranstaltungen vorher.

Ich lese aus einer Geschichte, die ich in- und auswendig kenne. Schließlich habe ich sie selbst erfunden.

Und trotzdem kommen mir die Worte heute ein wenig anders vor.

Neuer. Zukunftsweisender. Mut machender.

Diese Geschichte ist lange schon geschrieben.

Obwohl sie mich einmal sehr beschäftigt hat, ist mittlerweile eine neue an ihre Stelle gerückt. Eine, die daheim auf meinem Rechner darauf wartet, dass ich an ihr weiterfabuliere, sie zu Ende bringe.

So eine Art von Unbeständigkeit könnte mich ja auch verunsichern oder gar deprimieren. Aber heute Abend ganz und gar nicht. Denn heute Abend erscheint mir die ständige Erneuerung, das Fortfließen der Geschichten, das Entstehen von weiteren und noch einer und noch einer wie ein gutes Omen.

Besonders stark fesselt mich dieses Gefühl, wenn ich hinunter ins Publikum blicke und Sammy neben Nina sitzen sehe. Ja, das macht mir aktuell ein ziemlich gutes Gefühl.

Und so wird die ganze Lesung von einer Leichtigkeit begleitet, die sich offenbar auf die ZuhörerInnen überträgt. Auf vielen Gesichtern sehe ich am Ende der Veranstaltung ein beinahe seliges Lächeln.

Auch als der offizielle Teil des Abends längst beendet ist, wollen die meisten noch nicht gehen. Sie sitzen und stehen in Grüppchen herum, erzählen, lachen, flirten.

Sammy auch.

Sieht jedenfalls so aus.

Ich schlängle mich durch die Menge und bleibe schließlich neben meiner Immer-mal-wieder-Beifahrerin stehen.

»Bist du es nicht langsam leid, jeden Abend das Gleiche zu hören?«, frage ich, und sie erschrickt ein bisschen, weil sie ganz versunken zu sein schien in ein lapidares Gespräch mit der sympathischen Nina.

»Ach was, ich hole nur auf, was ich in den letzten Jahren zu wenig gelesen habe. Könnte mir vorstellen, dass ich demnächst alle deine Bücher lese. Auch wenn das schon so viele sind.«

Wir flachsen ein bisschen herum. Nina weicht nicht von Sammys Seite, und ich stelle fest, dass der Abend sich ganz in meinem Sinne entwickelt.

Als Sammy für uns drei Getränke von der Theke holt, entsteht eine kleine Schweigepause zwischen Nina und mir, die ihr wohl unangenehmer ist als mir. Sie kann es schließlich nicht mehr aushalten, räuspert sich und fragt: »Ist dein Name eigentlich eher ein Segen oder ein Fluch?«

»Wieso sollte es ein Fluch sein, Mirjam zu heißen?«, frage ich zurück, und wir lachen beide gutmütig.

Natürlich meinte sie nicht meinen Vornamen. Natürlich komme ich um die Antwort nicht herum.

Seit ich denken kann, werde ich nach meinem Namen gefragt.

»Bist du nicht die Tochter von …?«

In meinem Studium der Theater-, Film- und Fernsehwissenschaften habe ich diese Frage in anderem Zusammenhang kennengelernt.

Zu der Zeit war Gerd Müntefering, mit dem ich tatsächlich nicht im mindesten verwandt oder verschwägert bin, ein hohes Tier beim Westdeutschen Rundfunk.

Hin und wieder tauchte sein Name auf, in Seminaren weniger, eher in der Cafete, wo meine Kommilitonen ihre Vorlesungen schwänzten, um konstruktive Pläne rund um ihre zukünftigen, möglichst steilen Karrieren beim Fernsehen zu schmieden.

Da geschah es also manchmal, dass bei meiner Vorstellung in den einen oder anderen Augen der gewisse Funke Interesse aufglomm, der stets zu beobachten ist, wenn jemand in einer frisch gemachten Bekanntschaft Nützliches wittert.

»Ach, Müntefering?«, hieß es dann, und ich ahnte bereits die Fortsetzung meines Teenagertraumas. »Bist du etwa verwandt mit … (hier verdrehte ich bereits innerlich die Augen) … Gerd Müntefering?«

UPS!

»Äh … Gerd?«, fragte ich verwundert zurück.

»Ja, der beim WDR.«

»Nö«, durfte ich da sagen. »Den kenn ich nicht.«

»Ach so …« Der Funke des Interesses verglomm so schnell, wie er aufgeblitzt war, und ich war wieder nur eine von vielen Cafeten-Bekanntschaften, die wir als Studenten nun mal so machen.

Die wenigen Male, da ich auf meinen Namen angesprochen wurde, dieser aber in einen anderen Zusammenhang gebracht wurde, sind mir alle noch im Gedächtnis – so selten kam das vor.

Zum Beispiel ein netter Hundebesitzer in einer Gruppenstunde meiner Hundeschule. Nach ein bisschen Um-den-heißen-Brei-Herumreden wollte er von mir wissen: »Was ich schon immer mal fragen wollte. Ihr Name ist ja nicht so häufig … Haben Sie etwas zu tun mit … (mein Nicken wurde vom Großhirn bereits eingeleitet) … dem Containerdienst aus Herne?«

Stutz.

»Nein.«

»Nein?«

»Nicht die Bohne.«

»Na ja, nichts für ungut. Hätte ja sein können, bei einem so seltenen Namen …«

Oder die Frau im Dortmunder Kostümverleih, die ich kurz nach Erscheinen meines ersten Buchs anrief, um für einen Fernsehdreh ein Sherlock-Holmes-Kostüm auszuleihen.

»Ich lege Ihnen das Kostüm schon mal raus. Darf ich Ihren Namen notieren?«

»Müntefering.«

»Müntefering? … OH! Sind Sie nicht … sind Sie etwa … (Seufzen bereits in der Kehle geformt) … die Frau, die dieses Buch geschrieben hat?«

»Ja!« Ja! Ja! Ja! Das war definitiv die richtige Frage!

»Mensch, toll, dass ich Sie kennenlerne! Meine Nichte hat es mir geliehen. Klasse Buch! Ehrlich!«

Klasse Telefonat! Auch ehrlich!

Solche Wortwechsel sind also, wie gesagt, extrem selten.

Sie wurden mit aufsteigender Karriere meines Vaters auch immer seltener.

Spätestens seit seinem Rücktritt als Minister kennt wirklich jede/r unseren Familiennamen.

Hießen wir Schröder, wäre das nicht passiert.

In diesem Fall sprächen auch alle unseren Nachnamen richtig aus.

Denn in der deutschen Sprache wird im Allgemeinen die erste Silbe des Nachnamens betont.

FELDmann. MEIer. LEUnershagen. MÜNtefering? Nee, eben nicht!

Wir sprechen unseren Namen anders aus. Und zwar betonen wir die dritte Silbe. Sodass daraus ein MünteFEring wird.

Leider weiß keine Menschenseele, wieso wir das so machen und damit die übliche deutsche Sprachweise durcheinanderbringen.

Aber unsere komplette Verwandtschaft spricht unseren Namen so aus: Mün-te-FE-ring.

Vielleicht ließe es sich erklären, wenn wir Ahnenforschung betreiben würden und herausfänden, woher der Name überhaupt stammt. Bis dahin ist es so, wie es ist, und alle Welt spricht unseren Namen falsch aus.

Diesen eher ungewöhnlichen und seltenen Namen.

Dessentwegen ich ständig angesprochen und nach meinen verwandtschaftlichen Verhältnissen zu »diesem Politiker« abgeklopft werde.

Wenn's beim reinen Nachfragen bliebe, hätte ich ja vielleicht nichts dagegen. Neugierde ist erlaubt. Ich hätte wirklich ein Nachsehen.

Was aber so gar nicht geht, ist das, was in vielen Fällen meiner der Wahrheit entsprechenden Antwort folgt.

Die Bedienung an der Fleischtheke, die sich meine Knochenbestellung für die Hunde notiert, der Hermes-Bote, sogar der Kundenbetreuer vom Klamottenversandhaus haben offenbar alle etwas zu sagen. Nicht etwa mir, sondern meinem Vater.

Und das kann ich einfach nicht begreifen: warum sich erwachsene Leute nicht entblöden, mir mit einem jovialen Lächeln gute Tipps und Ratschläge für meinen Vater mit auf den Weg zu geben.

Die Bemerkungen reichen von herzlich gemeinten Grüßen über konstruktive, wohldurchdachte Verbesserungsvorschläge zu

Hartz IV bis zu süffisanten Bemerkungen dazu, dass mein Alter ja wohl ein bisschen mehr springen lassen könnte, damit sein Nachwuchs (der immerhin bald vierzig wird) im Baumarkt nicht zu den Bedingungen der 20%-auf-alles-Aktion einkaufen muss.

Was soll ich diesen Menschen dann antworten?

Ich sehe meinen Vater nur wenige Male im Jahr. Und ich werde bei einer solchen Gelegenheit sicherlich keine Liste hervorkramen, um ihm wichtig zu unterbreiten, welche Meinungsumfragen zu seiner politischen Arbeit ich in den vergangenen Monaten zusammengetragen habe.

Ich kann ja nachvollziehen, dass die Menschen, die zu diesem letzten Mittel greifen, dies aus einem Gefühl der Ohnmacht heraus tun. Näher als an mich kommen sie an meinen Vater doch nie heran. Abgeschmettert von Bodyguards und Vorzimmerdamen, hat kein normaler Steuerzahler die Chance, ihm mal die Meinung zu geigen oder – im besseren Fall – einen konstruktiven Vorschlag zu unterbreiten.

Aber glauben diese Menschen denn tatsächlich, dass ich nach unserem zufälligen Treffen nichts Eiligeres zu tun habe, als ihre ironischen Äußerungen oder basissozialdemokratischen Grüße nach Berlin zu tragen wie Eulen nach Rom?

Eine andere Geschichte geht wie folgt:

Wer hat eigentlich nichts gegen Politiker, die sich der Korruption und des Steuerbetrugs schuldig machen?

Niemand meldet sich auf diese Frage? Ist doch klar! Klüngelei und Betrug an armen Steuerzahlern durch Vielverdiener sind nicht gern gesehen. Zu Recht.

Alle schreien und toben, sobald mal wieder ein Fall aufgedeckt wird, in dem ein Politiker nicht allzu korrekt war und sich Geld, das ihm nicht wirklich zusteht, in die eigene Tasche gescheffelt hat. Ich bin vollkommen Ihrer Meinung!

Wenn es allerdings darum geht, selbst einen Vorteil zu erlangen, ist sich niemand zu schade, »die Tochter« um einen Gefallen zu bitten.

2006 war das Jahr des sportlichen Weltereignisses: Fußball-WM in Deutschland!

Es war plötzlich populär, mit kleinen, schwarzrotgoldenen Fahnen am Auto herumzufahren. Und nicht nur das: Über den Zeitraum einiger Wochen durfte ich mich einer ungewöhnlichen Beliebtheit bei Menschen erfreuen, die mich tangentenhaft kannten oder mal gekannt hatten.

Ferne und noch fernere Bekannte erinnerten sich plötzlich meiner, riefen fröhlich an oder schrieben emphatische Wiedersehens-E-Mails. In denen hieß es dann, dass sie allein die größten Fußballfans der Welt seien und alles darum gäben, ein Spiel – egal, welches (da ließ man mir gnädigerweise die Wahl!) – live im Stadion mitzuerleben.

In dieser Phase der Mail oder des Telefonats näherten wir uns nun dem eigentlichen Kern. Denn da hieß es: Da doch mein Vater ganz gewiss unzählige (!) Karten für die Fußballweltmeisterschaft erhalten habe und sie aufgrund seiner vielen wichtigen Termine sicher nicht immer selbst nutzen könne, würden sich die E-Mail-SchreiberInnen oder AnruferInnen glücklich schätzen, eine (oder auch zwei oder drei) dieser Karten zu erhalten – über den Preis, gut, darüber könnten wir doch sicher dann in Ruhe reden.

Ehm.

Ich weiß ja nicht, ob ich da was falsch verstehe.

Aber ist es nicht so, dass Menschen, die mit solcherlei Fragestellung an mich herantreten, wie selbstverständlich davon ausgehen, dass

a) Bundespolitiker alles – also auch Fußballweltmeisterschafts-Karten – in den Arsch geschoben bekommen?
b) ebenjene Politiker automatisch auch bereit sind, die Karten (die sie in Wahrheit gar nicht besitzen) an den Meistbietenden zu verhökern und sich somit ein bisschen »extra Taschengeld« zu verdienen?
c) ich »als Tochter« keinerlei Skrupel habe, bei diesem Bereicherungskomplott gern und mit einem freundlichen Lächeln mitzumachen?

Was mich daran so besonders verdrießlich stimmt, ist die Tatsache, dass genau diese Menschen wohl wenig zurückhaltend wären, wenn es um die Anklage eines Politikers in Sachen Bestechung oder

Schmiergeldaffäre geht. Erst recht, wenn »die Tochter« (denn der Apfel fällt ja nicht weit vom Stamm, das wissen wir doch alle) auch darin verwickelt wäre.

So was halte ich für charakterlich bedenklich.

Da ich schon bei penetranten Mitbürgern bin, kann ich auch gleich einen kleinen Rundumschlag machen und rasch erzählen, was ich gern immer wieder bei Interviews zu einem meiner neuen Bücher erlebe.

Dabei spielt es eigentlich keine Rolle, ob es sich um Printmedien, Hörfunk oder das Fernsehen handelt.

Im Gegensatz zu Interviews für die Printmedien haben Talksendungen den Vorteil, dass die ModeratorInnen in der Regel AssistentInnen im Hintergrund haben, welche die zu betreibende Recherche vor einem Beitrag tatsächlich so ernst nehmen, wie ich sie in meiner Ausbildung zu nehmen gelernt habe. Sie nehmen sich die Zeit, meinen Namen im Internet in einer Suchmaschine einzugeben und ein paar der gefundenen Artikel tatsächlich zu lesen!

Hier ist eine Menge herauszufinden. Trotzdem schaffen es meine (ehemaligen) PressekollegInnen immer wieder, mich mit einer erfrischenden Punktlandung im schmerzhaften Bereich zu erfreuen.

Hier einige Beispiele.

(Achtung! Folgende Interviews sind rein fiktiv! Eventuelle Ähnlichkeiten mit bereits stattgefundenen oder in der Zukunft stattfindenden Pressegesprächen sind rein zufällig, aber echt überhaupt nicht unwahrscheinlich!)

Presse: Frau Müntefering, Sie haben ja eine laaange Fahrt auf sich genommen, um hier heute Abend zu lesen …
Autorin: Ja, und dabei reise ich so ungern.
Presse: Tatsächlich?
Autorin: Ja. Echt.
Presse: Sehr ungewöhnlich.
Autorin: Ich weiß. Ich war schon immer so.
Presse: Schon als Kind?
Autorin (überlegt kurz): Ja, ich denke schon …
Presse: Was hat denn damals Ihr Vater dazu gesagt?

Eine andere Variante wäre auch denkbar.

Presse: Guten Abend, Frau Müntefering, Sie sind also heute hier, um Ihr erstes Buch vorzustellen, da wollte ich Sie direkt fragen …

Autorin: Mein siebzehntes …

Presse: Bitte?

Autorin: Es ist mein siebzehntes Buch.

Presse: Tatsächlich?

Autorin: Ja. Echt.

Presse: Ehm … das heißt, Sie schreiben schon ziemlich lange?

Autorin: Na, so alt sehe ich doch auch wieder nicht aus …

Presse: Wann haben Sie denn mit dem Schreiben angefangen?

Autorin: Als Teenager.

Presse: Und was hat damals Ihr Vater dazu gesagt?

Oder noch knackiger auf den wesentlichen journalistischen Punkt gebracht:

Presse: Frau Müntefering, wie lebt es sich mit diesem Namen?

Autorin: Wenn ich nicht immer danach gefragt würde, eigentlich ganz okay.

Sie schmunzeln? Ich sehe, wir verstehen uns.

Berechtigt es mich nicht dazu, meine Langeweile deutlich an den Tag zu legen, wenn aus betont interessiert lächelnden Mündern immer nur die gleichen Fragen gestellt werden? Wenn diese immer gleichen Fragen wenigstens spannend zu beantworten wären. Oder knifflig. Oder brisant. Aber nein.

Über mein Privatleben will die Presse meistens nichts weiter wissen. Jedenfalls nichts, was über meine Herkunftsfamilie hinausgeht.

Manchmal habe ich den Eindruck, dass trotz aller viel beschworenen lässigen Handhabung mit dem Thema Homosexualität doch viele Berührungsängste bestehen und Fragen in diese Richtung lieber ausgeklammert werden.

Vielleicht sollte ich darüber froh sein. Schließlich ist es auch für mich nicht erstrebenswert, wenn Journalisten sich nach den letzten Weihnachtsgeschenken meiner Freundin, unseren gemeinsamen Urlaubsplänen oder so ganz nebenbei nach unserem Liebesleben erkundigen.

Wobei solche Fragen zumindest mal eine Abwechslung wären.

Ich könnte darauf empört mit den Brauen zuckend oder süffisant grinsend mit »Na, hören Sie mal!« oder »Sie sind ja ein ganz Schlimmer!« antworten.

Denn mit »fast vierzig« immer nur auf den Vater angesprochen zu werden ist ermüdend.

Ich will gar nicht davon sprechen, dass es einfach nervt, immer auf den Begriff Tochter reduziert zu werden, oder davon, dass die Wertschätzung meiner verwandtschaftlichen Verbandelung im Gegensatz zu allem, was ich aus eigener Kraft bisher geleistet habe, einfach nur hirnrissig ist.

Aber ich möchte sagen, dass es mich wirklich wirklich freuen würde, einmal auf eine Journalistin / einen Journalisten zu treffen, die/der einen Artikel zu meinem neuen Buch schreibt und tatsächlich den Mumm aufbringt, den Nebensatz »übrigens die Tochter von …« einfach aus dem Textentwurf zu streichen.

Mein Name ist mein Name ist der Name einer mittelmäßig erfolgreichen Autorin und der Betreiberin eines kleinen, aber überdurchschnittlich erfolgreichen Hundeschulunternehmens im Ruhrgebiet.

Ehe ich mich versehe, hab ich Nina und der bald wieder zu uns stoßenden Sammy so einiges von all dem erzählt. Wieso auch nicht. Sammy werde ich sowieso nie wieder los. Und so wie es aussieht, sind sie und Nina kurz davor, ihre Handynummern auszutauschen. Da kann Nina doch ruhig schon mal erfahren, wo sie da einheiraten … Verzeihung … einverpartnern wird.

Sammy ist gerade so weit, die letzten Ziffern ihrer Nummer in Ninas Adressbuch zu zitieren, als direkt hinter ihr ein Gesicht auftaucht, das ich hier nicht erwartet habe und grad auch nicht willkommen heißen kann.

»Gut, dass du noch hier bist!«, ruft Kirsten durch das Stimmengewirr um uns herum.

Sammy schießt herum und wird vor lauter Schreck rot wie eine Cherrytomate.

Nina macht große Augen. Erst mal. Aber als Kirsten die völlig überraschte Sammy mit den Worten »Kann ich dich mal einen Augenblick sprechen?« mit in den ruhigeren Flur vor den Toiletten zieht, kramt Nina genauso in ihrem Rucksack herum, wie ich es täte, wenn ich nicht weiterwüsste.

»Sie kommt bestimmt gleich wieder!«, rufe ich ihr zu und zwinkere zuversichtlich. »Bestimmt ist nur kurz was zu regeln. Soll ich dir noch 'ne Cola mitbringen?«

Nina sieht zu Sammy hinüber, die weit hinten an der Wand im Flur lehnt und angestrengt Kirsten zuhört. Offenbar gibt es eine Menge zu erzählen.

»Nein, danke«, antwortet Nina mir und reicht mir ihre leere Flasche. »Kannst du die bitte mit zur Theke nehmen?«

»Klar.« Ich husche rasch zum Tresen und gebe meine Bestellung auf.

Zwei Frauen, die ein paar Fragen zu meinem letzten Buch und gar keine Ahnung von dem gerade stattfindenden kleinen Drama haben, halten mich ein paar Minuten lang auf.

Als ich zurückkomme, ist Nina verschwunden. Die sympathischen jungen Frauen, mit denen sie unterwegs war, sind auch nicht mehr zu entdecken.

Na, super.

Ich hoffe nur, Sammy hat ihre Nummer!

Hat sie natürlich nicht!

»Oh nein, so ein Mist!«, fluche ich, als sie bedauernd den Kopf schüttelt und mit ratlosem Blick zur Tür sieht, durch die auch Kirsten gerade wieder abgedampft ist.

»Was wollte Madame Hinundher denn? Ich dachte, sie ist längst auf dem Weg nach Hause. Und wo steckt Vera?«, will ich wissen. Die Geschichte wird langsam kompliziert. Zu kompliziert für eine Frau in meinem Alter. Waren Junglesbendramen damals auch schon so verworren, als ich selbst knapp zwanzig war?

»Vera sitzt im Zug nach Hause«, informiert mich Sammy. Sie schaut immer noch zur Tür und macht den Eindruck, als könne sie nicht recht glauben, was sie gerade erlebt hat.

»Oh, da wird ihr das Navi aber nicht viel nützen«, kommentiere ich säuerlich.

Daran, dass Sammy nur kurz schief grinst, sehe ich, dass sie wirklich durcheinander ist.

»Hey, der Witz war doch wirklich gut«, knurre ich.

»Kirsten hat sich bei mir entschuldigt«, stammelt Sammy. »Sie hat gesagt, dass sie schon die ganze Zeit ein dummes Gefühl bei der Sache hatte …«

»Sag nur!«, unterbreche ich sie und rolle mit den Augen.

»… und als sich heute Nachmittag dann schon zum zweiten Mal auf dieser bekloppten Reise unsere Wege getrennt haben, sind Vera und sie total aneinandergeraten. Vera wollte echt ohne mich heimfahren. Kirsten wollte mich aber nicht hängen lassen und heute Abend hierherkommen und mich wieder auflesen. Na ja, der Streit hat wohl länger gedauert. Jedenfalls ist Vera dann abgedüst und sitzt jetzt im Zug. Die Freundschaft scheint im Arsch zu sein«, setzt Sammy nicht ohne eine durchaus verständliche Portion Genugtuung hinzu.

»Und jetzt?«, frage ich. »Wieso hast du sie weggeschickt?«

Sammy macht eine Handbewegung, als wolle sie eine Fliege verscheuchen.

»Ich muss erst mal allein sein. Ich hab ihr gesagt, einmal ausgebootet zu werden ist ja schon scheiße. Aber zweimal geht irgendwie gar nicht. Das muss erst mal sacken. Sie holt mich morgen an der Jugendherberge ab. Übernachtet wohl irgendwo anders hier in der Stadt. Sie hat 'n bisschen mehr Geld als ich, weißt du.«

Ich weiß einiges. Auch dass ich jetzt mächtig enttäuscht bin, dass ich morgen den Heimweg doch allein antreten muss.

Auf die abwechslungsreiche Unterhaltung hatte ich mich schon gefreut. Bestimmt wären die quälenden Stunden, bis ich endlich wieder heimischen Boden unter den Füßen spüren würde, gemeinsam mit Sammy schneller vergangen.

Nach einer herzlichen Verabschiedung von den Regensburgerinnen machen Sammy und ich uns schließlich gemeinsam auf den Weg.

Ein Stückchen können wir zusammen gehen.

Das kommt mir jetzt geradezu metaphorisch vor.

»So was Blödes ist dir bestimmt noch nie passiert, oder?«, fragt Sammy mich, als wir uns zum Abschied umarmen.

»Was glaubst du denn?«, lache ich. »Warum sollte ich sonst Bücher schreiben?«

Noch mal fest drücken. Beteuern, dass wir uns sicher ganz bald wiedersehen werden. Sammy hat sogar ein bisschen Pipi in den Augen. Sie hat die letzten vier Tage auch wirklich ein Wechselbad der Gefühle erlebt. Da würde ich wahrscheinlich auch anfangen zu heulen, wenn mir jemand Gute Nacht wünscht.

In meinem klitzekleinen Hotel sind auf den anderen drei Etagen alle Lichter an. Also bin ich offenbar doch nicht allein im Haus. Aber wenn so ein Whirlpool die anderen Gäste stören würde, hätten die Hotelbetreiber ihn doch gar nicht erst eingerichtet, oder?

Bevor ich mich mit dieser Frage weiter beschäftigen kann, erwartet mich die Sehnsüchtigste Lebensgefährtin von allen per Telefon.

»Du hattest einen aufregenden Abend? Soll ich dir mal erzählen, wie mein Abend war?«

Die Aufgeregteste und Aufregendste Lebensgefährtin von allen berichtet, dass sie am heutigen Abend vorhatte, im Fernsehen das Finale einer beliebten Tanzshow zu konsumieren.

Gemütlich hatte sie mit den beiden Hunden auf dem Sofa abhängen wollen und war unmittelbar vor Beginn der Sendung nur noch einmal ganz kurz ins obere Stockwerk gegangen, um das Telefon runterzuholen. Nur für den Fall, dass IHRE Beste Lebensgefährtin von allen früher als erwartet anrufen sollte.

Als sie dann wieder ins Wohnzimmer kam, bot sich ihr das Bild eines auf dem Couchtisch balancierenden orangeschimmelfarbenen Cockerspaniels, der sich gerade über die zum Knabbern bereitgestellten Pflaumen hermachte.

Schimpfen und Geschrei trieben zwar augenblicklich den Hund in die Flucht, halfen jedoch nichts dagegen, dass bereits mindestens drei der Pflaumen im Hundemagen gelandet sein mussten.

Die Umsichtigste Cocker-Co-Mutti von allen rief daraufhin mit dem Telefon, das sie noch in der Hand hielt, unsere liebe Freundin Katja an, die Tierärztin.

Pflaumen sind für Hunde nicht schädlich. Aber was war mit Pflaumenkernen?

Katja hatte Bedenken und riet dazu, den scharfkantigen Kernen durch verfüttertes Sauerkraut die Gefährlichkeit zu nehmen. Sauerkraut wird von Hunden nicht verdaut, umschließt den Fremdkörper im Darm und lässt ihn auf natürlichem Wege wieder den Weg hinaus finden.

Kein Problem also. Einfach nur Sauerkraut.

Aber unser Vorratsschrank enthielt keine Dose Sauerkraut, wie wir sie sonst – eben für den Fall, dass einer der Hunde unerwartet einen scharfkantigen Fremdkörper verschluckt – immer vorrätig haben.

Während im Hintergrund ein beliebter deutscher Moderator die nervösen Tanzpaare seiner Show vor ihrem großen Auftritt interviewte, sammelte die Schnellste Konservenbeschafferin von allen sämtliche zur Verfügung stehenden Cockerspaniels (zwei) ein, stopfte sie ins Auto und fuhr los zur nächsten Tankstelle. Schließlich wohnen wir so gut wie auf dem Land. Am Rand des Ruhrgebiets hat samstagabends um zwanzig nach acht kein Lebensmittelladen mehr auf.

In den Tankstellen am Weg fanden sich Rotkohl, Grünkohl, sogar frisches Obst – aber kein Sauerkraut.

In den von hilfsbereiten türkischen Männern geführten Kiosken im Einzugsgebiet wurden ihr Hirse, Knoblauchsalami und Flüssigseife angeboten.

Erst nach einer Dreiviertelstunde wurde die Nervöseste Cockerretterin von allen endlich fündig und erstand in einem Supermarkt im Nachbarstädtchen, welcher bis zweiundzwanzig Uhr geöffnet hatte, eine Zwölferpalette Sauerkraut in der Dose. Noch im Auto wurden zwei Dosen geknackt und an die alles fressenden Schlappohrtiere verfüttert.

Nach dieser nervenaufreibenden Odyssee endlich wieder daheim, gelang es der Erschöpftesten TV-Konsumentin von allen, mit zwei deftig aufstoßenden Hunden neben sich auf dem Sofa gerade noch der Preisverleihung der Tanzshow beizuwohnen.

Während ich ihr so zuhöre, mich an den entsprechenden Stellen aufrege, an anderen laut auflache, an wieder anderen »Oh nein!« rufe, spüre ich etwas in mir aufsteigen, das mit nichts auf der Welt zu verwechseln ist.

Es ist die schlimmste Sehnsucht. Und das schönste Ziel. Es ist Heimweh. Und ich freu mich derartig, am nächsten Tag endlich wieder nach Hause zu meinen Lieben zu kommen, dass ich mit einem Schlag furchtbar aufgekratzt bin.

»Wenn ich du wäre, wüsste ich, was ich dagegen täte«, meint die Verständnisvollste Partnerin von allen, als ich die Befürchtung ausspreche, jetzt vor lauter Vorfreude nicht schlafen zu können.

Ja, richtig!

Sie hat recht! Und genau das werde ich jetzt auch tun!

Nachdem wir unser Telefonat beendet haben, tapse ich barfuß über das Parkett in den vorderen Raum meiner schicken Suite und versenke den Stöpsel in der gewaltigsten Badewanne, in der ich je gesessen habe.

Es ist kurz nach Mitternacht. Wohlig leise plätschert das Wasser. Ich stelle die Bodenbeleuchtung ein und freue mich an dem Lichtspiel, das die kleinen Wellen an die Decke des hübschen Raums werfen.

Gleich zwei dicke, flauschige Badetücher liegen bereit.

Ich mache mich in der Wanne so breit, wie ich eben kann. Aber es reicht nicht im Mindesten, um sie richtig auszufüllen. Herrlich.

Als das Wasser so hoch gestiegen ist, dass nur noch mein Hals und Kopf rausgucken, drehe ich den Zulauf ab und unterziehe die Knöpfe an der Wannenmitte einer genauen Untersuchung.

Soll ich auf Stufe eins beginnen oder gleich den vierten Knopf in der Reihe drücken?

Irgendwie sieht der ein bisschen bedrohlich aus, denn er ist – im Gegensatz zu den drei anderen, die dezent chromfarben blinken – rot. Und es ist dort ein kleiner Aufkleber angebracht, auf dem in steiler Handschrift etwas geschrieben steht. Aber das kann ich leider nicht entziffern.

Der Aufkleber sieht bereits etwas mitgenommen aus.

Vorsichtshalber beginne ich also mit Stufe eins.

Feine kleine Bläschen bahnen sich augenblicklich ihren Weg an die Wasseroberfläche.

Ich kichere.

Fasziniert beobachte ich, wie die Luftkügelchen durchs Wasser nach oben steigen und das Licht aus der Wanne sich darin bricht.

Ein bisschen kitzelt es auch, wenn die Bläschen an meiner Haut entlangstreichen.

Ich halte meine Hand über einen feinen Strahl und versuche, die Luft aufzufangen.

Ehrlich gesagt erinnert mich das ja ein bisschen an die klassischen Pupsspiele kleiner Kinder in der Badewanne. Nicht dass ich jemals … aber es erinnert wirklich daran.

Wenn Stufe eins so ein sanftes Gesäusel ist, kann ich mir denken, dass Stufe zwei und drei auch nur leicht blubbern.

Dann werde ich es doch mal wagen und den verlockenden roten Knopf betätigen!

Ich strecke die Hand aus und tippe mit Schwung darauf.

Augenblicklich dringt mir ein Geräusch ans Ohr, als stürze mindestens eine Etage, wahrscheinlich aber das ganze Hotel in sich zusammen.

Zusammen mit diesem gewaltigen Dröhnen und Donnern explodiert mein Badewasser wie ein Geysir. Ich bekomme einen so gewaltigen Schwall Wasser ins Gesicht und in den vor Schreck geöffneten Mund, dass ich ein paar Sekunden lang nur mit Spucken und Husten beschäftigt bin. So muss sich eine Mücke fühlen, die in eine Flasche Gerolsteiner gefallen ist. Als ich wieder einigermaßen klar sehe, versuche ich mich aufzurappeln und patsche währenddessen mit der Unglück bringenden Hand Hilfe suchend noch einmal auf den roten Knopf.

Doch der unterseeische Vulkanausbruch verebbt keineswegs, sondern fügt dem Dröhnen und Wummern noch ein apokalyptisches Jaulen hinzu, und ich vermute, dass Tod durch Schock und Ertrinken nicht nur in eiskalten, kniehohen Pfützen, sondern auch in wohltemperierten Whirlpoolbadewannen möglich ist.

In diesem Gezische, Geblubber und Gedröhne einen klaren Kopf zu behalten ist nicht leicht. Aber ich gebe alles. Und nach einer halben Ewigkeit entdecke ich tatsächlich einen Knopf, der unscheinbar und ohne Beschriftung ein wenig abseits von den anderen angebracht ist. Ich haue drauf und …

So, und etz is a Ruah!

Einen Moment lang muss ich tatsächlich verschnaufen, weil mich diese Aktion so mitgenommen hat, dass mein Herz im warmen, jetzt nur noch träge schaukelnden Badewasser rast, als hätte ich einen Tausendmeterlauf hinter mir.

Dann bricht ein Kichern aus mir heraus.

Ganz eigentümlich für Autorinnen, die ungewöhnliche Situationen erleben und darin so richtig aufgehen.

Allerdings … wenn ich diese Aktion gerade fiktioniert und aufgeschrieben hätte, dann hätte ich auf jeden Fall noch eine andere Person hinzuerfunden.

Zum Beispiel eine, die sich direkt unter dem Mörderwhirlpool gerade ins bequeme Bett gekuschelt hat – um dann höchst unsanft vom drohenden Inferno aus dem Dämmerschlaf gerissen zu werden …

Gerade als ich das denke, klopft es vorsichtig an der vorderen Tür zu meiner Etage.

Ich beiße mir in die badewannenwassernasse Faust und unterdrücke so ein hysterisches Auflachen.

»Hallo?«, ruft eine zaghafte Stimme. Es ist die einer Frau, und sie klingt nervös hoch.

»Ja?«, rufe ich zurück, knapp an meiner Faust vorbei.

»Ich wollte nur fragen … ist alles okay bei Ihnen?«

»Alles in bester Ordnung. Danke der Nachfrage!«, erwidere ich. Grrrmmmpfff …

»Wir dachten nur … ich meine, es war plötzlich so wahnsinnig … laut!«, ruft es erklärend durch die Tür.

»Tut mir leid!«, antworte ich und starre nun auf die verblichene Beschriftung des roten Knopfs des Anstoßes. »Es ist nur, ich sitze in der Wanne, und der Krach grade, das war der …« Ich stutze, drehe den Kopf. Jetzt plötzlich. Kann ich lesen, was da steht. Ich richte mich wieder auf und rufe in Richtung Tür: »Es war der Turbobubbler!«

Irgendwie bin ich ganz froh, dass meine Mitgäste im Hotel offenbar länger schlafen wollen. So bin ich am Morgen ganz allein in der kleinen Küche, in der ich mich mit allen Leckereien versorgen kann.

Lange halte ich mich aber nicht auf. Die Heimat zieht mich an wie ein Magnet das Schwarzwaldpüpplein meiner Kindheit.

Ich packe rasch meine Sachen zusammen, werfe mich ins Auto und will gerade den Motor starten, da klingelt mein Handy.

Nanu. Die Beste Lebensgefährtin von allen hatte ich doch grad noch an der Strippe.

Ich nehme ab.

»Hier ist Darth Vader«, schnorchelt es aus dem Apparat.

»Sammy?«, quietsche ich.

»Hey, Morgen auch!«, lacht sie. Und dann setzt sie rasch hinzu: »Ich hoffe, du bist noch nicht unterwegs!«

»Ne, wollte grad losfahren.«

»Würdest du einen klitzekleinen Umweg über die Jugendherberge machen?«

Sie steht bereits am Eingang der Jugendherberge, ihre fest gestopfte Reisetasche neben sich. Ganz so, wie ich sie zum ersten Mal auf dem Parkplatz bei Frankfurt gesehen habe.

Ich halte und steige aus.

»Guten Morgen. Gut geschlafen?«

»Ach, gar nicht«, gesteht sie. »Irgendwie geht bei mir alles drunter und drüber da drinnen.« Sie deutet auf ihre Brust. Ich wette, sie spricht nicht von Magenverstimmung.

»Willst du jetzt doch lieber mit Kirsten heimfahren?«, erkundige ich mich, aber so wie ich die Stimme dabei nuanciere, ist klar, dass ich in diesem Fall tödlich beleidigt wäre.

Sammy schüttelt den Kopf. Ihr ist offenbar nicht nach Scherzen zumute.

»Sicher nicht. Ich hab da schließlich die ganze Nacht drüber nachgedacht. Wie beschissen sie sich mir gegenüber verhalten hat. Dass sie noch nicht mal widersprochen hat, wenn Vera wieder ihre fiese Tour gefahren ist. Bin mir echt nicht sicher, ob eine Freundschaft das aushält.«

Ich bin mir sicher, dass eine Freundschaft das ganz sicher nicht aushält.

Aber vielleicht ist es jetzt noch zu früh, um Sammy darauf hinzuweisen, dass es ihr bei Kirsten nicht um eine gute Freundschaft ging.

Vielleicht wird sie irgendwann auf den etlichen Hundert Kilometern, die jetzt vor uns liegen, selbst drauf kommen.

»Es ist nur …«, beginnt Sammy und sieht mich zaghaft an. So als sei sie nicht ganz sicher, ob sie mir etwas anvertrauen kann. Ich halte ihrem Blick stand. Ein Ruck geht durch ihren Körper, und sie zieht ihr Handy aus der Hosentasche.

»Guck dir das mal an!«, bittet sie und hält es mir hin. Ihre Augen glänzen verdächtig. »Hab ich grad bekommen. Direkt nachdem ich dich angerufen hatte. Ehrlich gesagt hab ich damit gar nicht gerechnet.«

Ich überfliege rasch den Text auf dem Display.

»hi!«, steht da. »abend war total schön! falls du noch länger bleibst, zeig i di stadt u frauenpartie. würd mi riesig freuen! glg! nina«

Ich spitze die Lippen zu einem Kussmund und sehe Sammy wieder an.

»Was meinst du?«, fragt Sammy und schaut irritiert auf meine verformten Lippen.

Ich deute mit einem Zeigefinger genau darauf und presse hervor: »Hier! Genau das meine ich.«

»Wie jetzt?«

Ich entspanne meinen Mund wieder und grinse. »Sie will knutschen!«

Sammy wird wieder rot. Und zwar so richtig.

»Du spinnst!«, murrt sie. Aber ich sehe, dass sie sich über meine kleine Albernheit freut.

»Ich spinne nicht! Sie will knutschen. Und ich wette, sie kann richtig gut knutschen.«

»Wieso das?«, hakt Sammy rasch nach.

»Weil sie sympathisch ist. Und weil sie einen ehrlichen und offenen Eindruck macht. Und weil sie einen extrem hübschen Mund hat.«

»Ist dir das auch aufgefallen?«, ruft Sammy fasziniert.

»Und wie!«

»Stell dir vor, sie mag die *Tits & Ass* auch total und wäre fast in Ohnmacht gefallen, als sie hörte, dass sie das Konzert verpasst hat. Sie wusste es einfach nicht. Sie mag überhaupt die gleiche Musik wie ich. Und die gleichen Filme.«

Sie sieht verträumt auf ihr Handy.

»Dass die SMS aber auch erst kam, nachdem ich Kirsten abgesagt hatte! Irre, oder?«

»Was hat die denn eigentlich gesagt, als du sie vorhin angerufen hast?«, erkundige ich mich und öffne die hintere Tür, damit Sammy ihre Tasche auf den Rücksitz fallen lassen kann.

»Nicht viel. Ich hatte fast den Eindruck, dass sie damit gerechnet hatte. Sie wirkte irgendwie ... verbissen«, berichtet Sammy nachdenklich und starrt auf ihre Tasche im Innern meines Autos.

Versunken murmelt sie: »Wieso Kirsten sich so verhalten hat, das werd ich wahrscheinlich nie kapieren. Sie ist doch nicht so ein Typ wie Vera, so eine, die sich immer in den Mittelpunkt drängen muss.«

Ich grunze und schlage die Autotür zu. »Nein, muss sie nicht. Weil sie sowieso immer im Mittelpunkt steht.«

Sammy sieht mich fragend an.

»Hey«, sage ich. »Sie sieht super aus. Sie kommt verdammt cool rüber. Sie ist das berühmte stille Wasser, das alle für tief und geheimnisvoll halten. Die berüchtigte Nuss, die alle knacken wollen, weil sie darin einen Schatz vermuten. Sie muss sich nicht aufführen wie Vera-fass-mein-Navi-nicht-an. Die Frage ist nur, was passiert, wenn sie merkt, dass sie plötzlich nicht mehr automatisch ganz vorn in der Reihe steht.«

Jetzt macht Sammy große Augen. »Was meinst du damit?«

»Na ja, ich würde mich nicht wundern, wenn sie zum Beispiel ...«

In dieser Sekunde biegt ein verwaschen wirkender Kleinwagen auf den Parkplatz der Herberge ein, und Sammy klappt der Unterkiefer runter.

»... hier auftauchen würde?!«, beende ich, zutiefst befriedigt, dass

Lebenserfahrung sich eben doch hin und wieder auszahlt. Und sei es nur darin, eine sympathische junge Lesbe mit meiner Voraussicht zu beeindrucken.

Kirsten parkt ihren alten Wagen neben meinem, würgt spontan den Motor ab und kommt dann mit steifen Bewegungen um das Auto herum zu uns herüber.

»Guten Morgen«, lächelt sie mich an.

Ich kann ihren Gewissenskonflikt gut nachvollziehen. Wahrscheinlich ist sie ziemlich sauer, weil nichts mehr so läuft, wie sie es gewohnt ist: nach ihrer Nase. Aber sie kann sich vor ihrer Lieblingsautorin doch nicht die Blöße geben und das auch zeigen!

Ich lächle reizend zurück und mache es ihr damit noch ein bisschen schwerer.

»Guten Morgen! Wie es aussieht, stehen wir jetzt regelrecht Schlange, um Sammy nach Hause zu fahren.«

Kirsten wendet sich Sammy zu und grinst etwas verschämt. »Tja, daran sieht man wohl, dass sie es wert ist, oder?«

Sie sieht absolut knackig dabei aus. Und verrückterweise verstehe ich jetzt zum ersten Mal, wieso Sammy sich von dieser Frau so zum Affen hat machen lassen. Sie ist ganz offensichtlich eine hart zu knackende Nuss, die samt Schatz in einem tiefen See mit stillem Wasser versenkt worden ist.

»Ich bin gerührt«, sagt Sammy da gedehnt.

Ich schrecke aus meiner Vision der versenkten Nuss auf wie eine Luftblase aus dem gestrigen Whirlpool. Stufe Turbobubbler.

Kirsten blinzelt irritiert.

Dann lächelt sie, während Sammy keine Miene verzieht.

»Du bist noch sauer. Das ist ja verständlich. Ich habe ein bisschen länger gebraucht, bis ich durchgeblickt habe. Aber das war auch nicht so einfach zu erkennen, weißt du. Ich meine, ich bin da etwas blind auf dem Auge. So was merk ich nicht so schnell ...«

Sammy hebt den Kopf. »Was merkst du nicht so schnell?«

Kirsten wirft einen raschen Blick in meine Richtung. Ich tue erst gar nicht so, als würde ich dem Gespräch nicht mit höchster Spannung folgen. Autorinnen dürfen so was. Autorinnen haben ein allgemeines Interesse an zwischenmenschlichen Konflikten. Dafür muss ich mich doch nicht schämen.

Als Kirsten klar wird, dass es nur mit mir geht, seufzt sie einmal leise und sagt dann: »Dass du in mich verliebt bist, Sammy. Was denn sonst?«

Oh je.

Mit einem Mal sehe ich meine entspannte zweisame Heimfahrt gefährdet.

Wenn nun plötzlich Dinge ausgesprochen werden, die bisher nie ausgesprochen wurden, dann geht's wohl zur Sache.

Doch ich habe nicht mit Sammy gerechnet.

»Bitte?«, quiekt die nämlich jetzt und schaut Kirsten von oben bis unten an.

Diese Von-Kopf-bis-Fuß-Musterung ist kinoreif. Offenbar musste Sammy während der letzten Abende zu viele Lesungen aus dramatischen Büchern über sich ergehen lassen.

»Ich in dich verliebt? Wie kommst du denn auf diese Idee? Kannst du dir in deiner selbstherrlichen Art nicht vorstellen, dass es mir einfach nur um unsere ehrliche, aufrichtige Freundschaft ging? Gibt es für dich nur Menschen, die in dich verliebt sind, und die anderen, die keine Rolle spielen?«

Sammy hat bei ihrer kurzen, aber mitreißenden Rede die Hände in die Seiten gestützt und funkelt Kirsten nun böse an.

Ich finde sie durchaus überzeugend. So überzeugend, dass ich plötzlich selbst an meiner Wahrnehmung zweifle und mich frage, ob nicht nur die selbstherrliche Kirsten, sondern auch ich unsere Sammy völlig falsch eingeschätzt haben.

Kirsten fragt sich offenbar auch so einiges. Ihre Miene vereint bare Überraschung mit bodenlosem Unglauben.

»Ehm …«, macht sie schließlich und hebt beschwichtigend die Hände. »Ich dachte ja nur … Vera hat nämlich gemeint …«

»Vera?«, echot Sammy und hüstelt dramatisch. »Wieso höre ich eigentlich immer nur Vera, wenn es um dich und mich geht? Kannst du nicht selbst denken? Muss Vera dir immer eine Meinung bilden?«

Aua.

Das hat gesessen.

Kirstens Augen verengen sich ein wenig. Ein untrügliches Gefühl tief in meinem Bauch sagt mir, dass es jetzt vorbei ist mit der Bitte-um-Verzeihung-Schiene.

»Okay!«, sagt Kirsten. Sämtlicher cooler Charme ist mit einem Schlag von ihr abgefallen wie die Blätter der Bäume im Dezember. »Okay, ich seh schon. *Du* hast dir deine Meinung auch bereits gebildet.«

»Immer dann, wenn ich von dir und Vera mal wieder abserviert worden bin«, kontert Sammy schlagfertig. Ehrlich, jetzt würde ich wirklich gern applaudieren.

Kirsten öffnet den Mund, schließt ihn wieder, öffnet ihn noch mal, aber auch beim zweiten Mal kommt nichts heraus.

Sie bedenkt mich mit einem verzagten Lächeln, das mir wahrscheinlich sagen soll, dass niemand auf der Welt jemals so missverstanden wurde wie sie jetzt gerade, dreht sich um, steigt ins Auto und ist verschwunden.

»Ups!«, mache ich und schiele zu Sammy hinüber, die mit verschränkten Armen neben mir steht und auf das Pflaster des Parkplatzes starrt.

Grad geht für sie wahrscheinlich eine Ära zu Ende.

Schweigend packe ich die Tonnen von Ich-muss-mich-irgendwie-am-Denken-hindern-Snacks vom Beifahrersitz in den Fußraum.

Sammy steigt aber nicht ein.

Eine Minute lang sitze ich stumm im Auto, und Sammy steht neben der Beifahrertür.

»Bist du wirklich nicht in sie verschossen gewesen?«, frage ich schließlich, während ich mich über den Sitz zu ihr hinüberbeuge, um sie anzusehen.

Sammy lässt zischend Luft durch die Zähne entweichen und beugt sich zu mir herab. »Natürlich war ich verschossen in sie«, sagt sie. Doch dann grinst sie. »Aber das braucht sie ja nicht zu wissen. Jedenfalls jetzt nicht mehr.«

Wir lachen.

»Und du willst gar nicht wissen, ob sie deine Gefühle erwidert?«, kann ich mir nicht verkneifen zu fragen.

»Machst du Witze?«, prustet Sammy und schlägt einmal kurz aufs Autodach. »Nicht mal Kirsten würde die Frau, in die sie verliebt ist, an einer Autobahnraststätte aussetzen.«

Da ist bestimmt was Wahres dran.

Wie sie da so lachend an meinem Auto lehnt und zu mir hereingrinst, kann ich mir plötzlich gar nicht mehr vorstellen, gemeinsam mit ihr heimzufahren.

Nicht dass ich es nicht wirklich gern täte. Ich mag Sammys Gesellschaft.

Sie tut mir gut, wie liebenswerte Menschen einem einfach guttun.

Aber mir fiele auch das ein oder andere ein, das ihr jetzt guttäte …

»Angenommen, du bleibst das Wochenende noch hier, hast du genügend Geld, um über die Runden und auch wieder nach Hause zu kommen?«, frage ich unvermittelt.

Sammy betrachtet das Lederarmband an ihrem Handgelenk und schnalzt leise mit der Zunge.

»Denke schon«, murmelt sie dann.

Als ich nichts weiter sage, linst sie irgendwann zu mir herein.

»Du wärst nicht sauer, wenn ich nicht mitfahre?«

Ich grinse.

»Ich wäre etwas missgelaunt gewesen, wenn du mit Kirsten statt mit mir heimgefahren wärst«, gestehe ich. »Schließlich haben Autorinnen auch ihren Stolz. Aber ich bin ganz sicher nicht sauer, wenn du lieber mit der hübschen Nina knutschen möchtest.«

Sammy stöhnt auf.

»Sag das nicht immer!«

»Knuuutschen!«, singe ich.

»Hör auf!«

»Knutschen! Küssen! Aneinanderschmiegen!«

Jetzt muss sie lachen. Und ich auch.

Manchmal findest du Freundinnen ganz nebenbei, sozusagen am Wegesrand, wenn du dich auf die Reise machst.

Wer hätte das gedacht?

Als ich losfahre, spüre ich kein leises Bedauern darüber, dass ich keine Beifahrerin habe.

Schließlich weiß ich Sammy in den guten Händen des prallen Lebens. Ich weiß außerdem, dass sie sich melden wird, wenn sie wieder daheim ist. Dass wir telefonieren werden. Und dass die Beste Lebensgefährtin und ich sie schon bald besuchen werden – denn wen ich lieb gewonnen hab, den muss ich meiner Liebsten einfach vorstellen.

Und schließlich warten auf mich ein paar tolle Musik-CDs zum Mitsingen, ein spannendes Hörbuch und Tonnen von Snacks im Beifahrerfußraum neben mir.

Es kann losgehen!

Nach Hause.

Hinweis:

Da dieses Buch von tatsächlichen Begebenheiten und von lebenden (sowie verstorbenen) Menschen erzählt, habe ich allen jenen, die namentlich erwähnt werden, das Manuskript zum Lesen gegeben. Sie hatten allesamt das Recht, mich auf Passagen hinzuweisen, die sie nicht veröffentlicht sehen möchten. Eine Streichung dieser Stellen wäre für mich selbstverständlich gewesen. Aber offenbar bin ich beim Schreiben pfleglich mit meinen Lieben umgegangen – niemand hatte Einwände.

Jene, die nur am Rand erwähnt werden oder zu denen schon lange kein Kontakt mehr besteht, habe ich mit anderen Namen benannt. Ich habe mir Mühe gegeben, für sie Namen zu finden, die es ihnen ermöglichen, sich selbst auf den Seiten zu finden, ohne dass jemand anderer sie dort entdecken könnte.

Die erwähnten Verstorbenen nenne ich trotz Zögerns bei ihren richtigen Namen. Es käme mir nicht rechtens vor, sie umzubenennen. Im Gegenteil. Ihr Name auf diesen Seiten, die Erinnerung an sie sind wie ein Stückchen Leben, das ich noch einmal mit ihnen teilen darf.

Meine bisher erschienenen Bücher
(thematisch geordnet):

ADA SUCHT EVA, Roman, Bastei Lübbe 1998
Die Szenelesbe Frederike, Schöngeist und Träumernatur, trifft die ernsthafte Karolin – und ist fasziniert. Prompt beginnt Frederikes Clique zu meutern, denn Karolin passt nicht in die eingeschworene Gemeinschaft. Frederikes Exgeliebte Pe wittert Konkurrenz und greift zu unfairen Mitteln. Und auch Ilona, die beste Freundin, verhält sich mit einem Mal merkwürdig, als gehe es um etwas sehr Wichtiges – etwa eine unerklärte Liebe …

– Mein erster veröffentlichter Roman! Sehr süß, sehr unschuldig! –

DIE SCHÖNEN MÜTTER ANDERER TÖCHTER, Roman, Bastei Lübbe 2001
Die dreißigjährige Michelin kümmert ihr Lesben-Singledasein wenig. Schließlich hat sie ihren Freundeskreis und einen ausfüllenden Beruf beim Fernsehen. Als sie sich Hals über Kopf in die neunzehnjährige Lena verliebt, scheint die Welt komplett kopfzustehen. Besonders als Lena sie schon beim ersten Date versetzt und sich Michelin plötzlich deren attraktiver Mutter Angela gegenübersieht …

– Ah, ich liebe diese Story! Michelin und Angela sind meine Lieblingsprotagonistinnen bei Bastei Lübbe! –

DAS GEGENTEIL VON SCHOKOLADE, Roman, Bastei Lübbe 2003
Sich mit Anfang dreißig vom langjährigen Freund zu trennen ist hart. Deswegen ist Frauke jedes Mittel zur Ablenkung recht. Als ihre Arbeitskollegin Michelin ein paar Internetadressen empfiehlt, ist es Frauke anfangs egal, dass es lesbische Frauen sind, die dort chatten. Doch dann lernt sie in der virtuellen Welt die poetische Emma kennen. Wie normal kann Herzflattern sein? Und was, wenn die Chatpartnerin ein echtes Date vorschlägt?

– Ich erfand einen Roman im Roman, aus dem im Buch immer mal wieder zitiert wird. Ich bekomme oft Anfragen, wo dieses zitierte Buch zu finden sei. Irgendwann muss ich es selbst mal schreiben. –

EMMAS STORY, Roman, Bastei Lübbe 2006
Emma ist immer noch hoffnungslos in ihre Chatbekanntschaft Frauke verliebt. Leider ist die jedoch vergeben. Statt sich nach neuen Möglichkeiten umzusehen, pflegt Emma ein ungewöhnliches Hobby: Gemeinsam mit ihrem Freund Armin besichtigt sie Wohnungen – obwohl sie eigentlich gar nicht umziehen will. Dabei trifft sie Lu wieder, die verhasste Nachbarstochter aus Teenagertagen. Als Emma sich schließlich auf eine witzige Kontaktanzeige meldet, ahnt sie nicht, was dieser Schritt nach sich ziehen wird …

– Die sperrigste Figur, über die ich je geschrieben habe! Emma und ich haben heftig miteinander gerungen, denn sie ist nun mal eine eingebildete Ziege. Aber liebenswert. So verflixt liebenswert. –

JETZT ZU DRITT, Roman, Bastei Lübbe 2007
Michelin und Angela sind seit zwei Jahren ein glückliches Paar. Der Altersunterschied zwischen ihnen stört niemanden – doch das ändert sich, als Michelin klar wird, was ihrem Leben noch fehlt: ein Baby! Doch sie ist sicher, dass Angela, die schließlich schon mit einer erwachsenen Tochter geschlagen ist, da nicht mitmacht. Auch die Freundinnen aus der Szene begegnen diesen Plänen mit gemischten Gefühlen. Und es stellt sich ja auch die Frage: Wie soll das gehen mit dem Kind – so ohne Mann?

– Was ein Buch über lesbische Mutterschaft hatte werden sollen, wurde auch noch eines über ungebremste Freundschaften. Ganz nach meinem Geschmack! –

FLUG INS APRICOT, Roman, Milena Verlag 1999, jetzt im Piper Verlag
Die sechzehnjährige Franziska ist hoffnungslose Romantikerin. Als zu Schuljahresbeginn die coole Alex aus der Großstadt neu in die Klasse kommt, steht plötzlich das ganze Leben kopf. Denn Alex' tiefer Blick aus grünen Augen löst in Franzi ein Gefühl aus, das sie einem Mädchen gegenüber nie vermutet hätte …

– Auf eine gewisse Art können wir einfach nur verliebt sein, wenn wir sechzehn sind. In ihrer Unsicherheit und mit dennoch eisernem Willen, den eigene Weg zu gehen, ist Franziska mir selbst als Teenager ähnlich. –

APRICOT IM HERZEN, Roman, Milena Verlag 2001, jetzt im Piper Verlag
Verliebt zu sein ist wundervoll. Aber was, wenn niemand davon wissen darf – nicht mal die eigene Eltern? Während Franziska gern allen von ihrer Liebe zu Alex erzählen würde, möchte Alex sich am liebsten verstecken. Zu groß ist die Angst vor der heftigen Reaktion ihres Vaters. Franzi empfindet ihren unterschiedlichen Umgang mit dem notwendigen Coming-out als zunehmende Belastung. Ausgerechnet da taucht in der Schreibgruppe Lydia auf: lesbisch, selbstbewusst und ... sehr interessiert an Franziska.

– Liebe Leserinnen, auch wenn ihr von mir immer wieder einen dritten Band zu dieser Geschichte wünscht: Nachdem Franzi und Alex dies alles heil überstanden haben, könnte ich doch nur noch über ihre Trennung schreiben. Das wollt ihr doch nicht, oder? –

WENN ES DUNKEL IST, GIBT ES UNS NICHT, Roman, Piper Verlag 2004
Madita liebt Julia. Aber vergeblich. Fanni wartet auf Elisabeth. Schon viel zu lange. Greta jagt nach dem Glück. Doch wohin? Jo schaut in den Spiegel und findet nur noch Anne. Vier Freundinnen, wie man sie sich unterschiedlicher nicht vorstellen kann. Nur in einer Sache ähneln sie sich: Sie drehen alle vollkommen durch, wenn es um Liebe geht.

– Eine Ode an die Freundschaft. So schön wie ein trauriges Gedicht. –

LUNA UND MARTJE, Roman, Piper Verlag 2005
Martje ist nur eine Nebenfigur in einem weiteren Liebesroman der bekannten Autorin. Sie soll durch ein paar gut platzierte Auftritte den Wandel ihres Bruders vom Ekelpaket zum liebevollen Ehemann und Familienvater dokumentieren. Doch dann passiert etwas Seltsames: Nachdem sie gemeinsam nur knapp einem Blitzschlag entkommen sind, scheint sich die Buchwelt auf den Kopf gestellt zu haben. Martje handelt, Martje spricht, Martje trifft andere Romanfiguren. Vor allem trifft sie die attraktive Luna, welche die Autorin eigentlich als Geliebte für Martjes Bruder vorgesehen hat. Doch Martje findet Gefallen an Luna. Und je weiter die Geschichte voranschreitet, desto weniger will Martje zurück in die Rolle der Nebenfigur. Sie will ihre eigene Geschichte, ihre Geschichte mit Luna.

– Ja, ja, so was kann passieren: Figuren, die ich selbst erfunden habe, handeln plötzlich anders als vorgesehen. Auch das macht den Zauber des Geschichtenerzählens aus. –

UNVERSEHRT, Roman, Piper Verlag 2007
Zwei ganze Jahre dauert es, bis sich zwischen Cornelia – von allen nur David genannt – und Maya aus einer innigen Freundschaft eine zarte Liebesgeschichte entspinnt. Doch nach der Abiturfeier kommt es dann zu einer Katastrophe, die die jungen Liebenden auseinanderreißt. Cornelia, unter dem Gefühl von Schuld fast erdrückt, wagt es lange Zeit nicht, Mayas Nähe zu suchen. Doch als sie die Freundin auch nach Jahren noch nicht vergessen kann, macht sie sich auf die Suche nach ihr.

– Diejenigen, die von mir nur ein einziges Buch lesen wollen, sollten dieses lesen! –

KATTA@FRAUENKNAST.DE, Jugendroman, dtv junior 2000
Katta sitzt im Knast – und das mit sechzehn! Warum hat sie sich auch nur auf diesen Deal eingelassen und mit ihrer Clique wieder eine Tankstelle überfallen und dann auch noch den Tankwart angeschossen? Elf Monate muss sie nun hier absitzen, im Frauengefängnis, Haus 5. Es ist kaum auszuhalten hinter den vergitterten Fenstern. Nur einen Lichtblick gibt es. Katta darf an einem Internetkurs teilnehmen und erhält die Erlaubnis zum Chatten. Auf diese Weise lernt sie Judith kennen, die natürlich nicht weiß, dass Kattas Mails aus dem Knast kommen. Doch dann will Judith sie eines Tages unbedingt besuchen …

– Der einzige Ausweg aus dem Gefängnis ist die Freundschaft. –

EIN STÜCK MEINES HERZENS, Jugendroman, dtv junior 2001
Als ihre Eltern sich scheiden lassen, muss die vierzehnjährige Svenja für eine Weile zu Verwandten ziehen. Ihre Tante bildet Blindenführhunde aus, und Svenja freundet sich mit dem jungen Labrador Oswald an. Bald ist er der Einzige, dem sie noch Vertrauen entgegenbringt. Der Tag nähert sich, an dem Oswalds Ausbildung abgeschlossen ist und er die blinde Ramona durchs Leben begleiten soll. Svenja will nicht schon wieder Abschied nehmen und reißt mit Oswald aus.

– Als ich meine Ausbildung zur Hundetrainerin absolvierte, war mein Herz so voll mit den Vierbeinern, dass ich dieses Buch in rekordverdächtigen sieben Wochen schrieb. –

GRUBENHUNDE, Kinderkrimi, Klopp Verlag 2003
Eva und Moritz sind echte Hundefans. Doch eines Tages verschwindet Luzi, Moritz' kleine Hündin, spurlos im Wald. Im Tierheim erfahren die Kinder, dass seit einiger Zeit Hundediebe die Gegend unsicher machen! Arme Luzi – ist sie womöglich von der Bande entführt worden? Zusammen mit der coolen Tami machen sich Eva und Moritz auf die Suche nach den Hundedieben. Und bald kommen sie ihnen näher, als ihnen lieb ist.

– Mein Vorleseliebling! Spannend! Actionreich! Und voller Hunde und Freunde! –

VERKNALLT IN CAMILLA, Jugendroman, Klopp Verlag 2004
Femke springt ihrer ersten großen Liebe morgens einfach so vor die Füße. Das Verrückteste daran ist aber, dass sie auf den Turnschuhen von Camilla landet, der hübschen Neuen in der Theatergruppe. Femkes beste Freundinnen Dunja und Iris sind voll mit bei der Sache. Die Frage ist nämlich: Wie sagt ein Mädchen einem Mädchen, dass es verliebt ist?

– Super Idee! Drei beste Freundinnen verknallen sich. Eine davon in ein Mädchen. So ist das Leben, ihr Mädchen: bunt und vielfältig! –

VERKNALLT IN DEN TRAUMPRINZEN, Jugendroman, Klopp Verlag 2005
Dunja ist unsterblich in Elmer verknallt. Aber nachdem das erste Date völlig schiefgelaufen ist, traut sie sich nun gar nicht mehr, ihren Traumprinzen anzusprechen. Da helfen auch die guten Ratschläge ihrer beiden besten Freundinnen Iris und Femke nichts. Aber als dann das große Schulfest vor der Tür steht, sieht Dunja ihre Chance. Schließlich gibt es dort nicht umsonst ein richtiges Liebesorakel.

– Erst dachte ich: Wieso habe ich den Jungen bloß Elmer genannt? Aber mit fortlaufender Geschichte wurde er mir immer sympathischer. Da war klar: Tolle Jungs können auch mal blöde heißen. –

VERKNALLT IN MISTER PERFEKT, Jugendroman,
Klopp Verlag 2006

»Dann wünsch ich Dir einen ganz besonders guten Rutsch ins neue Jahr! Und sieh zu, dass Du um Mitternacht den Richtigen küsst!«, schreibt Femke ihrer besten Freundin Iris kurz vor Silvester. Iris ist total verknallt in Marc. Und sie schwebt auf Wolke sieben, weil Marc sie zur Silvesterparty einlädt. Doch auf der Party scheint er sich mehr für seine Kumpels und die Silvesterraketen zu interessieren als für Iris. Und dann steht um Mitternacht plötzlich ein anderer Junge neben Iris …

– Ich weiß, ich weiß, diese Geschichten sind so durchschaubar: Mieser Typ macht einen auf Charmebolzen. Aber ich habe so was als Teenager auch rasend gern gelesen. Zu der Zeit, als wir noch von Prinzen und Prinzessinnen träumten. –

HUND IST IN!, Sachbuch, Kynos Verlag 2000

Mit witzigen Zeichnungen des Dortmunder Grafikers Andreas Neuhaus versehen, werden hier alle wichtigen Übungen zur Grunderziehung ebenso wie alles Wissenswerte zur Haltung von Hunden behandelt.

– Gemeinsam mit meiner Hundeschule erblickte dieses Buch das Licht der Hundewelt. –

SERIE PIPER

Mirjam Müntefering

Flug ins Apricot

Roman. 239 Seiten. Serie Piper

Als die Neue in die Klasse kommt, ist Franziska sofort hin und weg: Alex heißt die supercoole Schöne aus der Großstadt. Daß Franzi Herzflattern bekommt, sobald sie mit Alex zusammen ist, ist ja wirklich verrückt genug. Aber Alex' tiefe Blicke ... Ob sie bedeuten, daß es ihr genauso geht? Ein realistischer, facettenreicher Einblick in das Leben zweier starker sechzehnjähriger Frauen, die sich endgültig von ihrer Kindheit verabschieden. Und eine wunderbare Liebesgeschichte, romantisch und aufregend, kompliziert und federleicht zugleich.

»Stell dir vor, wir hätten Flügel und könnten direkt hineinfliegen ins Blau des Himmels.«
Ich sehe hinauf. Es ist verdammt hoch.
»Ich würde lieber ins Apricot fliegen«, sage ich.

05/1492/01/L

Mirjam Müntefering

Apricot im Herzen

Roman. 233 Seiten. Serie Piper

Die beiden Mädchen Franziska und Alex sind seit einem halben Jahr ein Paar, und das nicht ohne Probleme: Franziska hat ihre Eltern immer noch nicht mit ihrem Coming-out konfrontiert. Alex' Vater hat seine Tochter mit Franziska inflagranti erwischt und seine wütende Reaktion läßt keine Fragen offen. Als dann Franzi auch noch einem Mädchen aus der Schreibgruppe näherkommt, müssen sich die beiden entscheiden ... Die einfühlsame Liebesgeschichte zweier Mädchen, bei der Beziehungskrisen ebensowenig ausgeklammert werden wie jene alte und doch immer wieder neue Frage: Wie sage ich es meinen Eltern?

»Es gelingt der Autorin gekonnt, Freud und Leid wie Irrungen und Wirrungen von Coming-out und erster Liebe authentisch zu vermitteln.«
Queer

05/1871/01/R

Mirjam Müntefering

Luna und Martje

Roman. 256 Seiten. Serie Piper

Martje glaubt ihren Augen nicht: Da steht plötzlich ihr erfolgreicher und skrupelloser Bruder vor ihr, Juniorpartner in einem großen Unternehmen, am Arm eine bezaubernde Mittzwanzigerin mit cremefarbenem Haar und dem schönen Namen Luna. Für Martje ist es Liebe auf den ersten Blick, doch die beruht erst einmal nicht auf Gegenseitigkeit: Noch ist Luna die Geliebte ihres Bruders, noch weiß sie nichts von ihren Gefühlen für andere Frauen … Mirjam Müntefering beschreibt in ihrem neuen Roman klug und lebensnah die Liebe zwischen Frauen in all ihren Facetten.

»Mirjam Müntefering schreibt einfühlsam über lesbische Frauen und ihre Probleme, besonders in der Gefühlswelt.«
LiteraTour

05/2230/01/L

Mirjam Müntefering

Wenn es dunkel ist, gibt es uns nicht

Roman. 288 Seiten. Serie Piper

Madita liebt Julia. Aber vergeblich. Fanni wartet auf Elisabeth. Schon viel zu lange. Greta jagt nach dem Glück. Doch wohin? Jo schaut in den Spiegel und sieht nur noch Anne. Es sind vier Freundinnen, die man sich unterschiedlicher nicht vorstellen kann. Nur in der Liebe, da ähneln sie sich: Sie verlieren den Boden unter den Füßen. Eines Abends dann ein Experiment: ein stockfinsteres Restaurant, in dem nichts zu sehen ist, nur zu riechen, zu schmekken, zu hören, zu tasten …
Ein Roman, der die Alltäglichkeiten der Liebe als Schlachtfeld zeigt, auf dem nur gewinnen kann, wer mit sich selbst eins ist.

05/1606/01/R

SERIE PIPER